THINKING STORM

加强国际合作，实现创新驱动与共赢发展
—— 洋顾问思维旋风之十

何宁卡 ◎ 主编

20位洋顾问助力广东实施创新驱动发展战略
实现广东智造，拥抱互联网+，推动广东经济转型升级

中山大学出版社
SUN YAT-SEN UNIVERSITY PRESS

·广州·

版权所有　翻印必究

图书在版编目（CIP）数据

加强国际合作，实现创新驱动与共赢发展：洋顾问思维旋风之十/何宁卡主编.—广州：中山大学出版社，2016.6
ISBN 978-7-306-05699-3

Ⅰ.①加… Ⅱ.①何… Ⅲ.①区域经济发展—国际合作—经济合作—研究—广东省 Ⅳ.①F127.65

中国版本图书馆 CIP 数据核字（2016）第 108964 号

出 版 人：	徐　劲
策划编辑：	周建华
责任编辑：	杨文泉
封面设计：	曾　斌
责任校对：	王　璞
责任技编：	何雅涛
出版发行：	中山大学出版社
电　　话：	编辑部 020-84110283，84113349，84111997，84110779
	发行部 020-84111998，84111981，84111160
地　　址：	广州市新港西路 135 号
邮　　编：	510275　　　传　真：020-84036565
网　　址：	http://www.zsup.com.cn　E-mail：zdcbs@mail.sysu.edu.cn
印 刷 者：	佛山市浩文彩色印刷有限公司
规　　格：	787mm×1092mm　1/16　17 印张　310 千字
版次印次：	2016 年 6 月第 1 版　2016 年 6 月第 1 次印刷
定　　价：	48.00 元

如发现本书因印装质量影响阅读，请与出版社发行部联系调换

● 2015年11月19日上午,中共中央政治局委员、广东省委书记胡春华,广东省委副书记、省长朱小丹等省领导与全体顾问合影。

● 2015年11月19日上午,中共中央政治局委员、广东省委书记胡春华在东方宾馆会见2015广东经济发展国际咨询会顾问。

● 2015年11月19日下午,广东经济发展国际咨询会举行闭门会议。

● 2015年11月19日下午,广东经济发展国际咨询会记者招待会现场。

● 2015年11月18日晚,广东省委副书记、省长朱小丹在东方宾馆会见法国电力集团董事长兼首席执行官乐维,并见证合作项目签约仪式。

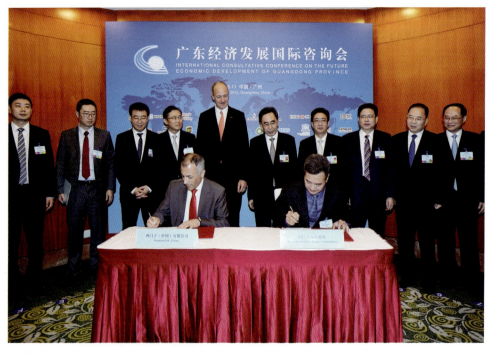

● 2015年11月19日晚,广东省委副书记、省长朱小丹会见德国西门子股份公司管理委员会成员博乐仁,并见证合作项目签约仪式。

编辑委员会

主　编：何宁卡
副主编：钟　明　周建华
编　辑：黄明忠　李凡丁　陈　新　龙志梅　李宪锋
　　　　李嘉雯　吴　斐　赖丽芳　李　文

序　言

创新发展是大势所趋。抓创新就是抓发展，谋创新就是谋未来。党的十八届五中全会提出创新、协调、绿色、开放、共享发展新理念，并把坚持创新发展放在首位，强调要深入实施创新驱动发展战略。习近平总书记明确要求广东要当好创新驱动发展的"排头兵"，努力为国家经济总量增长和结构调整提供"双支撑"。

广东历来高度重视创新发展。特别是近年来，我们认真贯彻落实国家决策部署，全面深化科技体制改革，大力构建开放型区域创新体系，成功获批并启动珠三角国家自主创新示范区和全面创新改革试验试点省建设，深化省部院产学研合作，狠抓高新技术企业和新型研发机构培育，组织实施一批重大科技专项，开展多层次协同创新，加快完善科技企业孵化育成体系和中小微企业创新公共服务平台，初步走出了一条创新驱动发展的新路子。全省区域创新能力连续8年位居全国第二，R&D支出占地区生产总值比重提升到2.50%，有效发明专利量和PCT国际专利申请量保持全国首位，高新技术企业总量超过1.1万家，技术自给率超过71%，接近创新型国家和地区水平。

同时，我们也清醒地认识到，面对迎接全球新一轮科技革命浪潮的需要，面对经济发展新常态下加快转换经济发展模式和发展动力的需要，我省的自主创新能力仍存在许多不足，尤其是在原始创新能力、成果转化、人才支撑、体制机制等方面还存在突出短板和薄弱环节。当前，我省正处于率先全面建成小康社会的决胜阶段。我们必须更好适应和引领经济发展新常态，牢牢把握创新驱动发展这一核心战略和总抓手，深入推进以科技创新为核心的全面创新，加快形成以创新为主要引领和支撑的经济体系和发展模式，努力迈进创新型省份行列，力争在日趋激烈的国际国内竞争中赢得主动、赢得优势、赢得未来。

去年11月召开的广东经济发展国际咨询会，以"加强国际合作，实现创新驱动与共赢发展"为主题，并设立"实现广东智造"、"拥抱'互联网+'"、"营造创新环境"三个分议题，旨在充分交流并借鉴国际创新发展的先进理念、成功实践和经验做法，在更高层次、更广范围和更宽领域加强创新合作。

担任本次咨询会顾问机构的都是世界著名跨国公司或者智库，在理念、管理、技术和业态创新等方面拥有各自突出的优势。会议期间，20位顾问站在各自领域前沿，以全球视野、战略眼光、务实态度，对广东实施创新驱动发展战略提出了一系列非常有针对性、建设性和可行性的意见和建议。这些智慧火花，对于我们落实创新发展理念、做好创新发展各项工作具有重要的参考价值。

为更好推广、应用本次咨询会的成果，我们对各位顾问的建议作了全面梳理和编辑。相信本书的付梓，将进一步促进国际创新发展的先进理念和成功经验融入广东实践，转化为我省实施创新驱动发展战略的新举措，为加强各方创新合作、共赢发展注入新动力！

广东省省长　朱小丹
二〇一六年五月

目　　录

第一篇　"外脑"助推创新驱动——洋顾问建言广东

第一章　推动智能制造 / 2

一、"新常态"——数字化如何驱动广东发展 / 3

二、智能技术推动中国制造踏上新里程 / 10

三、"制造广东"走向"创造广东" / 15

四、中德两国的工业 4.0——改变与趋势 / 17

五、基于"物、服务与人互联"的产业集成的未来 / 19

第二章　提升"互联网+"应用 / 25

一、通过"与客户的协创"和"扩大 IT 技术的应用"实现制造业的升级 / 26

二、基于"互联网+"的产业转型离不开网络社会的构建发展 / 28

第三章　营造创新环境 / 36

一、营造促进创新的有利环境 / 37

二、打造核心竞争力，实现"创新广东" / 43

三、研究型大学，创新和增长 / 49

四、营造创新环境 / 53

五、合作创新打造成功的医疗产业 / 58

第四章　推动能源开发 / 64

一、走进"数字化时代"，推动广东省能源系统高效、智能化更上一层楼 / 65

二、能源技术展望与广东省合作创新 / 71

第五章　加强物流建设 / 74

一、数据如何让物流更智慧 / 75
二、现代物流产业革新推动广东跨境电子商务发展 / 79

第六章　促进金融创新 / 83

一、优化环境，促进中小企业创新 / 84
二、建立"互联网+"多元化融资渠道 / 103

第七章　优化营商环境 / 106

一、政府政策优化营商环境 / 107
二、IBM（开展"绿色地平线"计划，加强疫情防控合作）/ 109
三、建立中小企业发展基金，解决中小企业融资难问题 / 111

第八章　加快教育和人才培养 / 112

一、通过教育、科学和文化打造可持续发展的信息化创意经济 / 113
二、鼓励科技创业并建立人才库 / 121
三、培养国际化人才 / 123
四、教育政策吸引和留住人才 / 124

第二篇　高端会晤——省领导对话洋顾问

第九章　胡春华会见国际咨询会全体顾问 / 126

一、招才引智，实现经济转型升级 / 126
二、提高能效，实现绿色发展 / 127
三、互联网+教育，以创新提高竞争力 / 128

第十章　朱小丹会见省长经济顾问 / 130

一、调整能源结构、提升能源使用能效 / 130

二、以开放创新的姿态共建绿色地平线 / 134

三、拓展贸易保险业务，助力自贸区发展 / 137

四、深化通关转关模式创新、推广绿色物流模式 / 141

五、围绕中国制造 2025，大力发展智能制造 / 144

六、推广 5G 应用，加强数字技能培养 / 148

七、打造广东—香港—澳门协同创新生态都市群 / 152

八、加强产业绩效和城市能源规划，提供创新型能源服务 / 156

九、建立多元化"互联网+"融资渠道、鼓励科技创业 / 160

十、建设研究型大学，促进创新生态系统建设 / 164

十一、加强创业教育，创建科学特区，提升经济软实力 / 168

十二、中国制造 2025 对接德国工业 4.0 / 172

十三、统筹规划物流基础设施，建设智慧物流 / 177

十四、创建透明度高、职业化、法制化的监管环境 / 180

十五、营造创新环境和开放的市场准入环境 / 184

十六、推进消费者、政府、学术机构、产业界一体化协同创新 / 188

十七、转变商务模式，培养国际化人才，树立广东品牌 / 191

十八、加强轨道交通装备合作，推动消费电子改造升级 / 195

第三篇　问计"洋顾问"，汇聚"金点子"

第十一章　顾问建议落地广东 / 202

一、促进我省经济转型发展 / 202

二、推动我省创新驱动发展 / 203

三、力促我省改善营商环境 / 203

四、推进我省人才引进工作 / 204

五、推进我省社区建设 / 204

六、促成一批重大项目成功实施 / 204

第十二章　顾问机构背景介绍 / 206

第四篇　聚光灯下的咨询会——媒体公开

第十三章　2015 广东经济发展国际咨询会新闻发布会 / 220

第十四章　省长顾问记者招待会 / 225

第十五章　媒体报道 / 233

附录　省长、顾问简介 / 243

第一篇 "外脑"助推创新驱动

——洋顾问建言广东

2015广东经济发展国际咨询会于2015年11月19日在广州东方宾馆举行。这是广东省政府举办的第十次国际咨询会。本次国际咨询会的主题是：加强国际合作，实现创新驱动与共赢发展。

改革开放30多年来，广东充分发挥先行一步的政策优势和毗邻港澳的区位优势，积极参与国际经济分工与竞争，实现了经济和社会的跨越式发展，成为中国最具经济实力、最有活力的地区之一。在国际分工进一步深化的时代背景下，广东必须迎头而上，继续加强与跨国企业和国际机构的合作，大力实施创新驱动战略。"加强国际合作，实现创新驱动与共赢发展"是契合时代要求、符合广东发展实际的重要课题。

围绕主题大会设立了三个分议题，分别是："实现广东智造"、"拥抱'互联网+'"和"营造创新环境"。

20位洋顾问围绕以上议题，在推进高端制造业、互联网利用、营造创新环境等方面向咨询会提交了高质量的咨询报告，开拓广东的发展思路。

本篇的内容以20份咨询报告为基础，按照广东经济发展的实际需求进行整理提炼，共归纳了推动智能制造、提升"互联网+"应用、营造创新环境、推动能源开发、加强物流建设、促进金融创新、优化营商环境以及加快教育和人才培养等八大主题，力求最大程度展现所有咨询报告的思想精髓。

第一章 推动智能制造

题 解

制造业是国民经济的主体,制造业强则实体经济强。当前,世界新一轮产业变革正在孕育兴起,数字化、网络化、智能化、服务化已成为制造业发展的主流。生产智能化和生活智慧化创造发展新需求,发达国家围绕智能制造展开新一轮竞争,重构生产模式变革和组织方式,重塑全球经济发展新格局。经过改革开放30多年的发展,广东已成为国内制造大省和全球重要制造基地。2014年全省规模以上工业增加值为2.93万亿元,其中先进制造业增加值为1.41万亿元。雄厚的电子信息产业基础和较为完善的工业体系为智能制造发展提供了良好的产业支撑和市场空间,国际上信息技术与制造技术深度融合带来的制造业变革,以及我国"四化同步"发展带来的需求扩展和消费层次的提升也为全省智能制造发展提供了良好的机遇。

与此同时,我省制造业发展仍面临严峻挑战,在创新能力、产品质量和品牌、产业结构、信息化水平等方面与世界先进水平仍存在较大差距。关键技术、核心部件对外依存度高,自主品牌企业尚未形成规模、缺乏核心竞争力。同时,劳动力成本上升、土地资源和环境要素约束加剧等因素迫使全省制造业必须加快向"创新驱动"转型,向数字化、网络化、智能化、服务化升级,由"制造"转向"智造"。

2015年7月,广东省政府印发了《广东省智能制造发展规划(2015—2025)》。这是我省首次出台全面对接《中国制造2025》的发展规划,也是全国首个省份对接《中国制造2025》的发展规划。规划中指出,到2025年,广东省将全面进入智能制造阶段,基本建成制造强省。要培育一批年主营业务收入超100亿元、1000亿元的工业企业,涌现一批掌握核心关键技术、拥有自主品牌、开展高层次分工的国际化企业。具有自主知识产权的技术、产品和服务的国际市场份额大幅提高,建成全国智能制造发展示范引领区和具有国际竞争力的智能制造产业集聚区。

下一步,广东省将在以下六个方面努力,全面提升智能制造创新能力,推进制造过程智能化,实现由"制造大省"向"制造强省"转变。一是构建智能制造自主创新体系。打破国外垄断，聚焦核心基础部件和一系列与产业安全息息相关的关键支撑技术。二是发展智能设备和系统。重点打造全省机器人及智能装备产业核心区，重点发展工业控制、智能传感、系统芯片、运动控制等智能制造基础部件，以及工业机器人、智能装备等。三是实施"互联网+制造业"行动计划。实现互联网和生产制造业相结合，为广东制造业实施智能制造提供信息化支撑和建立公共云服务平台，推动大数据在工业领域的应用。四是推进制造业智能化改造。针对部分行业的劳动力密集、作业环境恶劣、流程和产能瓶颈、高安全风险等问题，进行机器人和自动化改造，提高装备智能化率、成果转化率、劳动生产率。五是提升工业产品智能化水平。推动智能制造产品和形态多样化发展，使广东省智能制造产品应用取得领先优势。六是完善智能制造服务支撑体系。加快工业设计、研发、检测检验认证等一系列支撑体系的建设。

各位顾问所在的国家和地区在传统制造业转型、推动智能制造方面积累了宝贵经验，顾问们提出的针对性意见和具体措施给广东省实现智能制造提供了很多帮助和指导。

一、"新常态"——数字化如何驱动广东发展

西门子股份公司管理委员会成员博乐仁： 为什么会发生变革？主要是因为劳动力成本的大幅提高，而珠三角地区近年来一直在不断发展。为了保持竞争力，需要提高制造标准或提高生产率。

（一）珠三角地区拥有差不多4700万人口，是全球最大规模的城市圈

广东已经在不断加强其基础设施网络和改善交通。中国的机场、铁路、桥梁和高速公路的建设速度是全球最快的，而这会带来根本性的竞争优势。2012年，全世界运营里程最长的双轨电气化高铁线路京广高铁正式开通运营，该线路总长超过2300公里，纵贯华北、华中和华南五省。该线路未来几年会进一步延伸到香港地区，尽管目前的建设进度落后于预定计划。

据中国社会科学院报道，广东在国内综合竞争力排行榜上名列前茅：深圳取代香港高居榜首，广州名列第五，澳门名列第九，上海依然保持第三的位置，而北京降至第八的位置。

过去30年来,广东的GDP一直保持增长,年均复合增长率(CAGR)达到13%。该地区正在进入一个5~10年CAGR低于10%的时期。这个例子也表明中国经济正在发生根本性变革:低生产力成本时代已经一去不返。广东省的企业需要面临最高的最低工资标准,严格的环境保护和劳动权利法规。这里的口号是:以高科技推动进一步增长!

广东的未来经济发展将主要依赖于科技进步,而资本投资和劳动力的影响将逐渐弱化。研发支出在GDP中所占比重将从2013年的2.3%提高至2018年的2.7%。广东的自主创新能力将会进一步增强其对经济增长的贡献。

未来10年,城市化将是广东经济增长的重要源泉。新型城市化将使广东GDP增长2%~3%。

广东将会继续提高其人力资源质量和教育水平,尤其是在高等教育和职业教育方面。

创新将会推动广东的经济结构发生变化,带来进一步增长。重点将会放在先进制造业和现代服务业上。

依托本次咨询会期间所提交的咨询报告,西门子将加强和广东省在未来经济发展的合作。在中国经济"新常态"下,广东省将为促进进一步增长确定道路。广东在对传统制造业进行升级改造的过程中,将把重点放在先进制造业上。西门子将提供先进技术和解决方案来支持广东的经济发展和产业升级,并携手广东进一步加强必要的基础设施建设。

(二)"一带一路"的战略要地——推动先进制造业发展和传统制造业转型升级的良机

"一带一路"的核心是跨越中亚、西亚、中东和欧洲的丝绸之路经济带和延伸至非洲海岸并通过苏伊士运河连通地中海的海上丝绸之路。

"一带一路"旨在疏解国内的过剩产能,促进相关地区的基础设施建设,改善中国与东盟、中亚和欧洲相关国家的商贸往来和关系。其目标是通过加强基础设施建设、文化交流和扩大贸易,打造一个具有凝聚力的经济区。

从对外贸易总量上而言,广东省是与"一带一路"相关国家联系最为紧密的省份。其目标是发展成为"一带一路"上的战略性枢纽、经济合作中心和重要的发展引擎。广东面临一个前所未有的推进智能制造业发展和改造传统制造业的良机。

"一带一路"已规划投资550亿美元,涉及60多个基础设施、能源、制造和服务业项目，市场潜力巨大。"一带一路"计划覆盖26个国家和地区，总人口数达44亿，相当于世界总人口的63%。其产生的经济效益为21万亿美元，占全球经济总量的29%。货物和服务出口量占全球总量的23.9%。

合作重点包括交通、能源和通信等领域的互联互通。随着贸易的畅通无阻，在环境保护、能源产业、新兴产业、研发、工业园区和其他领域的共同投资将会进一步扩展。

相关各方的金融整合也是重点之一，比如通过亚洲基础设施投资银行、金砖国家新开发银行、上海合作组织和丝路基金等方式。

（三）物联网推动数字化变革（见图1-1）

如今，对于促进增长和保持竞争力而言，数字化正在引领潮流。成就这一趋势有多个原因：

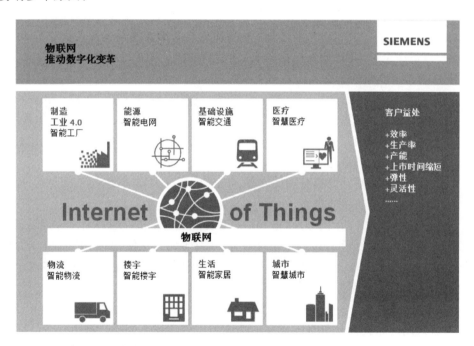

图1-1 物联网影响众多领域并带来切实益处——不管是出于经济目的还是私人目的

1. 处理器和传感器的性能遵照摩尔定律不断提升

与此同时，IT技术的成本在大幅下降。麦肯锡预计2015年至2020年间，处理器、传感器以及无线设备的单位成本将下降50%，降至1～2美元。数据分析将得以继续发展，而且自动化程度会更高，以分离出最有价值的数据。

2. 数字化实现新业务模式

其过程始终是相同的：IT确定每个价值链的弱点，然后消除这些弱点。这是达尔文"适者生存"进化理论的最新演绎，企业为了生存而努力选择也具有类似的效应。在消费领域也有相应的例子，比如Uber和Airbnb。

3. 随着效率、生产率、产能、灵活性和上市时间方面的压力大幅增加，只有在价值链的所有环节使用IT才能创造价值

这对于制造业而言尤其如此——我们谈论的是工业4.0，当然还有许多其他西门子积极参与并受此影响的领域，如能源系统、基础设施和医疗。

（四）智能基础设施促进增长

城市化已经给基础设施带来了巨大压力。基础设施的建设速度难以跟上经济和城市发展的速度。在2030年之前，全球需要在基础设施领域投入超过50万亿美元，以适应全球GDP和人口的增长。在当前增长放缓和预算吃紧的背景下，应对这些问题充满挑战。

智能基础设施可帮助我们跨越这个障碍。这种基础设施在传感器、软件和控制系统的支持下，收集和利用相关数据，实现更明智的决策，加强自动化程度，并对事件做出实时响应。最终，不同的基础设施组件可集成在一起，以优化对城市环境中不同模式和事件的响应。

这意味着智能基础设施有降低成本、减少能耗、大幅减排、实现创收、提高生产率和改善生活质量的潜力。

以建筑物为例，西门子为台北101大厦装备了监控和管理系统，与类似建筑物相比可将能耗降低近30%，每年可节省70万美元，这使台北101大厦成为全球最高的通过LEED认证的建筑物。如果考虑到建筑物消耗的能量差不多占全球总能耗的40%，那么就很容易发现这些技术的重要性。

高效的交通同样不可或缺。在巴黎，采用西门子无人驾驶地铁系统的1号线和14号线的运力提升了50%，这是因为缩短了列车发车间隔。城市在全球能耗中所占比例高达三分之二，而交通在其中的耗能比例为25%。我们需要确保交通高效并且是可持续的，而这可以利用恰当的技术实现。

在印度，西门子帮助马哈拉斯特拉邦电力公司改造其配电网络。除了提升配电网络的可靠性并将配电损耗从30%降至15%之外，该解决方案还是印度迈向智能电网的重要一步。

在西门子，我们展示了智能基础设施是如何远远超越其他基础设施系统的，譬如可使交通流提速20%，列车运力提升30%，建筑能耗降低30%，电网扩展成本节省40%。智能基础设施对于满足我们未来的经济、社会、环境和竞争需求至关重要——在城市会不可避免地扩大的时候，它可确保城市发展得更好、更干净。

西门子基础设施解决方案将数据与工程技术融合在一起，以最大限度提升容量和效率。我们是输配电领域全球领先的产品、解决方案和服务供应商。在安全、节能、环保的建筑解决方案领域，我们是全球市场领袖。我们是消防、安全、楼宇自控、暖通空调产品和服务领域的顾问、服务提供商、系统集成商和产品供应商。交通解决方案也是我们基础设施解决方案的一部分。凭借综合性城际和城市交通解决方案，我们能帮助客户改善交通状况，并通过铁路和公路进行可靠的人员和货物运输。预测性维保服务使我们从竞争对手中脱颖而出，并大大提升了轨道车辆的可用率。

基于上述历史和业务范围，西门子和广东本地的轨道交通企业可以携手进入轨道交通制造的新时期：数字化、工业4.0和物联网。

（五）轨道交通作为关键基础设施如何为经济发展和增长做贡献

2015年，广东计划在基础设施领域投资20亿美元。这差不多相当于广东总投资预算的25%。城际轨道交通网络是其中的重点。

对于任何地区而言，城际轨道交通网络都是其基础设施的重要组成部分，在经济发展中起到重要作用。目前，中国在高铁网络建设方面取得了令人瞩目的成就，但是城际轨道网络仍处于初期发展阶段，尚未得以全面铺开。中国与美国的国土面积相近，但是铁路总长大约为美国的40%。广东的城际轨道规划目标是到2030年建成1500公里的铁路线，运营列车达到3000列。这差不多相当于中国规划的城际轨道交通网络的25%。

通常，基础设施投资都会带来很好的经济发展机遇。去年，西门子针对35个大型城市的公共交通系统进行了详细调查，旨在量化城市交通网络产生的经济影响。在调查中，通过计算城际交通的真实成本，考虑了旅途时间、时间价值、车费、拥堵程度、易用性、服务可靠性和用户功能等变量，最终得出了交通经济成本。

调查结果表明，交通经济成本从哥本哈根的人均GDP的9%，到尼日利亚拉各斯市的人均 GDP 的 28% 不等。高交通成本会影响生产率、抑制经济活动并削弱城市的竞争力。

对于许多城市而言，2030 年之前这个成本还将持续增加，这意味着交通成本在经济产值中所占比重会越来越大。譬如，美国纽约市的交通成本将从人均 GDP 的 15% 增加至 18%。有些城市已经制定了降低交通成本的计划。譬如，巴黎将投资 360 亿美元建设 200 公里的地铁线路，这将把其交通成本在人均 GDP 中所占比例降低 1 个百分点。新建地铁线路每年将会产生 27 亿美元的经济效益，这意味着 13 年就可收回投资，而在 30 年的项目周期内还会再产生 460 亿美元的经济效益。总而言之，该调查表明如果所有人口超过 75 万的城市都建成同类城市中最佳的交通系统，在 2030 年之前每年产生的经济效益将达到近 8000 亿美元。这会带来巨大的社会和环境效益。

有西门子技术如何满足现代化基础设施需求的例子吗？作为中国铁路业世界级优质供应商，西门子为广佛地铁线提供信号系统以及自动化列车控制和牵引系统。该线路全长 32 公里，设有 21 个车站，每日运送乘客 10 万人次，只需 40 分钟就可从广州轻松抵达佛山。

除了上述轨道交通网络计划之外，本地现代化轨道交通产业的发展也会给当地创造就业机会，并提升人们的收入水准。

在全球性公司的帮助下，广东可发展领先的轨道交通产业。2010 年，中车投资 40 亿元成立江门中车轨道交通装备有限公司，是该地区轨道交通产业发展的一个重要里程碑。在里程碑之后，我们仍需继续向前发展。

（六）智能制造：当前发展及西门子如何提供帮助

中国正进入老龄化社会，劳动力人口也将在 2016 年进入停滞期。经历了数十年的农村人口城市化，这一趋势已经逐渐减弱。中国现在必须聚焦于如何从现有劳动力人口中获得更多发展。

制造业在广东 GDP 中所占比重为 46%，扮演了很重要的经济角色。2015 年 1 月，广东宣布了制造业升级改造的计划。其目标是到 2020 年实现 3.5 万亿美元工业总产值，CAGR 达到 15%。为此，需要大量投资，以使这个规划成为现实。投资将会推动高科技和先进制造业的发展。

中国不再是全球最低成本的生产基地。广东的月最低工资约为 212 美元，相比之下越南只有 113 美元，孟加拉国只有 23 美元。尽管工资通常是随着工人的生产率一起增加，但是中国的工资增幅（2015：+13.3%）仍然超过年度生产率的增幅（2013-14：+7.0%）。企业需要在提升薪酬水平的同时提升生产率。

通过挖掘信息技术的潜力并在技术上迎头赶上，可以使生产率得以提高。其他途径包括加快人才培养步伐，加强职业培训。基础设施投资也将会使生产率提升效益达到 GDP 的 1%。

对于广东先进制造业的大多数领域而言，西门子的智能制造技术是很好的选择。

消费电子领域是广东制造市场最大的领域之一，面临着产业升级需求。西门子提供数控系统及其解决方案帮助传统制造企业进行升级改造，以满足现代化消费电子市场的需求。我们预计广东每年的数控系统需求量大约为 5000 台。

工业被视为创新、增长和社会稳定的推进器。客户要求以更短的时间间隔提供全新的高质量产品以及定制化产品。另外，有必要持续提高生产率，而只有那些能以更低能耗和更少资源达此目标的企业才能应对日趋增加的成本压力。西门子的解决方案可帮助克服这些挑战。我们提供基于软件的解决方案将现实和虚拟生产环境融合在一起，并且我们在自动化系统与服务领域处于领先地位。凭借全数字化生产价值链——在西门子我们称之为数字化企业，我们能确保最高的资源利用效率。在推动"工业 4.0"发展的关键领域，西门子是全球领先者。

（七）职业教育

在迈向工业 4.0 和数字化的过程中，对经过良好培训的技术人员有着巨大需求。广东拥有的技工教育人数占全国的五分之一。根据广东省政府《关于创建现代职业教育综合改革试点省的意见》，广东将在 2018 年建成有广东特色的世界级现代化职业教育体系。

西门子正在与广东省的 20 所职业教育学校、技工院校和培训中心进行合作。据不完全统计，已培养学生达 2000 多名，包括机电一体化、自动化、传感器和变频器技术以及工业通信等领域。

2015 年伊始，西门子开始与广东省人力资源和社会保障厅商谈战略合作。省人社厅肩负技工教育管理之责，积极携手德国双元制教育，打造现代化的职业教育试点项目。在未来，西门子愿意与广东省加深在职业教育领域的合作，以推动广东省智能制造产业的发展。

（八）结论

我们的分析表明，广东可以凭借数字化作为广东省经济发展的驱动力。尽管广东与中国其他省份相比,其经济发展已经到了一个非常成熟的阶段,但仍然有巨大的发展潜力。

我们坚信适宜的技术投资将使制造业向数字化方向发展成为可能,而职业教育在其中会起到重要作用。

基础设施是我们所有讨论内容的关键。我们从经验得知,有时基础设施建设速度难以跟上经济和城市发展速度,因此,选择正确的前进道路将有助于让现状和未来愿景更加契合。

西门子是助力广东实现更健康、更可持续发展的理想伙伴。

二、智能技术推动中国制造踏上新里程

美国艾默生电气公司总裁孟瑟:广东成为中国人口最多、最富裕的省份,其2014年生产总值(GDP)更达到了6.78万亿元。展望未来,广东在影响未来增长轨道的进程中正面临关键的抉择。其中一项抉择就涉及制造业如何能继续在促进增长方面发挥重要的作用。我们感谢这难得的机会,来与你们分享对被称为"智能制造"的下一代生产制造技术的见解和经验。我们相信,这些技术在提升广东制造业水平方面,将发挥关键作用。

(一) 艾默生与广东省同发展共繁荣

中国一直以来都是艾默生重要的制造和研发基地,同时也是艾默生取得关键成长的市场。去年,艾默生全球销售额为245亿美元,当中中国市场占了29亿美元。在过去的30多年间,我们在中国进行了大量投资,包括已经在广东省建成了坚实的业务基础。艾默生最近在广东省的投资与发展包括:

我们投资1500万美元,为艾默生环境优化技术旗下的热敏碟(Therm-O-Disc)公司在珠海建造一个新工厂——艾默生电气(珠海)有限公司,并把位于深圳的工程、生产、销售和采购部门从深圳迁移到珠海新工厂。该工厂专门生产温度控制产品,利用高度自动化技术降低运营成本,并提高产品质量及缩短交货时间。通过自动化,珠海工厂的制造能力提升了3倍,并能够满足更高的客户服务需求。

我们为艾默生过程管理旗下的艾默生机械设备(深圳)有限公司(Fisher)在宝安建造了新的生产线。它是全球两个费希尔仪器工厂之一。我们将财务、客户需求及人力资源等领域进行数字化管理,提高了产能和运营效率。

我们为艾默生网络能源中国在深圳市南山区新建"艾默生网络能源亚太区总部大楼暨全球研发中心"。该业务主要研发为数据中心而设的智能解决方案。艾默生网络能源在新设施部署了智能管理解决方案，以达到节能和减排的目标，为行业的可持续发展设立了新的基准。

和广东一样，艾默生也在不断进行业务调整，以保持市场竞争力。2013 年，我们向一家私募股权投资公司出售了嵌入式运算和电源业务的多数股权，该业务目前以雅特生科技（Artesyn Embedded Technologies）的公司名称运营。几个月前，我们的董事长兼首席执行官宣布，艾默生计划在美国通过免税派给股东的方式分拆旗下的网络能源业务，将其作为一家独立的上市公司营运，并计划于 2016 年 9 月底前完成。同时，我们也为工业自动化旗下的若干业务探索新的战略方案。我们相信这些举措能够为艾默生及旗下的业务带来显著的增长空间，提高利润率、现金流，以及股东回报。

虽然这意味着艾默生将在初期一段时间内销售、生产设施和雇佣人数等方面规模下降，但我们在中国市场以及广东省的商业投入并不会减少。凭借鼓励投资的商业环境和具前瞻性的鼓励政策，广东一直是，并将继续成为艾默生首选的制造业投资地点之一，以服务中国及全球其他市场。

我想补充一点，艾默生目前继续持有雅特生科技 49% 的股份，同时作为艾默生总裁的我也是其公司董事会成员之一。此外，在分拆网络能源计划完成时，我们的股东将在新的网络能源公司中继续持有大量股份，因此艾默生也将持续关注这一业务的发展。这些艾默生的成员们都已在广东建立了，并将继续保持显著的业务基础。

（二）广东省所面临的问题

30 多年来，中国两位数的经济增长使人们的收入显著增加。中国的人均国内生产总值已经从 2006 年的 1740 美元增长至 2014 年的 3619 美元。因此，生产成本，特别是劳动力成本，在此期间显著增加。生产成本的增加已经使一些小型和低端制造商离开广东，并选择转移至低劳动力成本的地区，如中国内陆及东南亚部分地区。制造业的这种变化迫使广东众多完善的生态系统发生改变，它们曾在历史上为所有制造商提供了良好的供应商基础。如果广东希望保持领先的制造基地这一地位，这些生态系统必须发展、适应并满足更先进的、高附加值的制造业发展。

在过去的 30 年里，广东为中国的经济发展做出了巨大的贡献。但是，现在中国的经济正在放缓，经济增长"新常态"已经成为现实。这是广东再次引领制造业和服务业转型的一个大好机会。比如说，通过将重心放在科学和技术创新上，鼓励国际间合作和加强企业竞争力，广东省将有机会在政府的"一带一路"经济发展战略中扮演关键角色。

（三）智能制造

今天的制造商面临很大压力。他们需要满足更高的质量和法规要求、控制成本、确保安全、改进流程、满足扩产需求，并同时尽量减少固定投资。如果第三次工业革命的重点在于通过使用电子信息技术来实现生产自动化，第四次工业革命（经常被称为工业4.0）则是使用数据和通信技术在开发、生产和物流等领域创造颠覆性改变。

一般情况下，智能制造的重点包括以下四个方面：
(1) "智能"生产系统的垂直整合。
(2) 横向连结不同的业务单元和组织。
(3) 贯穿整个产品生命周期的工程设计。
(4) 加速制造流程的颠覆性技术。

智能制造还有几个关键要素。工厂需要拥有智能设备，包括智能传感器、控制器和软件应用，以获取和分析实时信息。这是至关重要的，因为它使机器能够自动工作，无须人工操控。此外，使用智能连接和基础设施，连接设施内部，以及跨越不同机构和地点的生产设施，以便进行信息共享和分析。最重要的是，经过培训的人员需要检查现有的制造过程，并提供智能设计、操作和维护。

（四）中国制造2025

今年较早时候，中国国务院发布了"中国制造2025"国家计划。这是一个旨在全面提升国家制造业竞争力的第一个10年行动计划。

该计划重点关注10个重要领域：新一代的信息技术、高档数控机床和机器人、航天航空装备、海洋工程装备及高技术船舶、先进轨道交通装备、节能与新能源汽车、电力装备、新材料、生物医药及高性能医疗器械和农业机械装备。

中国可以有机会同时鼓励颇具规模的大型制造商，及那些雄心勃勃的小型制造商采用智能制造。从艾默生的角度来看，任何规模或行业的制造商都可以采用智能制造。

（五）建议

我们建议广东省政府开始推广智能制造的理念，分享最佳实践和做法，并通过与企业和行业进行协作和赞助来提供培训机会。我们很荣幸能够提供以下具体建议，供广东省政府参考：

1. 确认并支持支柱产业

广东省已经确定了一批重点投资的支柱产业，包括能源、交通、水利和环保等领域。在每个领域都存在实施智能制造以获得竞争优势的巨大机会。处于这些领域的公司所面临的挑战不仅是在技术层面上，而是更深层次的数据分析。企业需要专家为其分析和解释数据，使他们能够优化整个价值链。这方面，政府在鼓励产业合作方面能够发挥关键作用，以及提供财政支持，以支持起初的发展和维持发展势头。

多年来，连续过程型制造业，如石油和天然气行业，利用与网络连接的仪器和分析系统使生产过程变得更加可靠、高效和安全。对于连续过程型制造业或艾默生来说，智能制造和物联网（IoT）并不是一个新概念。我们多年来总结出的一个重要经验是，通过智能传感器和工业无线通信监测个别设备的性能比较容易实现，这样做能够优化运营效率，从而显著降低营运成本。例如，艾默生罗斯蒙特超声波变送器能够帮助远程监测工厂里蒸汽疏水阀的状态。通过智能软件进行自动运算和数据建模，报告疏水阀是否存在泄露或堵塞，从而避免了蒸汽的浪费，每年能为工厂节省5%的能源成本；还可以避免水锤造成的安全隐患。

然而，监测整个生产过程或运营要复杂得多。石油石化等大型生产企业，和人类身体十分相似。它们的运作复杂多变，并且每个单元都不同。厂房的设备会变旧或被替换，操作设备的工作人员也不同，整个运作每天都在不停变化。就连天气都会对生产造成影响。因此，要为最复杂的生产过程或运营建立分析模型，需要利用深入了解全面操作的项目专家。要分析所获得的数据并不容易，而大多数公司并没有掌握相应分析和解释数据能力的人员。

2. 使生态系统更加智能化

我们不应该忘记应提供商业机会，给那些为支柱产业提供智能制造解决方案及服务的公司。我们应确保整个生态系统更智能化。因此，我们建议政府在鼓励大型制造企业部署智能制造的同时，培养他们周围的生态系统。若能为企业提供一系列应用范围广泛的智能制造解决方案，将可令广东获得显著的竞争优势。

智能制造的核心是收集和分析数据，以使制造商能够优化整个价值链的经营和盈利能力。此技术的一个例子是艾默生过程管理的 PlantWeb——数字工厂架构。

要建立一个智能制造基础架构，企业需要与众多不同规模的供应商合作。要成功地推行智能制造，一个综合、不断改进和互相协作的生态系统至关重要。

此外，我们还鼓励广东省政府研究智能制造领域可能所需的一些具体技术。这些技术包括 3D 打印、传感器、人工智能、机器人技术、无人驾驶飞机和纳米技术等。

由政府提供财政补贴及鼓励，是支持这些技术发展，并带动整个生态系统发展的方法之一。

3. 奠定智能制造的基础

我们还建议政府采取若干措施，支持智能制造的健康和可持续发展。

（1）提升 IT 基础设施。

部署良好的 IT 和通信基础设施，是建构智能制造的基础。广东制造商，尤其是规模较小的企业，需要检视自己的 IT 基础架构，包括数据中心和通信系统。制造商应该充分实现各种流程的自动化操作，如客户关系管理、库存管理、供应链和人力资源；将各独立的系统互相连接，使信息可以被共享；并投资服务器或云系统以进行数据挖掘和分析。

与大公司相比，一些规模较小的制造企业其实能更好地发展全新的 IT 基础架构，因为他们运作更灵活，而且没有需要整合及更新大量旧系统及流程。

（2）吸引和留住人才。

灵活变通不仅适用于基础架构，也适用于员工队伍。企业人员需要培训才可以对生产过程进行分析，并加以改进。由政府和业界主办的会议和研讨会能够加强有关教育及推广工作。

除培训外，还需要加强广东的小区设施和社会服务，以吸引和留住人才。不断增加的生活和住房开支及缺乏社会服务，会减低那些有潜力的人才，特别是专业人士和高级管理人员定居广东的意愿。从家庭层面来看，户籍制度带来子女入学难的问题，则是他们选择在广东以外地区工作的另一个原因。

我们建议广东省政府加大保障性住房供应并重新思考教育政策，期望令外来人员子女的入学更容易。

（3）使用试点项目来测试方法。

我们还建议制造商从一个试点项目开始这段"旅程"。制造商可以考虑开发一个可以自我规范和自我控制特定工序的智能制造系统。该系统应该采用开放式平台和结构，更好地连接 IT 和通信基础架构，以收集信息并能灵活地吸取经验。在不同的业务单位和组织之间进行大规模部署之前，该试点项目将帮助制造商积累必要的经验。

广东省政府还可以考虑为试点项目提供财政援助或税收优惠。智能制造包括纵向和横向整合两方面。政府可以考虑选择既有利于大企业，也有利于完善整个合作伙伴和供应商网络的项目。

（4）保护知识产权。

知识产权保护仍然是需要解决的一个挑战。随着智能制造的推行，企业正面对越来越严重的数据盗窃和黑客攻击问题。广东省政府应该重新审视和加强知识产权保护以及网络安全法律来解决这些问题。

（六）结论

我们认为，广东省正处于产业转型的关键阶段。通过在多个层面推行智能制造，艾默生相信广东省可以化挑战为机遇。但仅有制造商的努力，这种转型无法取得成功。推行这一战略要求制造业的利益相关者和政府进行广泛而深入的合作。它的成功也取决于政府的远见卓识以及对支持性项目的执行能力。

艾默生对广东发展有着强有力的承诺。我们始终和广东省一起发展和成长，并将继续一同前行。我们非常感谢广东省政府对艾默生业务的持续支持，并期待在今年的国际咨询会上分享我们的想法。

三、"制造广东"走向"创造广东"

IBM 全球高级副总裁汤姆·罗萨米利安：

（一）成效与意义

广东是中国制造大省和全球重要的制造业基地，然而，广东制造业在创新能力、产品质量和品牌、产业结构等方面与世界先进水平仍有较大差距。关键技术、核心部件对外依存度高，缺乏核心竞争力。在劳动力成本上涨、土地和环境约束日益加剧的情况下，由"制造"转向"智造"迫在眉睫。

为了抢占"互联网+"制高点，必须以智能制造为创新抓手来驱动广东制造转型升级，强化广东世界制造基地地位，加速推动工业化和信息化的深度融合和创新，打造新的产业增长点，促进"制造广东"向"创造广东"转变。

（二）案例介绍

数十年深耕于工业界，IBM 凭借其全面、成熟和完善的 IT 解决方案提供能力，已经帮助全球的客户完成新的工业革命的转型：

1. 全球领先的电动汽车制造厂商

客户大力推动了纯电动汽车在全球的发展，但也面临着巨大的挑战，包括电动汽车系统复杂度高、市场竞争压力大以及产品线复杂等，这些因素都极大程度地阻碍了其创新的步伐。IBM 持续工程的方法和技术实现了和客户现有系统的完美融合，实现了跨工程领域的追溯能力支持影响分析，提供决策支撑和确保产品质量。从而帮助其持续扩展，以快速适应市场新需求和战略重用所带来的挑战。

2. 全球主要采矿设备制造商创建基于物联网的智慧服务平台

IBM 帮助客户构建了基于私有云的全面智慧物联网解决方案。利用物联网、云计算以及大数据技术，将设备实时状态、检测维修、环境工况等信息整合，运用流计算、数据挖掘等手段，为其采矿企业客户提供以设备健康状态实时管理和预测性维修优化服务为核心的运营优化服务。新的智慧服务平台已帮助客户预见并预防非计划停机，提升了其采矿设备的整体使用效率。初步的分析揭示，设备的整体使用率和效能可以提高 15%。

（三）IBM 的方案

工业 4.0 的主要应用领域体现在从智慧研发到智慧工厂、智慧生产、智慧物流以及智慧服务的整个周期，IBM 融合了先进信息技术的智能物联平台为建设工业 4.0 提供了全面的支撑。

IBM 智能物联平台融合了连接与整合、云计算与平台服务、大数据、安全等核心技术，在设计、制造、运营和交付的不同环节提供了全方位的解决方案。通过持续工程、设计思考等方法设计和构建新型的互联且数据丰富的产品和设备；通过把智能分析优化能力内嵌到制造运营等环节中，可以促进智慧工厂的发展、节能减排、优化运营；通过互联网用户洞察能力，充分利用移动社交能力跟客户和员工进行交互。

基于 IBM Bluemix 云平台的新型物联网服务使得各领域应用开发商可以快速地将包括物联网在内的多源数据集成到基于云的应用开发和运行环境中，加速实现工业 4.0 的进程。

四、中德两国的工业4.0——改变与趋势

鲁道夫沙尔平战略咨询交流有限责任公司董事长鲁道夫·沙尔平：

（一）中国与世界

在过去的20个世纪中的18个世纪里，中国一直都是全球领先的经济强国。在过去的30年中，中国的经济发展如此之迅速，使其又重新回到了世界的领先位置。不论是经济方面，还是社会、文化、科技等方面，中国目前在世界上都发挥着举足轻重的作用。而如今这些巨大的变化都起始于邓小平先生于30年前提出的改革开放政策。

世界是变化发展的。如今，中国及全世界都面临着巨大的挑战，那就是：世界和国家经济模式需要一个新的基础和新的质量，来为人们实现更好、更健康的生活。

众所周知，目前有大量的难民由于战争的原因而背井离乡，来到德国和欧洲其他各国寻求救助。您可以读到或听说他们前往的国家信息或逃难路线，可以了解到接收难民国家的最新状况和将来前景，可以发表个人对难民政策和近况的态度和建议。而这些消息和信息能够在很短的时间内在全世界范围广为传播引起世界人民的关注，都是归功于互联网及其他现代化通讯方式的发展。

（二）世界的数字化转型——网络的发展

随着通讯和网络的发展，新的经济行业产生，同时传统工业及现代信息技术的联系也越来越紧密。例如，中国现拥有一个以阿里巴巴牵头的巨大的电商市场；华为、中兴及腾讯等众多国际化高科技企业通过自身开发的产品和技术共同构建了中国数字化发展的基础，并给予了数字化发展一个中文名字。

同样地，金融业、银行业、保险业、证券市场及各企业的战略发展，也都要面对新的来自数字化转型的挑战。所有这些领域都需要更多的国际化沟通及交流、国际统一的规章制度以及各国间更紧密的合作。因为从经济的角度来看，互联网的接入、数据传输速度及质量都成为了投资决策以及投资地点选择中非常关键的因素。

"服务互联网"的发展促进了新的经济行业及企业的形成，比如亚马逊及阿里巴巴。

我们在社会上的文化生活也随"服务互联网"的发展而发生了变化：信息传播变得更迅速、范围更广阔。由于传播速度的加快，相关的风险也就越来越大，例如虚假消息的传播。

当传统生产业与互联网的联系越发紧密，"服务互联网"行业的企业也就会面对更多新的挑战，但是人们和社会却会得到新的机遇，例如：为更有效地利用能源及原料创造更多的可能性，有效缓解对空气、水资源及土地的破坏，生产更健康、更安全的食品，提高产品的质量，为未来经济模式创造更稳定的基础。

（三）工业4.0的关键——创新

在工业4.0中，对于企业和国民经济来说，创新是最重要的。

无论在企业、大学或研究机构中，创新或专利，都来自于良好的教育、自由的思考、好奇心、研究精神、勇敢面对挑战的精神和出色的团队合作。

对于创新来说，家庭教育、职业教育以及在大学或企业中接受的教育是起着关键性作用的，因为它们都对创新能力及未来的经济竞争力有着很大的影响。

在这一方面，中国正向积极的方向发展。尽管专利申请程序在各国都大相径庭，中国专利的申请数量依然剧增。

无论如何，中国始终坚持积极改善自身的条件，来实现一个新型的、可持续的发展模式。这条发展的道路是漫长的，但是中国也将迈出其第一步。因此，中国会更积极地提高对知识产权的法律保护。

（四）中德合作机遇

德国与中国，特别是与广东省应该继续加强相互合作，比如在以下方面：研究与发展的合作、高校或专科学校间的合作、职业教育方面的合作、专家互访及培训的合作。

在德国，高度专业化的中型企业在这方面都拥有特别的经验：德国全国大约一半的专利都来自于这些公司中受过良好教育的职员或工程师。这些经验也都应该被运用到中国的企业、城市管理以及城市化发展中去。比如，在移动性方面或从城市交通到公共安全方面，再从房屋管理到医疗保健方面，信息技术都起了重要作用。

如今这些领域都已经不再是独立的个体，它们都已经通过先进的技术而相互连接。在新城规划初期就应该考虑到这个因素，其对城市的现代化管理或城市化发展也是十分有利的。

（五）顾问建议

鲁道夫沙尔平战略咨询交流有限责任公司建议，由广东省和德国轮流举办一年一度的中德专家论坛，进行定期交流。例如，为了更好地支持广东省政府及当地企业的发展，我们可以在2016年，将来自德国和广东的工业领域的专家们聚集到一起，以中德专家论坛的形式，让他们围绕以下议题进行经验交流，使双方能够就专业领域进行充分的交流：现代化生产形势及过程、提高产品质量及标准、降低成本、能源及原料的有效使用。

当然，除此之外还有很多领域、很多方面是能够为我们的生活创造出双赢局面的，也都可以纳入论坛的讨论议题中，可请广东省考虑。

五、基于"物、服务与人互联"的产业集成的未来

ABB集团执行委员会成员方秦：经过近30年的高速发展，广东省制造业面临着日益严峻的挑战。成本上升、传统经济发展模式的结构性问题以及全球工业合作模式的不断变化使广东省的竞争力受到影响。

加快高端制造业的发展及工业与互联网的融合以增强广东的竞争力已成为共识。政府官员、企业及其管理者、战略家及技术专家们正在力图探寻适合广东的、具有广东特色的跨越式发展道路。

（一）广东省制造业面临的挑战

广东省位于中国改革开放的前沿，是中国经济增长的重要引擎。1988年以来，广东省国内生产总值连续26年位居全国第一。广东省的改革开放始于在深圳、珠海、汕头设立的经济特区，随后这些经济特区发展了以制造业为核心的外向型经济，其工业化水平在华南地区处于领先地位。"十一五"期间，广东省工业增加值增长15%，高于全国平均水平0.1个百分点。2010年规模以上工业增加值逾2.2988万亿人民币（约合3649亿美元），较2005年增长2.4倍，年均增长15%。

然而，广东省曾依靠劳动密集型和低端制造而成为中国工业领军者及"世界工厂"的地位在过去十年不断下降。通过观察制造业现状，我们不难发现，以劳动密集型制造为主的外向型经济正面临挑战，亟须解决。

1. 国际贸易增长疲软

海关数据显示，20世纪90年代和21世纪初，广东省的国际贸易额从全国的三分之一下降至四分之一。自1986年起，广东的国际贸易额连续23年位居全国第一，2001年中国加入WTO至2008年国际金融危机爆发期间，广东省进出口贸易年增长率为19%。2008年国际金融危机爆发后，广东省国际贸易额持续下降。近几年的国际贸易数据进一步显示了这一趋势。2009年，广东省进出口额为6110亿美元，下降10.8%，2010年反弹增长10.9%。2011—2013年，贸易总额保持适度增长，但2014年再次出现1.4%的下降。

2. 许多制造商正向中国内陆地区或东南亚邻国转移生产线

2015年5月《金融时报》的最新研究报告显示，珠江三角洲是中国以出口为龙头产业的地区，该地区超过三分之一的制造企业计划将产能转移到中国成本更低的地区或者东南亚及南亚。中国机电产品进出口商会的数据显示，全球80%～90%个人电脑和移动终端在中国生产，已有一些产能转移到越南和其他东南亚国家。2015年2月，三星在越南的新工厂投产，预计全面投产后，该工厂将在2015年生产40%的三星智能手机。

3. 随着广东进入一个更先进、更成熟的发展阶段，能源和环境双重问题变得越来越尖锐

依赖于高投资、高能耗、高排放的制造业传统的增长模式对资源环境产生了很大的影响，必须向绿色发展转型。此外，随着能源、资源及环保成本不断上升，制造业的运营环境日益严峻。

（二）形势分析：广东需要提高劳动生产效率以保持其在国际竞争中的地位

1. 广东省正处于新一轮全球化发展模式的关键阶段

全球范围内的需求与供应的变化给广东省带来巨大压力，其全球制造中心的地位受到威胁。来自发达国家和新兴市场的激烈竞争正愈演愈烈。

全球工业生产分工曾经把资源、制造和消费按不同GDP水平分配到不同国家，而这已成为历史。现在，美国和欧洲这样的传统消费经济体正在采取行动，刺激内部需求与制造能力，集聚政府、学界和企业的力量，逐步抢占新一轮技术革新的制高点。发达经济体比以往更加重视实体经济在保障就业、提高生活水平、经济发展、保持社会稳定方面的作用。

2. 人力成本上升和劳工短缺是广东省比较竞争优势减弱的主要内因

2014年，来自世界经济预测与政策模拟实验室的数据显示，中国东部沿海地区工人月平均工资达500美元，而印度尼西亚和越南工人的工资分别是300美元和250美元；在柬埔寨，制衣工人的最低工资只有80美元；同为服装生产大国的孟加拉国，不久前刚将工人月薪调整至67美元；而广东省制造基地珠江三角洲（"珠三角"）工人工资仍有可能按预期大幅上涨。渣打银行的调查显示，随着劳动力成本上升，"珠三角"目前面临着来自国内同行和东盟成员国等区域经济体的激烈竞争。这项调查预测，"珠三角"地区的工资在2014年增长8.1%，2015年将增长8.4%。

国内外制造企业早已预见，中国的低工资增长模式必将终结。许多人都认为，中国作为全球制造业中心，成本上升将使其处于竞争劣势。而我们则看到中国正在积极进行转型，并不断向制造业价值链上游攀升。我们认为，中国劳动力不断萎缩及其他人力资源挑战会推动高端和智能制造的发展，即通过技术密集型的发展方式提升生产效率。

（三）建议：互联互通、可持续性及人才发展是智能制造成功的三大关键因素

中国经济的加速发展及结构调整适逢新一轮的全球技术和工业革命。工业互联网、云计算和大数据与制造业越来越深入的融合为中国追赶世界制造业大国提供了巨大的空间。政府官员、战略家、企业及其管理者以及技术专家们正在一致努力发展智能制造，这不仅可以应对成本上涨和劳动力短缺的挑战，而且能够带动经济发展和产业结构调整。

智能制造是将信息技术、不断深化的工艺流程以及产品专业技能与领先的创新相结合的系统与模式的总称，它贯穿设计、生产、管理、服务等制造活动的各个环节。智能制造可以实时满足工厂的需求和条件变化，满足供应网络及消费者的需求。

对广东省的传统制造业而言，通过智能制造技术提高生产力和降低成本十分重要。ABB集团与广东省建立了战略合作伙伴关系，支持广东省产业升级。下面将详细阐述我们的见解，探索广东省如何通过互联互通、可持续发展及人才发展，提高全球竞争力，更好地向智能制造转型。

1. "物、服务与人互联"

工业发展的未来是智能设备与软件产品和服务的融合，需要利用高度的互联

互通、强大的带宽和计算能力以及能效,结合云计算的扩展性和成本优势来实现。此外,需要人来设计、规划、控制和监测所有过程,这就意味着工厂层面的解决方案要向"物、服务与人互联"发生质变。

"物、服务与人的互联"中的"物"指能生成大量测算数据的智能机器、设备和系统。这些"物"装备有传感器、计算和沟通软件。ABB集团为全球服务的自动化和网络控制系统当中已使用了这些设备,对于我们的客户来讲,这是"工业互联网"不可分割的一部分。

"物、服务与人互联"能够实现预先判断及维护,开启了工业服务的新维度。无线远程监测系统可以远程检测到设备的异常,在意外发生前,系统已进行必要的维护与维修。使用者可以节约生产时间、差旅时间、故障排除和问题纠正的时间。比如,在比利时全球包装生产巨头 DeufolBelgiëN. V. 的物流中心里,机器人的载重设置如果高于该情况下的最大载重限制,可能损坏齿轮和电机,远程服务能及时发现问题,并通过重新规划造成超载的设计来及时解决问题。

不断改进的资产监测及通信功能可以极大地优化生产运营,同时也产生了大量的数据流,而能够利用这些数据的企业少之甚少。"资产健康管理"软件平台可以有效地将这些数据利用起来,实时分析平台内所有企业的资产,并对资产是否应该维护、修理乃至更换做出战略性的决定。目前,由于工业智能化系统没有纳入传统工程解决方案,因此企业无法将数据转化成优化复杂生产流程的知识工具。

"物与服务"对智能制造至关重要,然而,人还是整个过程中最重要的部分。人需要更高的技能,更好地应用技术使用智能产品、机器和制造系统。随着自动化水平的提高,人们虽已摆脱繁重的体力劳动以及危险和枯燥的工作,但仍需要决策、规划、控制和监测由物和服务进行的所有生产流程。

智能制造融合信息、技术和人类的才智,将从根本上改变产品发明、生产、运输和销售的方式。ABB集团位于芬兰瓦萨的断路器和开关生产工厂就是成功利用"物、服务与人互联"的绝佳案例。智能技术贯穿整个订单交付过程,人与机器安全合作。材料采购、订单下达、产品装配和物流、库存控制,以及远程服务都是高度自动化、实时实现。即使在夜晚,自动生产线也能够继续生产。灵活性、质量、可靠性、盈利水平以及工厂的竞争力都得到显著提高。

2. 可持续制造

可持续制造是指通过经济上可行的方式,在节约能源和自然资源的同时,尽量减少对环境的影响。同时,可持续制造也增强了员工、社区和产品的安全性。

如今，越来越多的制造商通过可持续的商业做法获得了巨大的经济和环境利益。总部设在巴黎的国际能源署（IEA）估算，到2035年，通过执行现有的节能技术，可累积节约33亿美元的能源开支。

国际能源署2013年的研究显示，电机与电机驱动系统领域有着大量的节能空间。电机与电机驱动系统消耗了全球40%的电力，比其他任何方式消耗的能源都要多。国际能源署预测，大部分用于工业的电机，未来其效率可以提升10%～15%，相当于全球用电量减少5%左右。同年，中国电机的耗电率高达64%。通过节能电机及变频器的普及，节能减排有着巨大的潜力。2013年，ABB集团在中国市场所提供的高效率电机就帮助客户节电4.1亿千瓦时，这相当于每年14.2万家庭的用电量，二氧化碳排放量减少约40万吨，相当于种植2185万棵树。此外，通过控制电机的运行速度，变频器可以降低30%～50%的能源消耗，从而大幅提高工业能源使用效率。

值得一提的是，在"物、服务与人互联"的趋势下，软件应用将成为未来提高能源效率的关键。例如，通过公司范围内的能源管理体系，可以跟踪和优化能源使用情况。此外，工厂内建立智能电网可以在能源需求波峰期放缓生产，而在波谷期安排能源密集型活动。

3. 人才发展

如上所述，人将在智能制造中发挥重要作用，因为决策、规划、控制及监控所有的生产过程均由人完成。因此，行业人才的需求将更高更复杂。例如，工业机器人的迅速发展要求未来工程师在特定应用程序领域有深入的知识和技能。价值链上的各个环节，包括技术供应商、集成商和最终用户，都需要精通技术的工人和专家。

人才不只对个别公司或行业的发展具有重大意义，同样也是传输整个产业链的制造技术的关键因素。经合组织（OECD）最近公布的研究报告《生产力的未来》显示，全球生产效率疲软背后的原因不是创新放缓，而是从"前沿公司"到整个行业的创新传播机制没有发挥应有的作用。经合组织呼吁推广新技术，但知识本身不会自己"传播"，人才才是技术传播的关键。

人才发展应考虑两个方面。第一是要认识到人才是稀缺资源，保持技能化、专业化的人才队伍的长期存在，对于一个繁荣的市场非常重要。人才的吸引措施，例如吸引外来人才迁入的政策也同样重要。第二，应鼓励企业与高校或职业技术学校之间的合作，实现双赢并最终为制造业的健康生态系统打下基础。

（四）结论

高端制造能力是衡量一个国家或地区工业化水平和国际竞争力的重要指标之一。广东省是中国改革开放的先锋，有着良好的工业基础设施和思维开放的人才。同时，广东省地理位置优越，处于"一带一路"的中心地带，是通往东亚新兴市场、香港和澳门的门户地带。因此，广东省加快智能制造发展是必然选择。

2015年初，广东省政府发布了宏伟的计划，希望在未来3年内引进9430亿人民币（约合1520亿美元）的投资，继一些智能工厂的试点项目后，帮助1950家制造企业安装机器人。7月23日，广东省政府发布《广东省智能制造发展规划（2015—2025年)》，目标是到2020年智能装备产业增加值增至4000亿元（约合627亿美元），到2025年，全省制造业全面进入智能化。

为了实现《广东省智能制造发展规划（2015—2025年)》的目标，带领全省产业和经济结构改革，我们建议广东省在坚实的工业制造基础上，认识到发展智能制造的迫切性，引领制造业升级，推广"物、服务与人互联"的应用。在制造过程中，我们高度重视动态化和人性化的制造过程，而"物、服务与人互联"是已被证明的行之有效的做法与概念，有利于实现可持续性、技术创新和劳动力的综合发展。

ABB集团热忱支持广东省智能制造事业。作为世界领先的电力和自动化企业，我们承诺将为广东的产业升级贡献技术和经验。

第二章　提升"互联网+"应用

题　解

广东作为全国第一经济大省、第一信息产业大省和网民数量第一大省，是互联网发展空间广阔、潜力巨大的地区之一，同时也是最早面临转型升级压力的地区。近年来，广东在促进信息化和工业化"两化"融合、电子商务、物联网应用等方面取得了一定的成效，然而，从互联网促进广东产业转型升级的现状来看，互联网向传统产业的渗透融合以及对社会经济资源的重组变革的作用未得以充分发挥。因此本次国际咨询会上各位顾问建言献策，旨在共同促进广东省"互联网+"建设，顺应网络时代发展新趋势，利用互联网技术和资源促进我省经济转型升级和社会事业发展，提升综合竞争力。

2015年9月，广东省政府印发了《广东省"互联网+"行动计划（2015—2020年）》，以发展网络化、智能化、服务化和协同化的"互联网+"产业新业态为抓手，充分激发互联网大众创业万众创新活力，推进互联网在经济社会各领域的广泛应用，推动互联网经济加快发展，提升经济发展质量和社会治理水平，促进我省经济持续健康发展和社会全面进步。行动计划分别设置了2017年和2020年发展目标。2017年，广东省互联网与传统行业加快渗透融合，互联网大众创业万众创新的活力进一步增强，经济社会各领域互联网应用逐步普及，电子商务、云计算、物联网、大数据等新业态快速发展。2020年，全省经济社会互联网应用成效显著，成为全国互联网经济发展重要基地、网络民生应用服务示范区、网络创业创新集聚地。行动计划重点关注互联网创新体系建立、互联网与产业融合和互联网应用服务普及三个方面，来主动适应经济发展新常态，顺应网络时代发展新趋势，利用互联网技术和资源促进我省经济转型升级和社会事业发展。

广东省未来将在十三个方面推行"互联网+"在全省的应用。包括互联网+创业创新、互联网+先进制造、互联网+现代农业、互联网+现代金融、互联网+现代物流、互联网+现代商务、互联网+现代交通、互联网+节能环保、互联网+政务服务、互联网+公共安全、互联网+惠民服务、互联网+便捷通关和互联网+城乡建设。其核心战略为构建以互联网为引领的现代产业体系，重点扶持互联网创新型企业，建设互联网创新经济示范区，提升互联网服务水平。

推行"互联网+"，利用信息通信技术以及互联网平台，让互联网与传统行业进行深度融合，创造新的发展生态，是传统企业走向现代化的变革，是产业形态的变革，更是广东省经济改革的非常重要的一部分。如何发挥互联网在社会资源配置的优化作用，如何推进互联网在传统产业的应用，如何将互联网的创新成果运用于社会服务，如何建设"互联网+"战略的保障设施，这些问题仍需要进一步的探索和实践。

各位顾问根据所在国家和地区在互联网应用方面的不同举措，提出了极具参考价值和极具建设性的意见和建议，为广东推行"互联网+"应用带来了许多有益启示。

一、通过"与客户的协创"和"扩大IT技术的应用"实现制造业的升级

日立集团会长兼首席执行官中西宏明：

（一）顺应"新常态"，发展"社会创新事业"

当前，中国经济增长正进入一个"新常态"，为此，产业界也需要加速顺应这种"新常态"。制造业要从以"大量生产和廉价劳动力"为优势的增长模式转型为注重"提高质量和效率"的增长模式，投资对象的重点也需要从以"扩大规模、增强能力"为目的的投资转变为以"实现高品质和高效率"为目的的投资。另外，能源和资源的消费模式也从"大量消费"转变为"环保型消费"。总而言之，各个产业都在进行能效的改善，与此同时，经济发展的模式也将发生转变，经济发展的重心将由"环境负荷大的产业"转向"第三产业"。

在"中国制造2025"中，实现这些转型的路线被一一明确。以创新驱动引领经济发展、打造高品质优势竞争力、向绿色制造转型、向服务型制造转型等，"中国制造2025"为中国从"制造大国"转型成为"制造强国"提出了一系列的战略举措。今后中国制造业将进入如何实现这些战略举措的新阶段。

一直以来，广东省的经济发展取得了显著成就，经济增速远远高于全国平均水平。因此，我们认为在实现"中国制造2025"的过程中，广东省应该发挥带头作用。从另一个角度来看，广东省先行发展的同时所伴随的劳动力成本上升、产能过剩等亟须解决的问题在快速凸显，从这个意义上来讲，当前相关战略规划

也急需被具体化。并且由于战略的实施比战略的制定需要更多的努力和智慧，所以我们认为外界对于广东省采取何种举措的期望值会越来越高。

中国的制造业为了实现"中国制造2025"，今后势必采取各种举措。在此，我想介绍一下日立的"社会创新事业"，希望能对中国制造业的发展有所帮助。

日立在2006年，也就是9年前提出了"社会创新事业"的概念，推出了"通过IT技术的应用，构建更加合理、更加便于使用的社会基础设施"的方针。消费电子业务过去一直是日立公司的支柱产业，但是由于残酷的全球竞争，其收益急剧恶化。为此，公司及时调整了业务结构，将经营重心转向具有更高附加价值的业务，强化了"社会创新事业"。虽然消费电子业务是需要优秀的人才、高度的研发以及巨额设备投资的资本集约型、知识集约型产业，但正是在那时，我们也切实感到这些高的投入未必能带来高的收益。

此后，为了加强"社会创新事业"，日立采取了各种对策，这些对策的重点就是"扩大IT技术的应用"和"与客户的协创"。通过灵活运用IT技术，将客户面临的课题和新的事业机会可视化，与客户一起探讨如何重新审视价值链、开展新事业。要想实现这些战略构想，IT技术的高度活用不可或缺。

（二）通过"与客户的协创"和"扩大IT技术的应用"实现制造业的升级

首先我将阐述"与客户协创"的重要性。所谓"协创"，指的是与客户充分沟通交流、站在客户的角度理解他们的课题和需求，然后双方一起采取措施。为了推进与客户的合作，需要我们不只提供产品，还要提供相关的服务。

举个例子，日立不但向客户提供很多设备和机器，同时还承包了点检维修以及运营管理等服务业务，并且还在不断扩大这些服务业务。其中很重要的一点是，日立所承包的这些服务业务的效率比以往有了很大改进。而且，因为大数据、分析学的应用日益关键，为了帮助客户创造价值，日立认为扩大IT技术的应用至关重要。

（三）通过与多个相关方的"协创"实现制造业的升级

实现社会创新事业，有时也需要与多个利益相关方进行"协创"。比如在节能和低碳化领域，发电方、电力流通方和需求方都需要各种供应商向他们提供各种各样的设备、机器和服务。

实现整个社会的节能和低碳化，不仅需要提高单个设备和机器的效率，还要实现这些机器和设备整体运营的最优化。为此,很重要的一点就是要扩大 IT 技术的应用,明确"能源的供给是否超出了需求方的需要,是否存在浪费"、"能源的分布是否存在不均"、"系统间是否存在矛盾"等问题,然后找出解决方案。智能电网、需求响应、FEMS(Factory Energy Management System)、BEMS(Building Energy Management System)、HEMS(Home Energy Management System)等,为了让以上种种举措发挥最大效果,扩大 IT 技术的应用、与客户和设备供应商、能源供应方等利益相关方的"协创"是必不可少的。

接下来我将用日立在中国推进物流方面的相关措施来说明与诸多利益相关方进行"协创"的重要性。目前,全球物流市场正在以 8% 的年增长率增长,特别是中国等亚洲国家地区的需求急剧扩大,有望实现两位数的增长。但是,相对于与经济发展同步增加的物流需求,由于物流基础设施还未十分完善等原因,中国物流的效率还很低。与日本相比,中国 GDP 中的物流成本,尤其是操作成本所占的比例很高,还有待改善。

为此,日立的 IT 部门和物流部门等通过合作,积极推进在中国的物流智能化。他们不只利用 IT 改善物流操作,还通过对从 IT 化中获得的大数据进行统一分析和优化,支援客户的中长期经营战略并创造新服务。

(四)对广东省实现可持续发展的提议

要实现制造业的升级,通过"协创"实现创新非常重要。特别是要发展社会创新,除了"与客户的协创",与政府和学术机构的"协创"也非常重要。广东省要先行实现"中国制造 2025",就需要将消费者、政府、学术机构和产业界一体化的相关举措具体化。而且,必须通过扩大 IT 技术的应用(数据解析和技术共享),进一步强化战略新兴产业。

日本政府现在正在制订第五期科学技术基本计划。我作为日本内阁府综合科学技术创新会议的民间议员,参与了该计划的制订。该计划旨在将政府的产业政策和民间企业的战略很好地结合、实现创新。

日立拥有的经验和技术可以对制造业的升级、低碳节能做出贡献。我们希望与产业政策相结合的创新在广东省生根发芽,并期待与广东省的继续合作。

二、基于"互联网+"的产业转型离不开网络社会的构建发展

爱立信集团总裁兼首席执行官卫翰思: 现今,在我们生活的世界,移动性、

宽带和云变革着社会结构,人们理所当然地认为连接无处不在,数字设备成为我们生活的重要组成部分。

2015年6月发布的最新一期爱立信《移动市场报告》显示,2015年第一季度,全球移动用户总数约为72亿,其中第一季度新增1.08亿,全球移动宽带用户数正以同比约30%的速度增长,仅2015年第一季度就增加约1.5亿,总数达到29亿。

该报告预测,到2020年,先进的移动技术将进一步在全球普及:智能手机用户数将增加一倍以上,达到61亿,70%的世界人口将使用智能手机,移动宽带网络将覆盖90%的人群。

我们所经历的社会正变得日益数字化,数字基础设施以及数字化互动对于我们社会、经济和生活的运转发挥着越来越重要的作用。

我们称其为"网络社会",这基于我们认为世界正处于科技革命之中这一信念,我们在2011年提出了这个概念。在这个新兴的网络社会,我们注定要见证社会各界的转型变革。变革将影响我们日常生活的方式,影响业务运行的方式,并最终影响社会赖以构建的文化框架。

从通信业角度来看,我们认为完善的ICT(信息通信技术)基础设施和宽带在这根本性的结构变革的过程中至关重要。

网络正从一种连接方式演变为由数据激发创新的重要来源,对数据和信息模式的全新洞察凝聚着为企业和社会带来重大价值的巨大潜力。

因此,我们能以几年前从未想象过的方式合作、创新、维系、学习、关护和参与,当然还有更多潜能有待挖掘。

(一)中国的互联网引领的转型

虽然国与国的发展水平各不相同,但各国皆愈发热衷于使用互联网和数字技术实现可持续的变革性发展,它们同时也更加融入经济和社会的各个方面。

我们注意到,中国政府在2015年7月推出了"互联网+"行动计划,旨在进一步深化互联网与经济发展和社会发展的融合,使基于互联网的新产业模式成为推动增长的主要动力。

这一国家级"互联网+"行动计划指出,中国将把移动互联网、云计算、大数据和物联网与现代制造业整合,鼓励电子商务、产业网络和互联网金融的健康发展。

该行动计划还敦促地方政府制订各自的行动计划。

2015年9月底,广东省政府发布了《广东省"互联网+"行动计划(2015—2020年)》,体现了广东省如何将国家战略与地方举措挂钩,其目的就是使"互联网+"成为广东省经济和社会创新及发展的重要动力。

在我们准备咨询报告时,我们仔细阅读了广东省覆盖广泛的"互联网+"行动计划,它确定13个重点领域的举措,包括创业与创新、先进制造、现代农业、现代金融、现代物流、现代商务、现代交通、节能环保、政务服务、公共安全、惠民服务、便捷通关和城乡建设。

我们认为,为了支持这一宏伟的"互联网+"行动计划的发展,广东省需要确保部署先进的高品质的ICT基础设施,为基于互联网的转型发展奠定基础,这是因为要使用和提供数字化服务,就需要具备良好电子通信功能的基本基础设施。互联网是服务的载体,必须易于使用并性能稳健,在线发送的信息也必须以安全的方式处理。

在云服务和更强大的移动设备、传感器、大数据和分析的推动下,技术不断快速发展,这也将推进"互联网+"计划的发展。

中国的"互联网+"发展可被视作连接力量激发的数字化转型,这在许多国家已然发生。

(二) 欧洲的产业数字化转型战略

2010年初,欧盟委员会提出了"欧洲数字化议程"战略,确保互联网等数字技术用以改善欧洲民众的生活。"欧洲数字化议程"旨在重振欧洲经济并将民众以新的方式连接起来。它也是欧盟"2020欧盟战略"计划下7大旗舰计划的首项,旨在实现智能、可持续和包容性增长。

欧委会认为,数字技术在为经济创造价值中具有核心作用并为发展、生产和相关服务的方方面面带来根本性变革。只有数字化成为各个产业领域产品、流程和业务模式的主流,欧洲的产业复兴才能成为现实。

因此,欧洲针对产业的数字化转型提出了"欧洲数字化议程",以完善数字化单一市场战略和数字基础设施的升级。

欧委会认为,如果欧盟要保持竞争力,就需要对所有领域进行数字化,保持雄厚的产业基础并向智能产业经济和服务业经济过渡。统计数据显示,数字经济带来的75%的增值来自传统行业,而不是ICT公司,而与数字技术的融合恰恰是传统企业最薄弱的环节。

该战略提出四条建议,旨在将数字技术为欧洲各个产业领域带来的优势最大化：

（1）依托和完善全国性和区域性数字化创新基础，确保各个行业的公司都能轻松获得数字技术，尤其是中小型企业，无论它们位于欧洲哪个地方和哪个行业。

（2）基于欧洲在汽车、航空和能源等重要制造和工程领域的优势，打造欧洲在数字化产业平台领域的领导力。

（3）培养人才，把握数字化转型带来的机遇——在教育和培训的各个水平和阶段促进欧洲及欧洲各地区的数字技能人才的培养。

（4）确定智能产业的智能监管解决方案——寻找解决自治系统可靠性和安全性或产业数据的所有权和使用等难题的合适政策方法。

该战略旨在在产业4.0、智能产业、高附加值制造业等全国性和区域性计划之间建立联系，提供必要的协调，助力达到单项计划无法达到的临界质量。

2012年12月，欧洲执行了全面的政策审核，为2013—2014年间制定了7个新的数字化优先级，将新的重点放在原"2010欧洲数字化议程"最具变革的元素上。

（三）5G是各行业实现数字化转型的最佳选择

实际上，现阶段已有数十亿事物嵌入了在线智能并实现了层层数字化交互。无论是在可穿戴设备、汽车和家用自动化系统之间，还是在网络化城市基础设施和配备传感器的工业设备之间，这些连接都助力厂商生产出更具动态性的产品，同时结合丰富的新型服务来提高产品性能，并将网络效率提升至新水平。

数字化或基于互联网的产业转型目前呈现出强劲发展势头，这一增长势头近期将继续加强。

在未来，网络该如何应对与当今情况相迥异的各类需求与商业格局呢？这种数字化的关键在于各行业适应ICT的方式。

人与设备在价值链中实现无缝联接是我们受益于所有数字技术的前提。但数字技术的使用势必会带来网络安全问题。

因此，我们认为掌握数字化转型流程极有可能成为现在和未来均需具备的关键核心能力。

从电信的角度来看，我们认为数字化转型能为加速的技术发展奠定基础，尤其是即将问世的5G技术，因为世界各国都将5G视为实现全球联接的下一代无线接入技术。

在为参加2015年6月布鲁塞尔"欧洲产业数字化"欧洲发展计划圆桌会议的领导人准备的背景资料中，欧委会还指出，发展5G乃是确保欧洲在人与设备联接方面满足苛刻需求的关键要素。

爱立信始终积极从事各项工作来展示、衡量和挖掘ICT转型潜能。我们认为5G将谱写电信网络的下一个篇章，满足不断发展演进且日益复杂的性能需求。此外，5G还允许我们从新的角度去审视移动技术的换代变化。

网络安全和低功耗是5G技术的两大优势，允许企业经济高效地开展数字化活动。

5G网络能以极高的效率和更快的速度支持更多用户、设备、服务等，但不会增加成本或碳足迹。

（四）广东省需要建立连接性强的政策和制度来支持基于互联网的产业转型

显然，中国的国家级及广东省"互联网+"行动计划已为基于互联网的转型与发展构建了战略框架。该框架能帮政府部门找出重点转型领域，敦促利益相关方开发共同愿景并培养他们的包容性。

此外，各级政府部门及政策制定者都应确保政策和制度的一致性，推动实现跨领域协作与横向整合，助力这些行动计划得以成功实施。

2014年，爱立信委托第三方制作了《向网络社会转型：政策制定者指南》报告，希望该指南能够推动各地区的利益相关方和政策制定者借助信息通信技术（ICT）的强大力量促进经济和社会转型。该报告对已完成数字化转型的多个国家进行了分析，结合分析结果为政策制定者提出十点建议。

（五）建议

关于如何使用"互联网+"来支持广东省实施产业转型，我们参考上述报告并借鉴瑞典政府和欧盟在打造更完善的数字化经济体时采用的做法提出两点建议。

1. 鼓励利益相关方参与及跨领域合作，以此掌控基于互联网的产业转型

我们注意到广东省的行动计划主要涉及13个领域，涵盖大量的利益相关方及多个行业的公私机构。如想掌控总体实施计划，广东省政府需从全局出发，综合考虑各领域间的关联性，并为各项投资安排好先后顺序。

协调工作将极具挑战。为了克服短线眼光并破除孤岛思维，亟须整合领导班子、各项政策和制度，尤其是在技术水平参差不齐、竞争格局日新月异的新形势下。

提升领导能力、设立共同愿景、建立寻求共识的制度，引导利益相关方积极参与、缔结联盟以及推动开展跨领域协作等都是有可能帮助解决问题的可取实践。

此外，政府部门还应为此启动民意征询程序。鉴于基于互联网的转型产生广泛的影响面，因此，民意征询乃是促进公共部门与营利性企业之间尽量开展合作的重要手段。当政府部门制订行动计划和目标时，这种方法将迫使他们充分考虑并调整利益相关方的分析、动员结果及意见。

以瑞典为例，2010年，瑞典政府启动了"宽带论坛"来帮助其实现"宽带战略"目标。

该论坛成为瑞典相关政府部门、公共机构和组织以及企事业单位共同讨论宽带大计、开展对话与协作的重要平台。

除了将大家组织起来共同寻找解决方案以及开展互惠讨论外，瑞典宽带论坛还是"瑞典数字化议程"战略中不可或缺的组成部分。该战略是瑞典政府在2011年提出，旨在助力全面推行ICT，实现数字化通信的重大飞跃。

据报道，广东省相关政府部门已于2014年成立了大数据管理局，我们期望该机构能推动相关各方在广东省基于互联网的转型过程中积极开展对话与协作。

2. 将数字技能培养作为主要任务写入广东省"互联网+"行动计划及长期数字化发展计划

亲身经历告诉我们，数字技术使我们的社会和个人生活及工作方式都发生了翻天覆地的变化。几乎所有借助数字技术开展工作的岗位都需要员工具备数字技能。在不久的将来，估计约有90%的工作——工程、会计、护理、医学、艺术及建筑等行业——都需要员工具备一定程度的数字技能。每一个公民至少必须具备基本数字技能才能开展日常生活、工作、学习及社会互动。

在学校及高等教育中注重培养数字技能只能一定程度上满足需求。通常而言，在实际工作和组织生活中培养技能同样必不可少。这条规则不仅适用于基本数字技能的培养，如借助ICT提高工作能力，也适用于高级数字技能的培养，如ICT创新。

就广东省的基于互联网的产业转型而言，数字化人才需求势必将呈现迅速增长势头。因此，我们建议广东省政府将数字技能培养作为核心任务写入"互联网+"行动计划和长期数字化发展计划中。此外，广东省政府还应出台相应机制,鼓励更多的利益相关方共同攻克挑战。

在这里,我们想与您分享欧盟自欧委会 2010 年启动"欧洲数字化议程"以来的一点实践经验。

"欧洲数字化议程"中有份建议书便是以长期数字技能培养及数字化政策开发为主题,旨在敦促各成员国推出长期的数字技能培养及专业数字能力培训政策,出台相关奖励措施来激励中小企业和弱势群体培养数字技能。

2013 年 3 月,欧委会推出"数字工作大联盟"。这个多方计划旨在增强企业、教育机构、公共部门和个人之间的协作,采取行动吸引年轻人参加 ICT 教育并为失业人员提供再教育。

短短两年时间内,"数字工作大联盟"迅速发展成为欧洲最大的合作组织,携手各行各业共同设计开发更多的 ICT 培训项目,实施就业计划,在各级和各类培训及教育机构提供相关的数字化学位与课程,动员年轻人学习 ICT,找到好工作。

包括大中小企业、教育机构及非政府组织在内的 80 余家既得利益团体做出郑重承诺,共同致力于缩小数字技能鸿沟。同样,欧盟还在 13 个国家成立了"数字工作国家联盟",旨在推动各国在本土开展重大的数字化活动,尚有更多联盟正在筹建之中。此外,"大联盟"还获得了强有力的政治支持(如来自欧洲理事会的支持)和主要利益相关方的支持(如多家跨国公司的 CEO)。

2015 年 6 月,欧委会建议欧洲议会实施"欧洲数字化单一市场战略",该战略也强调了培养数字技能的重要性。

欧委会在其建议书中指出,据调查,数字化人才需求年增长率约为 4%,若不采取果断行动,到 2020 年,欧盟的 ICT 专业人才缺口将达到 82.5 万。因此,未来的技能培养与培训计划应将数字技能培养及专业能力培训视为主要任务。

虽然欧盟在提高公民基本数字技能方面取得了一定进展(从总人口的 55% 增长至 59%),但仍有很长的路要走。各行各业的从业人员均需提高数字化技能水平,求职者只有提高数字化水平才能提升他们的就业能力。

欧委会认为教育和培训机构需要做出一些方法上的调整来顺应数字化改革大潮。这些改变可助力整个欧盟实现"数字工作大联盟"及"开放教育"等行动计划。

欧盟成员国将负责开发技能培训课程以解决关键数字技能短缺的紧迫问题。欧委会将支持他们开展这项工作并履行本职任务,增强欧洲民众对数字技能与入职门槛的认识,提高欧洲的总体 ICT 专业水平。

（六）结语

"互联网+"战略是助力中国各行各业实现数字化转型的踏板，也为网络社会指明了发展方向。先进的、高质量的 ICT 基础设施可作为坚实基础支持中国实现数字化转型与发展。

政府部门在创建适宜环境助力数字化网络和服务实现繁荣昌盛方面将发挥关键作用，其中高速、安全、值得信赖的基础设施和内容服务是必不可少的。为此，政府部门应制定相应政策来鼓励创新、投资和公平竞争，建立公平的竞争环境。

政府部门需要制定连接性强的政策和制度来支持横向整合与跨领域协作，鼓励利益相关方作为支持者、合作者及实施者进行广泛参与。

政府部门还应将数字技能培养作为核心任务写入"互联网+"行动计划，将其视为最高级别的战略性长期数字发展目标。

最后，我们希望这份借鉴了欧盟和瑞典一些举措和实践的报告能为广东省政府实现基于互联网的产业转型提供一些参考价值。

第三章　营造创新环境

题　解

改革开放以来，广东省依靠先行一步的政策优势，营造良好的招商引资环境，吸引了各类资金来粤投资创业，发展成为举世瞩目的经济大省。21 世纪以来，在经济全球化和全国大开放格局下，广东省劳动密集型产业的优势已经不复存在。为了实现广东省经济的进一步发展，保持广东省在全国经济领先的地位，必须更加积极主动地营造良好的创新环境，吸引包括人才在内的全球各类创新资源要素向广东汇聚，让全社会的创新资源更加自由地迸发活力。只有这样，才能更好地推动我省从要素驱动向创新驱动转变。

广东省是我国创新能力最强的地区之一，创新能力总体指标及多项细分指标均居全国前列，但高速发展带来的高消耗、高污染仍是广东省经济发展的尖锐问题。《2015 中国区域创新能力报告》显示，广东区域创新能力综合排名全国第二位；其中知识创造能力排名第四，研究与试验发展全时人员当量仍处于全国首位，每亿元研发活动内部支出产生的发明专利数略有下降，企业创新能力上升明显，但是创新绩效方面，每万元 GDP 工业污水排放量为 13.87 吨，名列全国末位。

近年来，广东省对于创新高度重视，做出了一系列重要部署，取得了初步成效。2014 年 6 月，广东省出台了《关于全面深化科技体制改革加快创新驱动发展的决定》，成为全国首个深化科技体制改革、实施创新驱动发展战略的纲领性文件。同时，广东省率先出台《广东省自主创新促进条例》，目的就是指导更多社会资源投向科技创新领域，持续助推企业自身创新能力的提升。在政府的引导下，广大企业自主投入开展研发活动的积极性在不断提升，广东省研发经费占 GDP 比重不断加大。针对科技企业孵化器数量较少、服务能力较弱的问题，提出鼓励科技企业孵化器建设发展的政策措施等。

各位顾问分别在创新环境的培育、创新政策的建立与实施、研究型大学的建立和创新型医疗等不同方面给出宝贵意见，给广东省今后营造创新环境带来了很多的借鉴和启发。

一、营造促进创新的有利环境

杜邦公司全球高级副总裁兼首席科技官苗思凯：基于杜邦作为一家科学公司两个多世纪以来面向市场的创新实践经验，我们在文中探讨了驱动创新的重要因素，并结合了其他城市和机构在经历危机或重大经济挑战之后营造有利于创新的环境的案例。广东省正致力于加强全球合作，以促进创新驱动型增长与共赢发展，我们希望文中观点能对广东有所帮助。

（一）创新的价值——创新是驱动经济财富和增长，以满足人类需求的重要途径

创新是将创想或发明转换成为实际应用，从而为客户创造价值的过程。尽管难以直接量化衡量，创新对于国民经济的影响显而易见。广东省见证了促进创新举措所创造的巨大效益，并在过去20多年里一直保持中国GDP首要贡献省份的地位，这得益于广东目标明确的发展规划。

在后工业革命时代，很多经济体的GDP增长已经从依靠工业生产转向创新驱动型制造业或服务业，以及基于知识的创新。麦肯锡最近发布报告，声称制造业为经济贡献了10%~33%的附加值，其中接近一半来自服务于本土市场的全球创新和全球科技创新（麦肯锡全球研究所之《制造未来》）。包括杜邦在内的跨国公司认为，创新驱动增长。创新的价值可以从多个方面进行衡量，包括新产品和新应用所创造的销售额。基于这一标准，在2014年，杜邦凭借2011—2014年间推出的新产品和应用，达成了90亿美元的销售额，占当年总销售额的32%。

许多国家、地区和城市纷纷选择了与广东相同的发展道路，不断加大力度，推动其经济形态朝向知识型经济转变，将知识视作提高生产力和促进经济发展的一个关键推手，重视信息、科技和学习在其经济表现中的作用（OECD：《知识型经济》）。广东省政府可借鉴下文所述实践案例来营造创新环境，加快转型升级，助力广东的蓬勃发展。

（二）培育创新环境

杜邦是世界上最具创新意识的科学公司之一，两百多年来，凭借自身的科学和技术实力，不断推进创新。我们深入了解顾客及其需求，以及我们所处市场间

互通互联的本质。我们相信，创新是多方面的综合，包括全面的商业制胜策略、深入的客户洞察、优秀的人才、恰当的能力组合，以及保障成功的执行力。我们相信，公司的宗旨和文化在持续成功的创新进程中发挥着关键作用。此外，我们相信，国家和地区能够营造创新的环境。

在此，我们列举出几项我们认为与广东营造创新环境相关的重要内容，包括：制定和推行创新驱动型发展战略，完善基础设施和调配充足资源来保障这一战略的实施，与跨国企业密切合作，扩大与金融、贸易、工业和教育领域各利益攸关方的协同合作，通过政府监管和政策来促进研究成果转化为实际生产力。

1. 政府负责制定清晰明确的愿景和策略，以及可考虑的策略选项

策略是基于有别于其他组织机构的目标，形成一个独特、有价值的定位。策略本质上既需要定义该做什么，也需要明确指出不该做什么。策略应该成为所有决定的指针或框架，并诠释为获取成功所需的各种能力。在清晰愿景下，扎实的经营策略对于杜邦这样的企业来说，是实现长期成功的必要条件。基于此，我们相信，制定和实施明确的愿景与长远策略，对于成就一个国家和地区的创新事业来说同样举足轻重。

"二战"之后，日本的"国际贸易与工业部"（MITI）制定了其国家工业复兴战略，受命面向有望助力日本工业长期发展的行业，制定产业和国际贸易政策。MITI 着重为钢铁、造船、化工和机械制造领域内的私营企业提供激励、引导和财政扶持。这些领域被圈定为推动经济快速增长，以及打入国际市场的战略性发展对象，而政府通过财政和政策倾斜大力扶持这些领域内的创新。MITI 于 1949 年制定的复兴战略成为一切决定的参考标准，为日本的产业创新引擎明确设定了"可为"与"不可为"。2001 年，新成立的日本"经济贸易产业省"接掌了 MITI 的未竟事业，继续与国内外企业展开紧密合作，连同外国政府一道探索创新驱动力，并制定相关政策鼓励创新。

杜邦公司的发展策略是促进科学进步，并差异化地运用科学和技术来推动自身发展和提升投资回报。我们将科技的运用重点放在大有作为的领域，包括：农业与营养、先进材料，以及生物基工业品。致力于成为这些行业的领导者，凭借我们充足的科技、市场和业务基础，创造跨关键领域的价值。综合利用这些优势，使我们有别于其他竞争者，并为在所有这些行业的创新提供了巨大的机会。我们的策略性选择为我们明确划定了工作重点，而我们的执行和管控流程则评估量化指标的表现情况，及时反馈，帮助我们依据社会和客户需求的不断变化，调整我们的策略。

事实上，广东业已取得了重大进展，制定了强有力的发展规划，并组建了"广东经济发展国际咨询会"。我们支持广东省政府在此基础上，最大化地利用"咨询会"这一平台，考虑召开更多的、日常性的咨询会会议，协助评估广东战略计划执行过程中所取得的成效与进展，并就下一步行动提出建设性意见。

2. 培育创新环境：投资于驱动创新的能力建设

（1）建设有助于创新的研发基础设施。

在传统上，用于创新的投入按照对于研发的投资进行衡量，随着时间的推移我们能够看到这一点。成长型国家和地区对于研发投资多，这也证明了研发投入与高回报率紧密相关。据巴特尔组织估计，2014年全球的研发投入高达1.6万亿美元左右，其中约78%的投资流向美国、中国、日本和欧洲，相当于每个国家GDP的2%。中国将继续加大研发投资力度，而广东省作为中国最发达的地区之一，2014年的研发投资约占其GDP总量的2.4%，高于中国的平均水平。

值得注意的是，创新的产生有赖于一定水平的研发资金投入，然而研发资金的投入并非一个充分条件。决定创新努力成功率的重要因素，还包括形成一个创新生态系统——拥有多样化的人才、正确的观念、供人才使用的基础设施以及管理流程。杜邦每年投入约20亿美元用于研发，我们的研发范围做到了真正意义上的全球化，其规模让公司的10个事业部都能实现生产效率的提高。

杜邦的科技基础设施对于实现科技创新至关重要，包括实验室、能力中心、全球以客户为导向的创新中心和创新最佳实践。我们的各行业和各学科的科学家与工程师在此平台上相互联结，利用世界一流的研发工具，专注于提供全新的产品和服务来满足市场需求，协助解决当今世界所面临的最迫切的挑战。我们在美国最大的两个研究实验室位于特拉华州威明顿市和爱荷华州约翰斯顿市。在美国本土之外，我们的区域性大型实验室分别坐落在瑞士日内瓦、丹麦布拉布兰、巴西保利尼亚、中国上海和印度海德拉巴。所有这些实验室的设立帮助我们吸引科技人才，取得群聚效应和协同效应，解决复杂的跨学科难题，满足当地客户的需求，并推动全球创新。

我们还建立了多个关键科学能力研究中心，比如，杜邦中央试验站、哈斯凯尔毒理学实验室、企业分析科学中心、杜邦工程学技术中心，以及关键支持性技术中心等。

举例而言，在杜邦中国研发中心，我们设立了汽车技术卓越中心，充分利用中国客户所看中的我们4大相关业务部门的行业领导能力。每年有5000多名客户到访杜邦中国研发中心，带来他们所面临的挑战，这些对于杜邦来说是重大的商机。我们借助整合科学的力量把握这些机会。杜邦中国研发中心的共享分析能力最初是围绕先进材料业务建立起来的，然而目前得以扩展，致力于满足不同市场领域的需求，如健康与营养以及生物材料的分析需求。这种能力帮助杜邦在本土竞争中脱颖而出，增强了对知识产权的保护，并且优化了成本架构。

杜邦的13家杜邦创新中心构成了横贯亚洲、欧洲和南北美洲的创新网络，让科学家能够更近距离地接触客户，了解其需求并提出相应的解决方案。举一个在中国的成功案例来加以说明——汽车轻量化能够提升燃油的经济性，与节能和环保紧密相连。为了配合中国汽车产业的市场需求和发展趋势，杜邦将8大领域视为研究重点，其中包括汽车轻量化。2011年，"杜邦汽车中心"正式成立，旨在为本土汽车制造商提供与综合设计和应用开发相关的一站式服务。杜邦一直积极寻求与中国汽车企业之间的合作。例如，杜邦与奇瑞在2005年建立了合作关系，从那时起，奇瑞汽车采用了多种杜邦开发的新材料，而使用这类工程塑料的汽车重量减少了30%～40%，二氧化碳排放量也大幅降低，从而改善了燃油经济性。

（2）培训、吸引和留住人才，形成支持创新的文化。

杜邦创新事业的核心是人才。他们专注于利用专业技能来应对世界所面临的、由人口持续增长所带来的重大挑战。通过开发解决方案，我们为世界发展做出可衡量的贡献，提供安全而营养充足的食物、丰富而可持续的能源，保护人类安全以及我们赖以生存的地球。我们的1000多名科学家和工程师共同工作，并与其他学者、政府、公司及组织开展合作，实现科技创新，提供长期可持续解决方案，帮助改善全球各地民众的生活。

强烈的使命感激励着我们的员工投身于创新，而公司通过构建支持创新的企业文化来支持他们的发展。2014年，一项调查问及杜邦员工如何描述杜邦创新文化的主要特征，很多同事们都认为表现在三大方面：人才、工作环境，以及工作职责与杜邦企业使命的一致性。

（3）汇同多元利益主体来拓展创新。

所有类型的利益相关者都有利于创新。创造一种能汇同数量更多、更多元化的利益相关者参与进来的环境能刺激和拓展创新。的确，思想和经验的多样性能够给创新带来积极影响。

在杜邦，我们通过整合科学把这一理念付诸实践。杜邦现已建立了一个完备的科学组织，具有32项核心技术和100多种的科学能力，涵盖生物学、化学、材料科学和工程学各学科，融合到公司各业务部门和企业能力之中，并契合我们在农业与营养、生物产业，以及先进材料科学领域的战略发展重点。正是这种不同群体之间整合的力量——存在于业务部门内部和跨业务部门之间——推动了公司的发展。

多元化创新思维的影响还表现在社区和地区的层面，通过营造环境，有目的地促进多元利益主体之间的互动。

（4）鼓励合作来推动创新。

充分发挥各利益相关者的价值需要通过协作来达成。世界知识产权组织认为，当下的创新比以往任何时候都更具协作性和开放性。即使在杜邦内部也是如此。如前所述，我们的员工认为内部和外部协作是企业创新文化的关键因素。我们也能从很多有力的事例中看出，协作确能推进创新文化。

广东省或许需要审视现有的旨在促进企业间合作的财政激励政策，并推出新的政策和工具来鼓励企业、院校和公共研究机构之间的知识交流与合作。在此，我们提出几个可操作的想法供参考：①促进公营和私营部门在政府主导的重大项目中联合工作；②设立一个专利"蓄水池"，让院校和公共研究机构所拥有的专利蓄积其中，可以由私营公司通过获得"许可经营"，去进行商业发展；③要求学术界和企业之间通过研发协作、参与研讨会和在学术期刊上发表论文等方式，保持互动。

（5）制定保护可持续性的环保政策。

建立针对绿色科技和绿色产业的统一标准。广东省已经意识到制定完善技术标准和行业最佳实践对于促进经济社会发展的重要性。不同的监管机构在制定针对特定技术或行业的标准时，应该寻找机会去相互协调或咨询，以免在指导上的意见不同或冲突。协调的方式会使得相关科技或行业的发展更为顺畅。

为绿色产业和创新设置严格的环境影响要求。快速的城市化发展产生了巨大的环境影响，中国对此深有感受。中国的许多绿色产业，如生物化学，将会在农村地区逐步发展起来。而维护那些地区的环境质量是至关重要的。法规必须确保在农村地区开展的绿色产业所采用的技术是对环境无害的，尤其是关乎水资源保护和对自然区域的影响。可持续性的标准应基于所期望的结果，如燃料性能、基础设施的兼容性和可持续性、较低的温室气体排放，以及对土地和水资源的合理利用等，基于这些因素所制定的标准才能在快速变化的环境下持续适用。

（6）制定促进创新的政策。

界定跨国公司在推动可持续性科技发展方面的角色并让其参与到进程之中。像杜邦这样的拥有国际视野的跨国公司，一直致力于参与广东省乃至整个中国的经济和社会发展。秉承包容性创新的精神，中国政府和行业应考虑把跨国公司在中国的研发活动纳入整个国家的总体创新战略，让其为中国总体发展目标的实现做出贡献。广东省可以考虑设立相关的政策或奖励机制，鼓励跨国公司与本地企业、高校或科技界开展协作创新，或者引导跨国企业投资于面向可持续发展的创新活动。

（三）我们的建议

我们了解在许多方面，广东已经就打造一个具有活力的创新环境做出了诸多努力。基于上述的讨论与分析，我们提出如下建议供广东省考虑，以进一步构建其创新能力与实力，在中国乃至世界的经济活力之都当中，成为知识经济的领军者：

1. 将广东—香港—澳门都市圈建设成为创新都市群

以广州和深圳为中心，依托珠江东西两岸，凭借该区域内的研究开发、学术和各种专业服务人才的优势，制定和发布跨境通行的相关政策，将这一都市集群打造成为一个创新活动和初创企业的空间，着眼于契合与支持广东省的发展优先，如在省"十三五"规划中所确定的优先发展领域与技术。

2. 发挥广东作为海外华人故乡的历史定位优势，联系由广东移民到世界各地的 3000 万华人，使之成为广东省实施创新的资源力量

广东可以考虑：①设立专门政策吸引海外华人回省开展创新活动和开设初创企业；②在华人科技人员和理工科学生聚集的国外城市创立创新园区，为其初创企业提供办公空间与服务，为广东的发展议程，如智能制造、开发和创新提供解决方案。

3. 支持国家"一带一路"战略，服务广东创新发展

在"一带一路"沿线国家设立广东派驻机构，了解当地经济发展所面临的挑战，并将这些信息带回广东，作为省内相关企业从事创新活动的机遇。在为那些国家开发创新解决方案、满足其需要的同时，提升广东自身的创新能力。

4. 利用每年在深圳举办的"中国国际高新技术成果交易会"，彰显广东发展知识经济的雄心与所取得的进展

在"高交会"上，广东可利用作为地主的优势，开设"广东馆"，作为平台，介绍广东的创新议题与日程、需求与优先发展领域，推介省内的创新成功案例、经验和创新领军人物。在科技类目标人群中，强化广东与创新的关联度。

5. 引入国际知识产权交易机构，帮助广东登上国际创新舞台，支持本地创新的投资需求

广东或许考虑吸引总部位于芝加哥的"国际知识产权交易所公司"在广州

或深圳设立分支机构。

(四)结语

我们希望在此报告中所分享的观点和想法,以及相关的建议,能够对广东有所启发。杜邦公司深信,协作与包容性创新对于可持续发展和建设知识经济至关重要。伴随广东省和中国的持续发展,更多的合作机遇将涌现出来,我们为此而深感振奋。杜邦将一如既往地支持广东,为广东在创新驱动发展与合作共赢发展领域的努力做出自己的贡献。

二、打造核心竞争力,实现"创新广东"

丸红株式会社会长朝田照男:改革开放以来,广东省一直走在中国经济发展的前列发挥带头作用,通过引进外资及出口导向型的发展模式,实现了长期稳定的高速发展。但是现如今,广东省却迎来了经济增长的瓶颈阶段。

比如广东省接受的海外直接投资的份额已从20世纪90年代占全国3成,下降到了1成,也从其维持了多年的第1位退至第3位,现已屈居江苏省和辽宁省之后。从贸易额来看,在各省排名中出口份额虽仍独占鳌头,但其份额也从20世纪90年代的4成缩小到了3成。

究其原因,世界经济低迷和中国发展减速等经济环境变化有很大的影响,但根本性原因还是广东省自身的地基下沉。也就是说,广东省的核心竞争力现已有所动摇。具体有两个方面:

第一,广东省以外地区的竞争力相对上升,广东省有在中国国内被逐渐埋没的担忧。比如,从长三角地区的优越性看,①具有位居中国东部沿海中心的区位优势;②上海浦东新区、江苏苏州新区成立后,产业逐渐向无锡、南通、张家港、常熟等地聚集;③作为改革开放的后起之秀,通过提高行政服务质量,提供便利度较高的一站式服务,政府帮助学生寻找就业机会等均获得了好评;④积极建设包括上海新港、多条跨长江大桥等区域交通基础设施;⑤在中国20所优秀名牌大学中,拥有复旦、浙大、上海交大等5所,人才丰富(而广东省只有中山大学1所入榜院校)。

第二,从全球视角来看,广东省在世界上的核心竞争力也已相对降低。广东省的制造业相对集中在中端,要赶上德国、日本、韩国这些高端制造业国家还需要些时日。而工资、水电费、地价等成本上升,后起国家如越南、印度尼西亚等在加工贸易和其他劳动密集型的低端产业领域开始侵蚀广东省企业的市场份额。

目前,广东省政府已在实施和研究实施的解决方案有:①制造业从劳动密集型转向使用先进设备的高附加价值型;②从国营企业为主的经济构造转向培育民间资本企业;③促进泛珠江三角洲中落后地方的经济发展,扩大连通港澳至东盟的跨国经济圈等。

但是,为了能够在国内外激烈竞争中继续占有重要一席,根本的解决方案还是需要"培育具有核心竞争力的可持续发展的企业"。实际上,由于一些历史因素,在广东省乃至全中国很少有百年以上历史的企业,而日本全国百年以上老企业数多达3万家。其中,超过200年历史的企业就有3000多家,远远领先于位居第二的德国,在世界上也是占绝对优势的第一位。

这些企业历史上经历过战争和自然灾害,还要面对经营环境的剧变以及企业继承等诸多困难,但是它们通过发挥其自身的创新能力,提高核心竞争力,几度化险为夷。从这些应对时代变化跨世纪持续发展的日本企业身上,广东省应该能有所收获。

本顾问报告会通过介绍作为百年企业之一的综合商社丸红的经验教训,来探索广东省应如何通过"打造核心竞争力,实现创新广东"。

作为对广东省政府的具体建议,我们列举以下3点:①转变商务模式;②开拓海外市场;③树立"广东品牌"。

(一) 转变商务模式

丸红创业于1858年,是一家约有160年历史的企业。虽在漫长的峥嵘岁月中存续了下来,但也曾多次面临发展瓶颈问题。比如,商社本身的存在价值曾经受到质疑,经历过"商社寒冬时代"。特别是进入20世纪90年代后,房地产市场和金融市场的泡沫破灭,使日本经历了长期的经济低迷期。在制造商收益能力下降的情况下,商社曾经发挥过优势的中介功能也被厂家替代,商社在流通环节中遭受排挤,发生了"架空中间流通环节的现象"。

在这种形式下,商社顺应时代变迁环境变化,发挥自身的"创新能力",跨越了种种艰难险阻。本文所指的创新能力,不是狭义指企业在技术层面的创新,而是广泛包括在政治、经济、社会等领域,对"现有制度、惯例、国民意识、社会共识的破旧立新以及企业的商务模式的变革"。丸红时刻在探索商务模式的变革,不断增强自身的核心竞争力。

1. 构建价值链

商社经销的商品种类繁多，在所涉及的各个领域中，集团旗下企业横向联手，从上游的原材料采购、中游的制造业，再到下游的批发零售，构建了一系列的全球价值链。不仅在日本国内，还在国外的价值链各环节从事项目投资，从而能建立起既分散又互补均衡的资产组合配置。

这种方式能提供满足客户多种需求的高质量服务，是实现投资和交易双轮驱动的商务模式，在世界上也是较少见的。

2. 加强对资产组合的管理

支撑商社商务模式变革的基础是不断强化的资产组合管理。广东省企业应该时刻关注对事业内容的筛选以及集中资本优势投资关键领域，来构建自身的业务资产的合理组合。

3. 推动内部国际化进程

广东省政府今后需要将其商务环境逐步向国际标准靠近。就是要放宽或者废除各种规章管制，以及降低和缓解阻碍贸易以及投资的各种壁垒，让市场原理更加充分发挥作用，为企业发挥创造性和独创性提供平台。这些政策可以使企业很容易在横跨各种行业的业种业态中构建资产组合以及价值链。

通过放宽规章管制，改善广东省的产业经营条件，实现内外市场的均质化，能促进海外企业对广东省的投资，提升竞争力。

中国政府现正在推行政府民间合作项目（PPP）的事业模式，如也能将其运用到引进外资领域，将有可能成为刺激经济发展的新动力。中国政府为了促进利用民间资本，国家发展和改革委员会于2015年5月对外公布了1113个PPP项目，预计总投资达到2万亿人民币。其中在广东省有佛山的城市轨道交通项目、污水处理项目、垃圾处理项目、高中学校的运营等BOT项目。如果省政府出面引导外资企业投资这些项目并获得成功的话，会吸引更多的外资企业参与到PPP项目。

如果想推进更进一步的试点试验，可以探讨"经济开发区运营的民营化"。成立经济开发区本身由政府负责，但可以把开发区的事业运营尝试交给民间企业去做。在广东省已经有"中国新加坡广州知识城"，试点利用外资投资知识城的建设运营。下一个阶段可以考虑将经济开发区的组织运营业务本身委托给民间企业去做。通过借用民间智慧，可以降低开发区的运营成本，创造新价值。广东省在改革开放中一直走在中国的最前沿，应该可以尝试做这种大幅度的试点试验。

（二）开拓国外市场

1. 提高并充实出口功能

一直以来，广东省的企业通过享受廉价的劳动力成本、发挥规模经济效应以及经济特区的各种优惠政策等，不断扩大了出口。但是，随着国内外竞争的激化、各种成本上升，这种优势日益减少，出口市场份额下降。

今后，初级单一商品的出口销售必将难以为继。解决这一瓶颈需要对出口商品提供一揽子服务：如提供贷款、实施售后维修保养等。或者加强工程项目承包等功能，从项目立项阶段就参与其中，追求出口功能的提高和多样化。

丸红也是经历了同样的发展历史，以丸红电力业务为例介绍一下我们的发展历程。丸红的电力业务规模如今在日系 IPP（独立发电公司）中规模最大，但在 20 世纪 60 年代当初也是从出口销售日本发电设备起步的。随后，丸红开始采用 EPC（工程设计、设备材料采购和建设）方式，向新兴市场国家的电力部门提供发电厂设备总承包服务。具体包括：运用以前在出口业务中积累的①项目的策划、开发；②海运、当地陆运与保险等物流服务；③为顾客安排以国际金融机构为中心的融资服务等经验；再进一步扩大在以下几方面的功能，包括④项目的设计、涡轮发动机、发电机、锅炉、发电站辅机等全部设备的采购；⑤电厂土木建设、发电设备的安装、发电厂房的总承包；⑥发电设备移交后的维修保养。丸红完成了从一个单纯的出口企业向整体项目承包者的转型飞跃。因此，即使 80 年代以后日元升值日本厂家竞争力下降，丸红通过转向欧美厂家采购主机设备，继续维持竞争力在海外中标发电项目。

进入 90 年代以后，随着很多国家放开电力事业领域允许引进外资、相关法规不断完善，丸红利用在 EPC 领域积累的经验，开始从事 IPP 发电事业。其中，丸红发挥的作用可以归纳为以下几项：①与合作伙伴成立合资公司（资本投资）；②安排金融机构的贷款（借贷）；③与客户交涉长期售电合同；④确保煤炭、燃气等燃料的供应；⑤通过发电设备建设者的选定、保养和管理，维持发电效率等。IPP 是以民间企业为主体组成的负责提供电力的发电公司，所以它不仅可以为所在国减轻财政资金负担，通过使用国内外民间企业资金提高用电普及率，还可以在选定投资实体时导入竞争改善国营电力公司的效率等。

现在，丸红在包括日本在内的全世界 23 个国家开展 IPP 项目，发电设备容量超过了 3000 万 kW，已跻身于国际顶端 IPP 企业行列，今后还会继续添置相关资产。

相信丸红的这些切身的经验可以为广东省的出口企业提供重要的启示。

2. 加强省政府首脑推销

在国外开拓市场、投标项目、开发资源等商务活动中，广东省政府需要与中央政府加强联系，支援企业在这方面的活动。在国外市场各国间的竞争日益激烈的情况下，韩国和日本也出现了国家首脑带头推销该国产品的现象。广东省可以探索加强这种外交与经济一体化的体制。

参与"一带一路"等大型的国家项目，灵活运用丝路基金、AIIB等贸易金融以及政府资金和框架有助于广东省的产业发展。而这些领域超出了单个企业能够应付的范畴，广东省政府应该在广东企业和中央政府以及相关大型国企之间充分发挥协调作用。

但是政府首脑推销的大原则是，政府应该集中帮助企业宣传公关、协调与各方关系，致力于这些辅助性功能上，不应该阻碍市场原理、自由竞争以及企业的决断。在国际上过度的政府介入反而容易带来负面的影响。

3. 深化与综合商社的合作

充分享受经济特区各种优惠政策成长起来的广东省企业，今后在扩大"走出去"，改善经营模式的过程中，将会遇到各种想象不到的风险，比如各种不同的经商习惯和规章管制、制度政策，投资中的汇率变动、交易对象的信用风险、交易对象国的政策变化风险等。在这些方面，日本的综合商社长年在国外市场奋斗，积累了丰富的应对经验。

加上在海外当地的人脉网络、组织立项功能、风险控制功能等各个方面，以丸红为首的综合商社可以与广东企业实现互补互助。广东省可以找机会深入探讨如何深化综合商社与当地企业的合作。

（三）树立"广东品牌"

要使"创新广东"这一概念深入人心，就必须具有吸引国内外人心的品牌实力（软实力）。要达到这个目的，要求广东省必须不懈努力，不仅在经济实力上，而且在政治、社会、文化等各个方面都要加强独创性和品牌实力。

其中，提高制造管理技术是重要的一环。要使"中国制造"等同于高品质的印象在国内外被广泛认可，可以在几个代表性行业选拔出几个顶尖出口企业，由生产企业、政府、研究机构一起构建、推广严格的生产质量管理体系。这就是提倡引进和促进"开放式创新"，要求不局限于使用公司内部的经营资源，还要灵活运用外部的想法以及技术开发能力。

在广东省的知名企业中，有作为 IT 企业的"华为"与"中兴"，家电企业的"格力"、"美的"、"TCL"、"康家"，以及电动汽车业界著名的"比亚迪"等。这些企业已经在中国全国以及世界拥有一定的知名度。今后的努力方向是成为像美国的"苹果公司"以及日本的"丰田汽车"一样的国际顶端品牌企业。为实现这一目标以下几方面很重要：需要不断追求被大众广为接受的设计和优越的性能，不是从生产者的角度而是从消费者的视角加强商品的便利性；并重视环保节能等理念；需要把省政府和民间力量凝聚在一起共同探索如何创造和推广广东省独有的品牌。

除此之外，还要坚持培养肩负广东品牌的下一代，也就是民间企业以及创业企业。必要的措施包括：通过"孵化基金"为技术研发初级阶段提供必需的资金，以及通过补贴制度扩大对新兴领域、新技术的援助。这些资金扶持有助于成功创建"广东版硅谷"。

要想培养在世界知名的民间企业以及创业企业，省政府应该探索在政府内部设立支援中小企业的专门机构，帮助它们寻找外资合作伙伴，开拓海外市场，发挥桥梁作用。

（四）结语

中国在很长一段时间实现了高速的经济增长，但眼下正面临着"中等收入国家陷阱"。不仅是长期以来享有的人口福利和改革开放福利的效果正日渐降低，容易造成经济增长陷入停滞的风险因素也很多，比如：①自主技术拥有率低下；②对投资的过度依赖以及资本效率低下；③人工成本、土地费用、环境限制等诸多成本的上升。

其中，中国的制造业依然以中端为主流被认为是眼下最大的课题。一方面，追赶日本、韩国、德国需要时间；另一方面在低端领域的份额也正被越南、印度尼西亚等侵食。

要摆脱这样的困境，必须在广东省培养能够肩负经济核心的具有高度竞争力的企业。为了在国内外的竞争中取胜，培育具有核心竞争力的可持续发展的企业，应当作为实现"创新广东"的优先课题。

丸红愿意在转变商务模式、开拓海外市场、创建广东品牌上，积极与广东省企业开展合作。

我们也希望广东省政府能够从改善经营环境的角度出发，在①放宽规章制度以及促进内部环境国际化；②引导外资参与 PPP 项目；③支持包括外资在内的民间企业运用国家贸易金融（AIIB 等方面）进行大力支援。

三、研究型大学，创新和增长

卡内基梅隆大学校长苏布拉·苏雷什：

（一）投资回报

出于国家科学基金会的工作需要，每年我都要数次在国会就基金会的预算和科学政策的相关事宜作证。在交流过程中，一个突出的话题就是纳税人的钱能否带来"投资回报"。

美国国家科学基金会成立于 1950 年，当时的年度预算只有区区数十万美元，而今已高达 73 亿美元。这笔钱相当于美国人每年在油炸薯片上的开销，是万圣节糖果总价的 1.6 倍，等于美国人宠物食品消费额的七分之一。国家科学基金会就是拿这笔预算来支持政府资助的、涵盖科学和工程所有领域的基础研究。

这笔投资的回报到底如何？自 1950 年以来，美国约有 220 名诺贝尔奖获得者的研究成果或多或少得到了基金会的资助，占全美所有诺贝尔奖得主的 70%，而 35% 的诺贝尔奖得主至少得到了一家机构的部分资金支持。

国家科学基金会通过小企业创新研究计划（SBIR）给经济增长带来了更加切实的回报。在 20 世纪 70 年代初期，国会决定资助小企业的创新研究，于是这个计划一开始就交给国家科学基金会来运作，而基金会也成为首家开展小企业创新研究计划的联邦政府机构。而今，国会规定国家科学基金会要拿出预算的 2.3% 来支持小企业的发展，而其中一些小企业改变了世界。曾经有一家名为 Linkabit 的公司通过小企业创新研究计划得到了国家科学基金会一笔 25000 美元的资助。这家公司现在的名字是高通。2011 年，在接受国家科学基金会的视频采访时，高通公司的创始人之一艾尔文·雅各布斯说道，当年的 25000 美元着实意义非凡，这笔不大的投资带来了巨大的"倍增效应"。赛门铁克公司目前拥有 1.8 万多名员工，给大公司和个人用户提供杀毒和其他软件，而在发展初期，赛门铁克也得到了国家科学基金会的资助。再看一个更近一点的例子，国家科学基金会资助斯坦福大学的研究生，帮助他们在网页排名方法上开展纯粹的算法研究。两名学生分别叫谢尔盖·布林和拉里·佩奇，得到基金会的资助后，他们又受到硅谷风险投资人的青睐，最终成立了谷歌公司。

这就是基础研究的回报，也彰显了基础研究的重要性：一年73亿美元的项目资金，支持了美国七成的诺贝尔奖得主，为高通、赛门铁克和谷歌这些公司的首次脱胎换骨助了一臂之力，或是为它们迈出的第一步打下基础。和它给美国和全球经济带来的影响相比，这笔钱实在不是什么大数目。可如果国家科学基金会每次在提供资助前都把"你能带来多少投资回报"作为先决条件，那很多项目压根拿不到资金。好的想法没办法立刻收获果实。这种资助不具备传统意义上的投资回报。

（二）研究型大学：哺育创新生态系统

20世纪40年代，范内瓦·布什正在准备自己名为《科学——无尽的前沿》的报告，正是这份如今名声大噪的报告促成了国家科学基金会的成立。他在报告中提出了三个核心论点，其中最具争议性，同时也是直接促成国家科学基金会诞生的论点就是，联邦政府必须承担支持基础研究的义务，其他两个论点也同样重要。布什坚称，一国的经济繁荣必然取决于创新。他还进一步指出，创新的最佳环境是大学校园，因为学术研究往往立足长远，没有短期经济回报的压力，能够让学者不受约束地研究不寻常的想法，把年轻人锻造成创新者、企业家和领导者。

大学带来的独特优势是早已发展成熟的产业体制无法比拟的。在产业界，公司每三个月都要报告财务状况，要向股东交代（初创公司要看自己的资金消耗率），你不可能在毫不担心财务受益的前提下永无止境地去尝试和摸索。大学就不同了，它们的半衰期不是以季度为单位的，而是数百年。大学能够拿出相当长的时间来研究一个问题，产业界就做不到。大学可以抓住某个想法开始研究，不断改进，直到投资回报浮出水面。

（三）开展小型创新

担任国家科学基金会主任时，总有人问我要不要再开发新的"登月计划"。1961年，美国总统肯尼迪宣布，美国将在60年代结束之前将一个美国人成功送上月球，并让他成功返回地球。总统激励举国上下为实现目标而努力，让一整代美国人投身于科学、工程和技术研究。今日的美国没有一个同仇敌忾的敌人，也不搞太空竞赛，那我们该如何激励下一代人去开展研究？该如何说服国会继续资助基础研究？不论是华盛顿还是其他城市，人们现在都认为重大研究是大势所趋，我们需要一个新的登月计划。

但我们不能以偏概全。研究设想可大可小。把人类送上月球确实能够激发全人类的想象和关注，但创新不能只走这条路。创新的规格也不尽相同：有大的，也有小的。创新虽小，但对从中获益的人同样重要。有人曾经开玩笑说，我们先把人送上月球，然后才发明了有滚轮的行李箱。对于日常生活而言，带轮子的行李箱可比在月球上行走实用多了。我们不能盲目追求大创新，忽视小创新。我们需要大学、产业界和政府机构的共同支持，确保大小创新齐头并进。这正是范内瓦·布什口中的研究精神。

（四）前路上的挑战

大学携手产业界和政府，整合公共和私有资源，打造一个创新生态系统，在如此环境下，会有何种挑战等着我们？未来几年，下面两个趋势会尤为突出：

1. 全球投资和研究的变迁

两年前，科研经费的历史被改写，亚洲排名前十的大学首次在总科研经费上超越了全美大学的总和。美国未来的科研生产力和技术优越性将因此受到巨大的影响。

2. 全球研究队伍的人口特征变化

先讲两个数据。首先，美国、欧盟和日本所有大学新生的人数加起来还比不上中国所有大专院校的新生数量，这可是全球经济排名第一、第三和第四的经济体。换个说法，世界上每五个人里就有一个是中国人，而每三名科学家或工程师中就有一个是中国人。按这个比例来推算一下未来的情况吧。

中国也成比例地培养了更多的工程师和科学家。在美国，不到5%的大学毕业生拿的是工科学位，自然科学学位的比例也就是10%多一点。而在中国，工科毕业生的比例高达30%，而中国的大学毕业生人数本来就比美国要多很多。未来的全球工程人才就在中国。人口特征的变化可见一斑，而且来势汹汹。

（五）基础研究与经济价值对接

国家科学基金会资助了大量研究，其中大部分都发生在大学校园。资金扶持也造就了为数众多的科研著作和专利。但很多好的研究设想却被埋没了。有些能开花结果，建立相应的衍生企业，但很多出色的想法却无法在商业环境中找到用武之地。其中一个原因是学术界和产业界采用不同的方式来处理创新想法。我做了35年的教授和研究员，发表了大约300篇论文，拥有25个专利。我在21世纪初自己成立了一间公司，这也逼着我跳出学者的界限，提出之前不会去想的问题。

我可以在论文中介绍出色的研究成果,通过同行审查,自己稍作修改,最后找家学术刊物发表我的大作。当时,我的专利律师问我:"那又如何?"风险投资人也问我:"那又如何?"他们提出的问题很重要,让我不能只看研究成果的学术价值,而是去发现它的经济或社会价值,以及如何把它提炼出来。虽然身为科学家,我也要寻找新的思维方式,区分诸多出色设想的优先次序,最终构建切实可行的发展路线。

摆在面前的自然就是这些问题:我们该如何挽救那些胎死腹中的创新想法?如何确保纳税人的钱没有打了水漂?如何把基础研究与市场相连?

其中一个办法就是把商业发展的思路灌输给学者。基于此目标,国家科学基金会在 2011 年启动了名为创新团队(NSFI – Corps)的项目,当时我还是基金会的主任。一般来说,国家科学基金会的资助对象可以得到为期三年的基础研究资助,一旦三年期满,该课题的基础研究就会断炊,但可以通过创新团队项目追加一笔小额经费,金额约为 5 万美元,期限半年,看看该项研究是否能够进入下一阶段。在经费支持之外,还有导师指导、创业培训和展示个人想法的论坛。也就是说,你可以再用半年的时间来证明研究课题的经济价值。如果确实有,你就可以拿着小企业创新研究计划或风险投资人的资金自行开展下一步的工作;如果找不到任何经济价值,那这个项目就得中止了。

在过去四年间,创新团队项目培养了数百个项目和不少公司。在项目的激励下,那些从不考虑经济价值的研究者也开始关注研究的开发和商业化等问题,很多项目成员也抓住机遇,成立了自己的公司。项目非常成功,其他机构都纷纷效仿。美国国立卫生研究院(NIH)和能源部也创立了自己的创新团队计划。

(六)结语

我想用两个故事做结尾。在实验室里成功地第一次发电后,迈克尔·法拉第和威廉·格莱斯顿见了面,后者当时是内阁财政大臣,之后又成为英国首相。格莱斯顿问了科学家几方面的问题:电有什么价值?英国政府为什么要满足你的好奇心,还给你拨款做研究?电有什么用途?法拉第回答道:"大人,有一天你可以征它的税。"电力税的收入还真是很可观的。

类似的故事也发生在美国。1969 年 4 月,费米国家加速器实验室的首任主任罗伯特·E. 威尔逊向国会提供证词。国会原子能联合委员会成员约翰·帕斯托议员让威尔逊介绍一下项目的实际应用领域。答案很简单——"完全没有"。

它对国防有什么用处？"没有，我不觉得有什么用处。"威尔逊博士又补充道："它不能直接保卫国家，只能让我们的国家值得去保卫。"这就是基础研究的真正价值。

四、营造创新环境

BP 公司董事长思文凯：

（一）创新背景

1. 全球大环境

在未来 20 年里，BP 预期全球能源需求将保持强劲增长，但预计增速将从过去 20 年的 54% 减至 32%。不过，增长模式将有所转变。能源结构转变将成为主体趋势。

自 2015 年 2 月起，已有超过 150 个国家就其国家自主减排贡献计划（INDCs）与《联合国气候变化框架公约》秘书处进行了沟通，承诺加速应对碳排放，虽然这与国际能源署（IEA）450 愿景中设定的减排目标还有一定差距，但是要知道这一理想愿景是基于到 2040 年化石燃料供应仍将占到能源需求 50% 以上的假设。

BP 对长期科技趋势的研究结果显示，科技在增加化石与非化石燃料供应量、降低供应成本方面具有较大潜力。这些研究结果支持下列观点：能源资源完全能够满足需求，而且新技术与创新，尤其是发电与交通运输领域的技术创新，能为全球范围内的减排节能提供重要途径。此外，数字系统、生物科技与纳米科技等领域的新兴技术可能会为能源市场、趋势和商业模式带来颠覆性力量。

2014 年 6 月以来，石油价格在经历四年的相对稳定之后再度迎来动荡时期。在能源行业，动荡不定是常态而非例外。过去 30 年间，油价曾经有六度在 6 个月内出现 30% 以上的跌幅。当需求过少或供应过大时，油价便会大跌——目前的油价大跌是供应过剩的典型例子。油价大跌的深层原因是美国的页岩气与致密油革命，而石油输出国组织最近的产量增加——尤其是伊拉克的产量——则加剧了市场上的过量供应。亚洲石油需求也有所走弱，中国尤其如此。

供求最终将趋于平衡，但是这需要一段时间，而且将导致市场上存量过剩，需要时间"去库存"。虽然周期终将逆转，能源结构将发生转变。这预示着能源市场将回归动荡常态，未来油价低迷周期将反复出现。对能源企业而言，这意味着需要在短期内实施严格的成本控制,当然还有资本控制,以在低油价环境中创造价值。长期而言,创新与技术将是关键所在。

2. 中国大环境

全球能源前景的显著特征是,中国将继续主导全球能源格局。BP预测全球范围内的能源增长率为32%,这背后的关键依据是中国经济"新常态":中国生产力逐步赶上经合组织国家的水平,经济增长率从这个十年的7%逐步降至下个十年(到2035年)的4%左右。中国在全球能源需求中所占比重将从目前的22%上升至2035年的26%,而中国的能源需求增长量将在世界能源需求净增量中占比36%。

作为最大的能源消耗国,中国同时也是能源格局变化最活跃的经济体。未来,中国经济增长率预计将随着中国工业化模式的转变、城镇化与经济多元化进程而有所缓和,对服务与数字化产业的投资比重将有所增加。中国领导人正在主张对中国经济进行再平衡,使其从能源污染密集型增长模式转变为创新驱动、更加可持续的增长模式,从注重数量与速度到注重提高质量。

为应对持续经济增长面临的各种挑战,中国领导人提出了涵盖国有企业改革、能源部门调整、政府职能转变、贸易与投资制度变革等领域的一系列广泛变革措施,以及"一带一路"倡议和自由贸易区试点等多项战略举措。中国目前的煤炭消耗量正在减少,天然气消耗量呈增长之势,可再生能源在整个能源结构中所占比重已超过10%——远高于2.6%的全球平均水平。

3. 广东省大环境

为了保持广东作为中国增长引擎领军省份的地位,继续吸引高质量的外商投资,在全球化竞争环境中开发并销售更高端的产品和服务以及最重要的一点——使自身的发展更加绿色环保,持续创新是关键所在。广东省政府在中国中央政府的支持下已提出对经济进行结构性改革:优化升级传统产业和发展先进行业,改善空气与用水质量,深化建设能源、交通运输与IT基础设施,以及培育创新。

4. BP大环境

中国对能源市场举足轻重:去年,全球能源消耗量61%的年度同比增长来自中国;目前,全球能源需求有23%来自中国。另外,中国为其向更加清洁高效的经济发展模式转型部署了技术创新。BP与中国企业之间有着引以为自豪的合作史。为支持中国经济转型,BP正与多家中国企业开展境内外(伊拉克、印度尼西亚、安哥拉、澳大利亚、阿根廷以及其他国家与地区)合作,致力于整合各方业务伙伴的优势与能力。

广东市场对 BP 公司的业务非常重要：BP 早在 20 世纪 90 年代初就进驻广东，见证了广东省的发展蜕变过程。如今，广东是 BP 在华商业投资最多的省份，包括位于珠海的 PTA 工厂，与中海油及其他合作伙伴共同投资的液化天然气接收站项目，与中航油合作的航空油料供应业务、润滑油销售业务，与中石油合资的零售加油站业务以及位于广州的油库业务等。这些投资让我们跻身于广东省最大的国际能源投资公司行列。

BP 与整个中国市场的业务关系正处于上升期，与广东市场的关系尤其。BP 与广东有着长期的战略合作关系，未来合作将主要集中在三个层面：广东省绿色环保议程、建立石化产业价值链以及发展能源市场。我们认为确保未来业务发展构想得以实现的方式就是开创能源合作伙伴关系新时代、结合人才与技术优势与各方共同创造互利局面。

在中国，BP 过去 10 多年以来一直在参与中国的能源研发活动。例如，我们在十几年前便与清华大学和中国科学院建立起合作关系，并为此投入 5000 万美元的经费。以清华大学为例，BP 资助成立了清华 BP 清洁能源研究与教育中心。该中心正致力于开展非常有价值的工作，研究领域涵盖节能、天然气开发、低碳发电和交通运输建模等。这一实实在在的证据表明，中国有一部分最优秀的人才正集中精神全力应对能源安全与可持续发展问题。2015 年，我们有幸资助了清华大学新推出的苏世民学者项目，该项目旨在培养下一代全球领袖。我们已为该项目投入 2500 万美元，该项目计划每年招收 200 名学生。

（二）创新议程

1. 创新条件

在全球能源市场变革与中国经济"新常态"面前，能源行业需要重塑格局、市场需要进行调整，中国需要继续推进改革计划。

在当今环境下，创新是优秀公司与经济体的命脉。创新形式多样。创新涵盖一系列范围广泛、有助于创业和开创崭新商业模式的科技、社会与经济活动，包括开辟获得财务资源的新渠道、政府部门与公民之间的新型关系以及新的大众传媒形式等等。简言之，创新是一个涉及新创意、新技术、新颖解决方案与管理实践的过程。创新在结合上述要素的基础上使原有或升级改良的经济与社会活动更具成本效益。

（1）开放的竞争性市场。

（2）不受限制、非歧视性的市场和基础设施准入。

(3) 市场化价格。

(4) 透明、稳定的政策与监管框架。

(5) 财政政策：税收、补贴与有利于转型的激励机制——效益和风险。

(6) 创新政策：气候变化。

(7) 研发激励。

(8) 差异化创新战略。

(9) 适当的知识产权保护机制。

2. 一些激励创新的后续举措

中国和广东省已经采取许多措施扶持创新，但是还有很多机会值得考虑：

(1) 创新生态系统。

封闭式创新并非一定不好。"闭门"创新显然值得提倡，这在企业界尤其如此，但是如果能够进一步向跨部门和跨国合作开放并且避免掉进潜在的保护主义创新陷阱，那么中国创新体系会更为有效。囿于"自主创新"或"科技自给自足"不利于培养全球竞争力。

BP"创新生态系统"为 BP 寻求创新的行业挑战解决方案提供了一个"更大的智库"。该创新生态系统涵盖能源供求方面的各个环节，从研发延伸至实证与部署应用，包括战略大学合作伙伴关系、合资企业和公司风险投资等活动。

中国和广东省——借助成熟良好的国际关系与合作伙伴关系——有潜力建设一个有力推动创新事业的创新生态系统。

(2) 政策框架。

世界上没有万能的解决方案，创新亦是如此。若没有新的、适当的政策解决中国创新生态系统中的部分缺陷，创新不可能达到中国期望的速度和规模。在可预见的未来，关键在于制定好透明、连贯一致和兼容并蓄的政策。例如，过去这些年来，中国的安全问题已上升为头等要务；但是，在申请安全生产许可证、执行健康、安全与环境标准（HSE）甚至简单到理解审批程序等方面，企业希望看到更大的能见度和更多指引。

(3) 自由市场与市场化价格。

人为拉低价格的监管做法抑制了供给方面的创新，即投资回报吸引力较大情况下会产生的创新。能源定价改革应旨在取消对化石燃料的补贴，使能源价格反映真实的供应成本，包括环境成本。BP 乐见中国放开能源价格、建立碳排放交易市场的趋势。此趋势明显体现在原油和煤炭价格、石油产品和天然气价格管制的逐步放松、对高度受管制电价的有限度市场化——以及刚刚起步的碳排放交易计划。石油产品定价仍然采用成本加成的模式，但是这一定价机制现在可以更加及时、完全地反映国际油价波动。

(4) 能效。

创新与能效密切相关。价值链上的多个要素——包括流程、物料、设备、基础设施，等等——均可实现不同程度的效率提升。这些效率提升涵盖广泛，从渐进式变革（如加强隔热利用）到产品和服务供应与消费方式的激进转变（如3D印刷或远程办公），等等。从这层意义上来看，开放的竞争市场不仅为提升能效还特别为创新提供了一种内在、持续的激励机制。历史已证明市场力量可促进降低能耗，因为人们已经找到许多高效使用能源的方法。在这方面，广东目前已经取得了巨大的进步，而且未来还将大有作为。

(5) 创新与气候变化。

在所有政策干预措施中，就发展低碳能源、抑制高碳燃料而言，相比补贴或税收激励，我们更偏向实行广泛适用的碳价机制。因此，我们乐见习近平主席最近确认中国将于2017年实施一项全国性的碳排放交易制度，该计划有望超越欧盟成为世界上最大的碳排放交易计划。BP在碳排放交易领域具备长期经验并且致力于在广东省以及整个中国开展能力建设，包括向广东碳排放企业提供深度交易计划、积极参与广东和深圳交易所的交易以及探索与广东省大型碳排放企业合作推进最佳实践和分享经验的机会。

(6) 产业委员会。

我们建议广东省设立相关产业委员会就关键行业向政策制定者建言献策，产业委员会的成员应包括企业界和学术界的利益相关者、国际代表等利益相关方。科技进步影响着许多行业部门，因而产业委员会的意见建议有助于塑造研发投入格局。

(三) 结论

作为一家长期参与广东省经济增长的企业，BP公司赞赏广东省的宏图壮志与巨大成就，也清楚地了解广东所面临的挑战。

我们期待凭借自身在创新、清洁能源和能效等领域的重要经验和专业知识在推进"绿色广东议程"计划过程中发挥更大、更积极的作用。

作为一家国际能源公司，BP通过谨慎细致的研究、投入和长期实践了解到，放开能源价格的开放性竞争市场是刺激创新和取得更加可持续增长的最佳手段。这一策略同时也契合中国近期的改革原则——让市场在资源配置中起决定性作用，其多重效益大多与中国和广东的经济转型息息相关。

广东省正崛起为科技强省，并且拥有丰富资源及其他独特优势。因此我们有理由乐观地认为，预期的创新系统变革一定会成为现实。这将是大家所喜闻乐见的。不过，面对目前的严峻挑战，我们认为还需要制定更多有效的、充分发挥市场作用的政策方案。

五、合作创新打造成功的医疗产业

诺华集团执行委员会成员理查德·弗朗西斯：

（一）简介

今年会议的主题正当其时，随着广东经济发展进入"新常态"，可持续和创新驱动成为核心发展战略。凭借在全世界范围内为常见病患者提供更好治疗方案的丰富经验，诺华将就本次会议的第三专题，即营造创新环境，为促进广东医疗产业的发展分享建议。

本文提出通过合作创新打造成功的医疗产业，这也符合广东省政府提出的2020年发展目标。基于以诺华为代表的国内和国际领先制药公司的经验，秉承诺华长期致力于促进广东省经济发展的承诺，我们将为提高本地区的健康水平并推动创新发展提供建议。

诺华特别建议提升制药行业的创新和生产能力，尤其是鼓励生物类似药和优质仿制药的产业发展，因为这一产业在全球范围内有较大增长潜力，可多方位促进广东经济生态系统的升级，并以较低成本满足医疗需求。重点关注上述领域将会提升广东省的医药科技创新能力，降低挽救生命药物的费用并提高患者接受医疗服务的可及性。

在此后的章节中我们将分析广东省的发展现状和未来的发展机遇，对方兴未艾的生物类似药产业在全球的发展趋势加以重点阐述，同时分享国际和广东本地的产业发展经验，并围绕质量和创新提出政策建议，实现广东制药行业的创新发展。

（二）现状分析

广东是中国乃至亚太地区经济发展的成功典范。改革开放以来广东的经济腾飞为全国GDP作出了突出贡献，广东也因此一度成为中国经济改革的"排头兵"。

广东实施开放的经济政策吸引了大量外商投资,为出口导向型的经济增长模式营造了良好的环境,从而实现了经济的高速发展。广东因此占据了中国出口的领先地位,其出口总量占全国四分之一。同时,广东省也是中国富人聚集最密集的省份之一。

广东经济的快速增长也帮助数十万人民脱离了贫困。在过去的25年中,广东省的贫困率稳步实现了年均28.5%的降幅,全省人文发展指数(简称HDI,该指数是预期寿命、教育和收入指标的复合评估结果)达到0.844(2007年),远远超过了全国0.699的平均水平,与葡萄牙(0.822)和西班牙(0.860)保持在同一水平线上。

目前广东经济发展已进入"新常态",需要寻找新的经济增长点以应对日益提升的生活水平和薪资待遇。近年来广东作为中国经济增长领先省份的地位也遭遇来自其他省份(以长三角地区的上海、浙江和江苏为主)的挑战,相关数据表明该区域部分省份的人均GDP已超过广东。

意识到面临的挑战和向经济价值链上端转移的重要性,广东省政府开始致力于营造鼓励创新和合作共赢的大环境。广东正面临令人振奋的经济转型期,也必将再次引领中国经济新常态。

自2013年广东经济发展国际咨询会召开以来,广东在推动经济结构战略性调整上已取得显著成绩。以广东省科学院的重组为例,重新组建的广东省科学院优化设置18个骨干院所,通过与在粤科研机构、高校、企业一起构成广东创新驱动体系。

为加快实施创新驱动发展战略,广东省政府于2014年6月颁布了《中共广东省委广东省人民政府关于全面深化科技体制改革加快创新驱动发展的决定》,其中明确提出到2020年基本建成开放型区域创新体系和创新型经济形态。

这些举措将显著提升广东省的工业发展水平,特别是包括医药行业在内的高科技、高附加值产业。医药行业毋庸置疑将为促进广东的经济和社会发展做出巨大贡献。事实上,医药行业已被公认为是中国最具创新潜力的行业。

医药领域是发展迅速的创新型产业,加上人口老龄化等诸多因素,该产业将成为广东省的支柱产业之一。到2025年广州的生物医药健康产业有望实现万亿元规模。届时,生物医药产业的增加值将占经济比重的15%左右,成为当地的第一大支柱产业。

诺华高度赞赏广东在医药行业所取得的成就。目前,广东省已培育了一批包括广药集团、三九药业在内的全国领先医药企业。广东省2014年新注册药品总量首次实现了新药注册申报量高于仿制药注册申报量。2014年广东一类创新药高于全国水平,比2011年增长近5倍。广东省的生物医药产业同样取得了显著的成就。生物医药产业被确定为广东省"十二五"期间战略型新兴产业之一予以重点发展。目前,广东省的生物医药产业在全国排名第三,是拥有创新驱动发展潜力的重点产业之一。

但是,广东省医药行业仍有较大的发展空间。全省绝大多数的药品生产企业仍以生产低质量的仿制药为主,创新能力不足;此外,能够生产生物类似药的企业寥寥无几。全省制药产业的升级不仅能有力促进全省的经济,还能保障优质药品的供应,提高人民的整体健康水平。

(三)诺华/山德士在广东的实践经验

诺华和山德士长期致力于促进中国尤其是广东省医改和医药行业的发展。

山德士在中国的生产基地设立于中山市国家健康科技产业基地。国家健康科技产业基地始建于1994年,目前已聚集170多家健康医药企业。该基地是中国首个国家级、按照国际认可的GLP、GCP、GMP和GSP标准建设的集创新药物研究与开发、临床应用、生产和销售于一体的综合性健康产业园区。山德士的生产基地已获得中国GMP认证,主要生产包括治疗降血脂、呼吸系统疾病和止痛等症状的片状、胶囊及其他口服类的多剂型产品。

为了促进广东省的创新发展,诺华除了在广东建立山德士生产基地以外,还与省政府和中山市政府开展了多种模式的合作,其中包括与广东省卫生机构联手开展研发项目、举办药品开发研讨会等。诺华希望与当地政府携手合作共同应对困扰中国患者的慢性疾病。例如,诺华正在与中山市政府开展以健康结果为导向的新型合作项目,该项目旨在应对包括高血压、糖尿病和高血脂症在内的非传染性疾病,通过一个评分表衡量患者受益和疾病管理的改善程度,从而确定"结果"。该项目与中山市政府提出的"健康城市"和"家庭医生"的医改理念是一致的。

诺华与广东省政府已签署协议共同推动广东省医药行业的转型与升级,合作的重点在于提升广东省生物类似药的整体投资环境,其中包括提高生物仿制药的临床试验和注册要求,并提供政策建议,把广东作为国家试点省份促进生物类似药的发展。这些举措将有助于广东形成一批其他省份和地区可复制的产业发展模式,以此实现习近平总书记提出的"推动科技和经济社会发展深度融合"的愿景。

此外，2014年诺华还与广东省政府有关单位联合举办生物创新研讨会，共同探讨如何提升特定疾病领域如呼吸道、干细胞和肺癌等的药品研发和临床试验能力。诺华中国生物医学研究院负责人在会上分享了诺华在药物创新领域的最佳实践，并对广东省重点临床研究人员提供了技能培训。

（四）关于广东省优质药品研发的政策建议

1. 为生物类似药的研发和注册营造一个创新环境

推进创新优质生物类似药的研发和使用需要一个多元化、富有创意、互相协作的商业环境。为了促进这个创新环境的形成和蓬勃发展，诺华将针对生物类似药的研发和注册提供政策建议。

在中央层面，需要建立一套符合世界卫生组织《类似生物制品指导原则》（SBP）的生物类似药审评审批实施细则。这些规则将为科研密集型的药品生产企业营造安全可靠的商业环境，从而吸引更多的国内外资本进入生物类似药领域。跨国企业的参与有利于促进竞争，形成健康而有活力的市场。所有的举措最终将有助于提供患者能够负担得起的更加有效的治疗，同时也能助力广东实现创新驱动增长的发展战略。

在省级层面广东可以逐步发展成为绩效卓越的生物类似药研发中心：

（1）广东可以考虑开展生物类似药研发试点项目，通过提高生物科研及临床前和临床研究水平，解决生物类似药发展的前端问题。这样的试点项目将帮助广东确立在生物类似药领域的领先地位，有助于解决由于人口老龄化和医疗资源有限而日益增长的医疗需求。

（2）吸引高技能的科研人才是提升生物类似药产业整体实力的根本。中国的制药企业、跨国公司、高校、科研机构和政府可以携手合作，利用高校在生物化学领域的科研经费在本地开展科研项目，提供实验室技能培训，解决人才短缺的问题。研发治疗广东省常见病的药物并取得突破，吸引和留住高技能的本土人才是关键，这也符合广东省政府的工作重点。

（3）广东省内跨部门和领域的合作平台也将有助于加强各方之间的沟通，共同探讨医改的主要任务并提出解决方案，从而实现资源的合理配置并满足患者需求。诺华特别建议产业界应当在以医药为主题的中山论坛上发挥更积极的作用，可以组建一个咨询委员会，协助地方政府部门共同制定会议议题，以促进生物类似药和优质仿制药的发展。提升中山论坛的影响力，可以进一步加强广东省医药行业在全国乃至全球的竞争力。

2. 营造开放的市场准入环境鼓励创新和优质产品

诺华高度赞赏广东省政府提出的让市场在推动创新进程中发挥更重要的作用。在医药领域，这些努力完全符合中央的最新要求，包括放开药品市场零售价、建立以市场形成价格为主的药品价格机制。2015年5月，国家发展和改革委员会发布的《关于推进药品价格改革的意见》体现了中央想要形成由政府定价转向由市场定价的价格体系的决心。建立以价值为基础的医疗体系符合政府想要实现让市场发挥主导角色，合理调配资源，最终形成一个可持续的医疗服务体系的目标。

由于连带效应，医药制造业的转型升级将对广东省的经济生态系统带来长远的积极影响。医药制造业的转型升级将带来由高技能劳动力参与的研发项目，薪资丰厚的就业机会，全产业链各个环节不断提升的投资水平，以及更好的临床产出。如若把高质量药品与招标和/或医保体系联系到一起，将有效实现双赢的局面。药品以质量而非价格取胜，有利于药品生产链的全面升级。建立更多创新的市场准入模式不仅能确保广东的患者以合理的价格使用优质创新药，同时也将提高整个医药产业的创新积极性。

诺华希望通过分享其在质量标准和创新的药品等领域的专业知识，帮助广东省提升药品生产的整体水平。我们提出以下建议确保优质药品的可及性。

（1）药品生产质量管理规范落实不到位，以及对药品质量要求较低的招标规则等问题导致了市场上充斥着质量较低的仿制药产品。由于相关法律法规的单向性，比如要求药品生产企业需要达到一定标准才能进入当地市场，对高于标准的企业却没有提供格外的奖励措施，因此药品生产企业超越GMP标准的积极性不高。诺华建议广东省应考虑使现有GMP标准与国际接轨，提升整个产业链的监管体系，确保政策的贯彻落实，以此激发市场生产优质产品的积极性。

（2）为了进一步支持广东完善药品招标体系，强化"质量优先，价格合理"的招标原则，鼓励生产优质药品，诺华建议广东省政府制定奖励优质药品的优惠政策，例如制定税收优惠政策，提高基本药物招标的最低质量要求，允许在本地生产的优质创新产品进入到招标目录，其中包括省级基本药物增补目录。本地生产的产品可降低物流成本，进一步吸引优质药品生产企业加大在广东的投资。此外，为了支持仿制药质量一致性评价，广东可以考虑制定有科学依据的评判标准以建立药品质量分层体系。

（3）按照中央的发展规划，基层医疗机构未来将在缓解大医院看病难的问题上扮演更重要的角色，比如基层医疗机构可更多地承担常见病和慢性病的治疗。为了保障优质创新药在基层医疗机构的供应,诺华建议扩充基层医疗机构的药品目录,加入临床必需的优质非基药品种,满足大众的基本医疗需求。

(4)目前中央层面在制定药价改革方案,诺华建议广东省政府应该从结果导向的项目转型为新型试点项目。例如,省政府可以考虑扩大和企业的合作,建立重点关注常见病的创新医保报销模式。加上政府对药品和整个医药行业在公共资源领域的支持,这些合作一定会带来积极的效果。

(五)结论

虽然诺华的部分建议需要中央层面的支持,但能够参与此次以提升广东创新能力为主题的论坛并提供政策建议,诺华深感荣幸也深表感激。作为国家级试点省份,广东可以开展生物类似药领域的试点项目,一方面既可以提升广东在生物类似药领域的领先地位,另一方面也可以为其他省份和地区提供可复制的发展模式。

我们相信在广东省政府的领导下,广东省完全有能力通过实现高附加值产业经济,引领经济新常态。诺华非常愿意支持广东省实现这一重要目标,并随时准备为广东省政府提供更大支持,与广东省政府共同努力来推动药品创新、提高药品质量,进一步提高广东的整体健康水平,促进经济的繁荣发展。

第四章　推动能源开发

题　解

能源是国民经济和社会发展的重要战略物资。当前全球能源与经济、环境三者已成为一个不可分割的整体，是关系到人类生存和长远发展的根本所在。广东省是一个缺乏能源的省份，但由于经济的迅速发展，能源的消费量又非常之大。当前广东省在能源方面面临着能源供应对外依赖程度大，高耗能产业比重趋大，一次能源比重低，清洁能源比重低等一系列问题。

近年来，广东省在加强清洁能源建设，减少能源消耗等方面十分重视，相继出台了各项相关政策。2014年印发《关于促进节能环保产业发展的意见》，明确了广东省节能环保产业发展目标，即到2015年，全省节能环保产业总产值达到6000亿元，培育一批节能环保骨干企业，年产值超过50亿元的企业达10家，超过10亿元的企业达50家。目前该项目标基本达成。在咨询会举办前夕，广东省发展和改革委员会印发了《关于加快推进我省清洁能源建设的实施方案》。广东省具备发展潜力大的清洁能源，包括核电、天然气和风电、太阳能光伏发电等可再生能源，核电厂厂址资源丰富，天然气利用市场广阔等条件，在清洁能源建设上具备较大优势。方案指出，对于清洁能源，要加快项目建设，推进在建项目按期投产，已经批准项目尽快开工。同时加大协调支持力度，发展改革部门规范新能源项目的管理，进一步简化备案等手续。最后加强政策扶持，出台省级资金扶持政策，完善相关的激励机制。

展望未来，广东省将重点关注以下方面：一是推动传统能源的清洁、高效利用，减少传统化石能源煤炭、石油在终端消费的比重，推广先进的清洁技术，提倡循环利用；二是加快发展新能源和可再生能源，减少化石燃料利用的比重；三是改变能源发展模式，由做大增量为主向做优存量为主转变，利用节能减排的刚性约束，立足本地优势企业，提高能源利用效率；四是政绩考核由以经济规模为主向以经济质量为主转变，扩大居民收入、单位GDP能耗在政府考核评价体系的权重，杜绝为了短期经济利益透支资源、牺牲环境的行为。

各位顾问分别在能源智能化和新型能源开发方面提出了宝贵意见，对广东省未来能源开发和清洁能源使用极具参考价值。

一、走进"数字化时代",推动广东省能源系统高效、智能化更上一层楼

法国电力集团董事长兼首席执行官乐维:

(一)数字化时代

上网正变成极其普遍的现象,特别是手机上网技术得到广泛应用以后。现在中国93.2%的人口拥有手机,其中使用智能手机的人数每天都在急速增长。与此同时,物体、建筑、机器和车辆也都被联入一个被称为"物联网"的网络中,我们可触及范围内的信息被呈现在一个全新的尺度上。

由各种装置、用户和传感器产生的数据,其生成的速度,以及数据相互间的传输速度,正在变得越来越快。面对这种状况,一些创新型方法正在开发中,旨在储存数据、处理和分析数据,以及实时解读数据。

各种以前闻所未闻的连接得以建立,例如用户与工业企业之间的连接,目的是为了提供最前沿的服务;工业企业与供货商之间的连接,目的是为了更高效地进行生产活动;政府部门与国民之间的连接,目的是为了更有效地管理城市和国家。

李克强总理在第十二届全国人民代表大会第三次会议上倡议制定"互联网+"行动计划,旨在将上述方方面面纳入到中国新一轮经济发展当中去。一方面要为新生的创新型公司创造肥沃的生态土壤,另一方面要支持中国企业的全球化发展,中国因此而处于采用新技术的最前线。经济活跃,拥有世界上最大的制造基地、最大的城市、日益互联的人口,中国进入"互联网+"时代,或者更广泛意义上的"数字化时代"的潜力巨大。

将数据世界与能源联结在一起,这是一个充满挑战的课题。

然而,挑战其实也代表着可能性。在数字化时代,正在萌生将工业和能源生产联系在一起的新路径。通过将机器与需求、制造和供应链关联在一起,更快速、更高效的生产成为可能;而通过处理传感器收集的数据和信息,我们将可以监测污染状况并调整工业流程来减少污染。

更广泛意义上来说,城市将变得愈发复杂,成为各类系统互动的枢纽。废弃物管理、交通、电力、供暖和供冷,各个环节都被互相联结在一起,并生成以太字节计的数据。城市中成千上万的参与者互动,产生林林总总的信息,对这些信

息进行综合处理，城市就将能够以整体的方式得到规划、设计和管理。

最后，用户和消费者也将成为自己产生的海量数据的最先受益者之一，因为在这些数据基础上新开发出来了现代化服务，而他们正是被服务的对象。

（二）能源与大数据

在能源领域，通过与家庭、办公室和公共交通网络之间的供需数据交换，可以打造一个更加坚固更加灵活的系统，更好地接纳例如间歇性可再生能源等的复杂能源类型，为用户提供更高质量的服务，并且帮助发电企业实现更高的能源使用效率（见图4-1）。高效运行的低碳区域能源系统（包括微电网）是一种有效的方案。

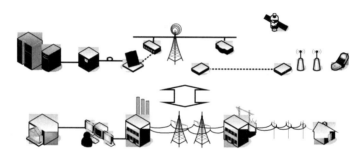

图4-1　能源传送环节中大量引入信息和通讯技术

电力系统的智能化并不是新鲜概念，而近年来新出现的现象是在电力系统运行的各个阶段，大量引入了信息和通讯技术（ICT）以及大数据管理技术，其目的是进一步提高系统整体效率，同时建立"智能电网"。

随着技术的进步和用户期望值的提高，电力系统面临多重目标和挑战：

1. 继续优化电力系统，包括以下方面

（1）提高客户服务质量。

（2）降低系统升级、建设和维护的投资成本。

（3）提供更加全面的有关系统负荷和响应情况的信息。

2. 满足更大的系统波动要求

（1）满足间歇性可再生能源（风电、太阳能等）的大规模并网要求。

（2）在需求侧，挖掘用户端的负荷灵活度潜力。

3. 开发以提高能效为目的的新型服务模式

（1）为终端用户提供服务，如提供与能源使用习惯相关的建议和信息、电价波动趋势和实时报价、可控的用电干涉等，帮助用户减少用电（能）量、平缓用电高峰期。

（2）利用数据网络上生成的信息为其他单位提供相应服务（如优化楼宇的维护等）。

"ICT 和数据时代"（即数字化时代），可为应对上述挑战提供富有创新意义的解决方案和抓手。

（三）综述–大数据带来的机遇

在能源战略中，核心问题是对海量数据的管理。在整个能源价值链条上，从能源的生产到交付给用户，每个阶段都有大量的数据产生，并对完善内部工业流程产生影响。

1. 电站处于电子监控下，对可能出现的故障进行探测和诊断，计划维护作业并优化之。

2. 接入电网的用户用电信息能够得到准确预测，而且可以基于目前能源市场的状况确定应使用的电源类型，以便从经济性角度优化能源生产（例如启动储能以及需求响应）。

3. 可再生能源等间歇性能源的接入，对能源输配是一种新挑战。借助于数据管理技术，能够对局部电网进行有效管理和监测，从而调整负荷状况、减少损耗及计划维护作业。

4. 利用搜集到的用户数据，可以预测用户需求，了解用户期待，并调整配电结构以便更好地分配内部资源。

5. 最后，在大型企业中，运用高级数据工具及分析方法，将提高不同部门和单位的绩效，包括会计、财务、人力资源和信息系统等。

通过将内部产生的数据与其他相关方产生的大量信息结合在一起，还可以处理和管理更加复杂的系统，如城市；以及创造创新性服务，以服务于个体用户、公司、工业企业、城市乃至整个区域或者国家。

6. 为城市居民提供节能方面的建议，开发更佳的需求响应管理系统。针对个体需求，提供个性化服务。推广区域可再生能源发电与储能系统的结合使用。

7. 地方和区域管理部门通过能源管理，规划和开发新的基础设施与服务，或与能源直接相关（如街道照明、电动汽车充电站），或与能源间接相关（如运输和交通规划、停车时段管理等）。

8. 上述方法还可以运用到地区或者国家层面，以形成一个真正意义上的整体规划。

（四）结论和合作建议

法国电力集团自20世纪80年代起就成为广东省的合作伙伴。核电是法电与广东省的传统合作领域，法电不仅参与了大亚湾、岭澳核电站的建设，还成为台山核电站的投资方之一。除此之外，法电也开发了并继续开发、寻求其他合作项目，涵盖水电（含抽水蓄能）、燃气发电、能效服务、电网和可持续发展城市等领域。

法电同时也在推动广东省与其他法国企业开展合作，法中电力协会（PFCE）的成立就是最好的证明。

数字化时代，尤其是"互联网+"，成为今天中国国家战略的一部分，为利用海量数据提供了一条新路径。打破了数据边界，从此可以用全面的视角来考量各种数据。

如本报告所述，如果采用同样的方法，应对如下能源领域的挑战，广东省将站在世界最前沿：

（1）在能源领域成功运用信息和通讯技术。
（2）成功利用可再生能源。
（3）提升电力系统的质量和可靠性。
（4）为终端用户创造新价值和新服务。
（5）建设可持续发展城市。
（6）掌控系统的成本及总体价值。
（7）在创新领域开展卓有成效的合作。
（8）开展试点和高科技示范项目。

法电一直秉持拓宽与广东省合作领域的意愿，并在本报告中就"数字化＋能源"的课题提出了一些建议。

这些建议建立在法电作为"大数据"的生成者、管理者和使用者所积累的经验基础之上，主要涉及三个大的方面：

（1）产业绩效优化。
（2）规划城市能源。
（3）创新型能源服务。

显而易见，数字化时代，特别是通过"创新型能源服务"（落脚于能源的终端用户）、智能计量和高级数据管理等表现形式，成为一个实实在在的、满足用户在能源领域新期望的机遇。

而法国和欧洲的经验告诉我们，随着数字化时代出现的数据开放、隐私性或者网络安全等问题也是需要我们高度重视的内容。

针对上述三个方面，法电在此提出一些合作的建议。

（1）产业绩效领域的合作。

法电已经与南方电网开展了多项合作，有意愿继续扩大合作范围。广东省可以将一些以能源高效作为目标的开发区项目委托给二者共同合作，为打造未来的电网系统提供各种高效解决方案，包括技术和实践。为试验包括智能计量和智能电网管理、可再生能源上网、能源资源优化分配（在正确的时间提供给正确的客户）、电网－用户信息双向交换以及提升服务质量和改善运营效率等在内的措施，双方合作可以从一个试点项目开始，例如深圳前海新智能型开发区，然后再扩大到更大范围。

在信息和通讯技术中，行业标准的作用至关重要。在智能电表数据交换协议方面，目前有 Linky 智能电表系统的"CPL－G3 联盟"标准，该标准可以帮助中国的业界满足国际市场的要求，并帮助国内市场设计相应解决方案。

广东省的产业已经具有相当的规模和活力，特别适合转型迈入制造业的新时代，因此法电希望与广东省工业企业开展"智慧工厂"项目合作，提高企业的能源使用效率和灵活性。合作可以将产业园区内的试点项目作为目标。

作为广东省最早的核电产业合作伙伴，法电愿意进一步深化该领域的合作，并提出以下四点建议：

①继续给予法电携手中广核参与广东省核电项目（EPR 和其他百万千万级项目）的机会，以推动双方更加便利地融合建设和运营经验。

②基于在法国积累的经验，法电愿意与广东省分享法国在核电公众接受方面的最佳实践经验，并帮助广东省调整其相关体系。

③为使广东省高额投入的高性能计算中心发挥最佳功效，法电可提供开源软件，以帮助该中心提高在核领域或其他学术或工业领域的数值模拟计算能力。法电建议与国家超级计算广州中心开展合作。

④法中电力协会（PFCE）能够帮助和支持更多国外中小型企业，通过设立合资企业或纯外资企业，在高附加值核电设备领域同广东省结成合作伙伴关系，帮助广东省乃至中国的企业打入国际市场。

从更广泛的角度来说，在中国政府鼓励开展的国有企业混合所有制改革中，广东省必将处于领先地位。在经历了由法国的国有企业向上市公司的成功转型之后，法电愿意通过参股能源项目的形式，积极参与广东电力行业的国企改革。举例来说，抽水蓄能电站对于核电和可再生能源是一种行之有效的储能方式，法电愿意研究共同开发梅州和阳江抽水蓄能电站的可能性。

（2）城市能源规划领域的合作。

广东省的城市经常被选作中国各种可持续发展政策的试验田，法电有意愿：以加入智囊机构、专题研讨会或与广东省相关单位（如市政规划委员会）结成合作伙伴关系的形式，推动在城市规划初始阶段即考虑低碳能源问题。

参与空气污染及其影响（经济的、健康的）研究，因为这也是做城市规划时，从综合的角度出发考虑各种能源因素时需要了解的内容。

参与"区域能源系统"试点项目（如智慧工业园、港口项目或智慧校园），带入国外技术和投资（涉及可再生能源、区域供热供冷、公共照明、电动汽车以及智能能源管理等）。在理想状况下，这些试点项目可以结合"智慧工厂"和"智能电网"的示范项目一起实施，以便研究出一套一体化的综合性工业解决方案，应对当地面临的能源挑战和机遇。广东省的自贸区将会成为各种新试验的家园。深圳前海蛇口区目前正推广"绿色自贸区"的理念，正可以成为展示低碳型区域能源系统的绝佳示范区域。法电与中国招商集团关系密切，在智能电网、能源规划和电动出行等方面共同开展许多工作。

利用中法两国城市之间建立的友好双边关系，如广州市与里昂市是友好城市，开展示范项目。

（3）创新型能源服务领域的合作。

作为中国最重要的省份之一，广东省正处于"能源转型"的过程中，挑战不可回避。

数字化时代同时为能源系统和终端用户带来了创造新价值和新服务的机遇。对前者而言，可再生能源介入更加灵活；对后者来说，则体现在以可承受的成本，获得更高的效率、更安全的能源供应和更好的服务质量方面。

法电在该领域积累了长期的经验，希望开展以下合作：

①为大型工业企业提供能效服务。

②开展基于能源数据的创新型能源服务示范项目。

③参与需求响应解决方案的试点项目。

二、能源技术展望与广东省合作创新

BP 公司董事长思文凯：

（一）BP 能源技术展望

BP 于 2015 年 11 月发布了《能源技术展望》，表述了政府和行业在能源领域所能做出的技术和政策选择以及由此可能带来的潜在影响。其中主要内容如下：

1. **充裕的能源资源**
（1）能源资源非常充裕，足以满足需求。
（2）科技在增加化石和非化石燃料供应的同时在降低供应成本方面具有巨大潜力。
（3）政策制定者应关注的问题是优先选择哪些能源资源来满足需求，同时限制排放、保障能源安全。

2. **电力行业的减排空间最大**
（1）利用技术增长能效一般更具经济效益。除此之外，减排会产生即时成本，发电行业的即时成本要低于交通运输行业。
（2）适中的碳价可使天然气比煤炭更具竞争力，而且天然气更加清洁环保。
（3）引入较高的碳价，风能和太阳能将更具竞争力，但前提是储存有备用电力容量。天然气发电排碳的捕集也能具有经济可行性。

3. **交通运输业必将更加节能**
（1）持续改进内燃机（ICE）和车辆的能效将减少排放。
（2）生物燃料供应成本将下降，尤其是以青草、废物和其他非食用农业物质制成的第二代生物燃料。
（3）尽管能效很高，但是电动车或燃料电池车要与内燃机车在成本上竞争尚需重大科技进步的支持。

4. **一些新兴技术可能成为颠覆性创新**
（1）数字系统、生物科技与纳米科技等领域的特定技术本身具备的性质可能使其颠覆市场、趋势和商业模式。
（2）先进材料领域的发展可能使电池性能、太阳能转换与氢燃料利用得到大幅提升。但是，这些技术需要大量资本投入，可能需要数十年才能实现全球应用。
（3）数字技术能够为实现更加安全、可靠、高效和低廉的能源供应与消耗提供多种机会，在推进影响深远的变革方面具有特殊潜力。

（二）BP 公司与广东省创新

1. 天然气

我们很荣幸成为唯一一家参与中国位于深圳的首个液化天然气接收站项目的外国公司。该项目向中国珠江三角洲地区、广东省和香港的用户供应进口自澳大利亚西北大陆架天然气项目（Australian North West Shelf，BP 也是该项目的合作伙伴之一）的天然气。另外，BP 还支持了中国首批三艘国产液化天然气运输船的建造。

2. 化工

2015 年 7 月 3 日，我们与中方合作伙伴共同开发的珠海 PTA 化工厂（世界上最节能的石化工厂之一）第三期项目正式投产，这加强了我们在 PTA 市场上的地位并巩固了在广东省的长期投入。BP 和珠海港股份有限公司在这一领先的、从事中国境内 PTA 生产与销售的中外合资企业中分别持股 85% 和 15%。PTA 是广泛应用于纺织品、包装与薄膜产品等生产的聚酯纤维的重要原材料。

珠海 PTA 工厂三期项目采用世界领先的节能与环保技术。与传统技术相比，最新一代 iSOXPTA 技术将减少 75% 的污水排放、减少 65% 的温室气体排放以及减少 95% 的固体废物排放。产品的每吨能耗量约为中国第二先进的 PTA 工厂的一半。

3. 石油产品

在燃油价值链方面，BP 为中国消费者提供更加低碳、每升燃油里程数更高的先进燃油与润滑油产品。

4. 加油站

在燃料价值链的消费终端，我们与合作伙伴共同经营的近 500 座 BP–中石油双品牌零售加油站每天服务广东省约 300000 用户。我们的汽油与柴油添加剂"BP 优途"罐装于 2014 年在中国市场上市。这款产品推出后，中国的开车一族第一次掌握了在普通燃油与优质燃油之间进行差异化选择的主动权，该产品有助于提升引擎在冬季的性能和减少排放，改善空气质量。

"BP 优途"燃油的非凡品质首要源于其两倍于普通燃油的清洁力。这有助于清洁和保护引擎、降低引擎损耗。燃烧改善有助于提升能效、提高发电量以及降低油耗。"BP 优途"燃油是多年研发项目的成果，以全面的消费者调查为基础，旨在满足开车一族越来越高的预期。

5. 润滑油

技术创新是润滑油在市场上脱颖而出的关键因素。BP 在中国建有多家润滑油调配厂和研究实验室，在深圳就有一家。为降低油耗、达到新的排放标准，

BP 正计划与本土汽车生产商合作推广采用高级燃油和润滑油的节能引擎。嘉实多是 BP 的高端润滑油品牌，该品牌的高性能广受认可。2014 年，BP 推出采用了液钛劲化技术（Titanium Fluid Strength Technology）的嘉实多极护，这款产品变革了发动机油在极端压力下的运作性能，最多可减少 15% 的摩擦。2015 年 10 月 8 日，嘉实多推出了 Nexcel，这是一款革新性技术，标志着汽车史上最具重大意义的换油创新。Nexcel 油箱是一个含有发动机油和过渡器的易换装置，提供更佳的性能、养护和耐久性。

这项技术为有助于进一步提高性能和减排的新一代精确工艺发动机油铺平了道路。Nexcel 油箱使换油速度超快而且不会弄脏车间，有助于为客户提供更加灵活便捷的服务方案。这项新技术使换油时间缩短至 90 秒左右，相比 20 分钟的常规换油时间，速度提升超过 12 倍。油箱在使用完后可回收，避免废油浪费。回收的机油可重新精炼成高品质润滑油。如果当今世界上的每辆车都装上 Nexcel，每年将节省 200000 多公路油罐车的直馏油。

6. 航空燃料

BP 在中国广州、深圳等地机场设有航空油料销售与营销合资企业。例如，我们的蓝天（Bluesky）航空油料合资公司便植入了 BP 的健康、安全、环境与土地保护体系，提升了蓝天作为安全与风险管理领域创新者的声誉。

7. 碳排放交易

BP 乐见中国确立七个碳排放交易试点计划，这有助于在国家碳排放交易计划（ETS）正式推出之前增进知识、积累最佳实践。我们相信，这样一个国家碳排放交易计划下的碳定价框架将成为限制温室气体排放最灵活、最低成本的政策选择。

BP 积极参与广东和深圳碳排放权交易所的交易。为促进高效的价格发现，需要建立一个深化的、流动的、众多参与者积极参与交易的市场。确立一个健全透明的价格信号将促进参与实体的创新，通过自身行为、技术和燃料选择来减少碳排量。为响应这类价格信号，BP 采取了相关举措，比如从广东省东部签约购买广东森林抵减额度（中国核证减排量，CCER）。要想取得成功，这类碳排放交易计划需要设置严格的认证机制、在很长一段时期坚持减排努力。

值得一提的是，我们在广东的大多数营运都是面向客户的业务。事实上，随着中国从低收入国家步入中等偏上收入国家，改变消费者行为将发挥越来越重要的作用。今天，消费者将这个三重难题抛给能源公司解决：扩大供应基础以应对日益增长的能源需求，迅速促进能源组合脱碳并减少本土污染以及保持合理的能源价格。

第五章 加强物流建设

题 解

物流业是国民经济的基础性和战略性产业，涉及交通运输、仓储、邮政业、商品流通配送和加工、商务包装、物流信息咨询服务等，是一个跨行业的综合性产业。近年来，广东物流业发展方兴未艾，物流规模持续快速扩大，发展模式不断创新。据第三次全国经济普查资料显示，2013年，广东独立核算的物流业法人企业户数为22756户，年末从业人员68.59万人，营业收入3677.04亿元，分别比2008年增长79.5%、32.0%和94.7%，增长速度分别比普查的全部法人企业快2.8、5.9和7.6个百分点。仅以快递业举例，2015年广东省快递业务量达501335.2万件，业务量同比增长49.4%，占全国的24.26%。2011—2015年广东省快递业务量年均复合增长率为60.42%。

广东各项物流建设的政策和措施也相继出台。2014年11月，广东省政府出台《推进珠江三角洲地区物流一体化行动计划（2014—2020年）》，推进珠三角物流一体化，构建珠三角物流体系。其中包括加快物流基础设施一体化、推行城乡物流一体化、培育建设一批省级物流园区和统一设置省外物流节点，旨在到2017年，物流供应链一体化程度明显提高，初步实现物流产业一体化。

截至目前，广东省物流业建设仍面临许多问题。一是统筹规划不足，行业发展的引导和规范有待加强。目前，针对物流业发展和物流园区建设，政府部门多在制定政策、订立发展目标、建立标准等方面发挥作用，但未明确物流园区建设主管和审批备案单位，物流业发展基本以自发性民营资本为主体，靠企业自身等民间力量自发推动，物流网络之间缺乏关联。二是物流发展处于较低水平，物流需求社会化程度不高。目前，广东虽然也形成了诸如农产品、钢铁等产供销一体化物流园区，但总体上不多，功能定位也不清晰。物流企业仍以运输、装卸搬运、货代、仓储等传统物流为主，现代物流服务功能较弱，综合服务水平较低。三是各种运输联运性能较差，综合运输协调发展功能较弱。目前，广东各种运输方式基本是各自发展，物流运输大多没有经过科学的规划和设计，难以实现不同运输方式的合理衔接。四是物流产业涉及面广，至今未有权威的统计分类标准和调查制度，不利于加强管理。

与会的顾问们针对数据对物流业的贡献以及建设现代物流业等方面提出了非常宝贵的意见,分别为我们带来不同的视角,为广东省物流业建设提供了很多指导和帮助。

一、数据如何让物流更智慧

马士基集团执行委员会成员韩明森：

这是人类有史以来第一次出现如此大规模的城市居民人口。世界人口中城市居民的比例一直在快速增长，根据联合国的一项统计，现在城市居民的人口比例比历史上任何一个时期都要大。过去几十年间，发展中国家的城市化步伐最快，伴随着更为快速的经济增长率，城市人口增长也更为迅猛。换言之，城市化和财富、经济发展之间已经形成密不可分的关系。中国作为世界上增长速度最快的经济体之一，已经见证了城市化的快速发展。中国是世界最大的城市化国家，预计至2030年城市人口将达到10亿。

这种快速的增长给各级政府提出了新的问题和挑战。特大城市所面临的最严峻挑战之一是不断增长的运输成本、日益严峻的交通拥堵和环境污染问题，其中车辆碳排放就是很好的例子（见图5-1）。

图5-1 新型特大城市所面临的挑战

交通拥堵会制约经济发展，并事关市民的生活起居，人们在汽车和公共汽车上的时间无形中增加了很多。同时，交通拥堵正束缚城市内和城市间的货运基础设施及物流效率。

（一）物流难题的影响

物流难题对中国城市而言是非常严重的。根据中国物流年报以及供应链管理专业委员会的报告，物流支出占到 GDP 的 18% 左右，这远高于诸如南非和印度等其他发展中国家（物流占 GDP 的 13%～14%），是发达国家的两倍。对于中国这样一个国内市场不断发展壮大的出口大国，解决以上问题已经迫在眉睫。

出现这一问题的其中一个原因是中国货运市场的高度分裂。中国有 70 多万家货车运营商，其中大部分为个体户。相较而言，美国只有 7000 家货车运营商。对于货车运营商而言，运输规模是确保高载运率的关键，也是持续保持高利用率并从物流网络中获得循环收益的关键。

在中国，前 20 名运营商所占比例仅为市场总份额的 2% 左右。低效的物流网络和（因拥堵造成）运输时间的不确定性对于企业而言会更进一步加剧所谓的"木锯"效应。

如果需求能够长时间保持稳定且运营商在数量或组合上没有变化或只有少许的变化，则供需关系很容易匹配平衡。需求一旦发生变化，企业就必须根据供应链上的每个环节来调整供给水平。事实上，需求的变化发出前，时间滞后已经被供应链上的各个环节察觉，所以滞后实际带来的影响往往是被放大的，并造成运营商及其客户的库存不足、缺货或者库存堆积。企业总是倾向于通过减慢或增快产品线来弥补供需失衡。如此一来，库存水平就会出现大范围的波动并且难以做到企业与客户之间的供需平衡与控制。

这种动态促使产品进入缺货、错失销售和库存过剩的周期，导致产品折价、成本高，最终成为公司的报废品。缺货所造成的利润损失就等于产品的毛利润，预估在 20%～50% 之间，而诸如时尚产品等则会高达 90%。产品库存过剩时，企业除了折价销售外别无选择，这一部分基本上相当于毛利润的一半至三分之二。

作为世界工厂的中国，随处可以感受到交通拥堵对中国物流网络的影响。一种可能的结果是海外企业决定将生产工厂转移回国内以降低运输距离和物流风险。

（二）新技术催生新解决办法

城市化的快速发展与技术的变革总是同步的。"大数据"已被大肆宣传为一种可以给商业和社会带来变革影响的技术发展成果。在这一宣传背后,确实有一系列技术发展成果能够为解决城市化难题带来巨大机会。事实是,我们可以以更低的成本获得大量的技术信息。

传感器技术、驱动技术与自动化技术:我们能够使用传感器、摄像系统等工具以有限的成本自动收集大量新数据。

连通性与数据存储:设备在物联网中相互连接。数据能够以低成本进行传输和存储,并且通过云技术还可以随时随地调阅使用。

先进的分析:最后,我们还可以使用分析工具来实时分析、观察并理解广泛而多源的数据,而成本/知识的要求并不高。

数字革命的推进速度相当惊人,例如过去十年当中数据的处理和存储成本已经下降了许多,这将需要充分想象力来预测5到10年后的可能性(见图5-2)。

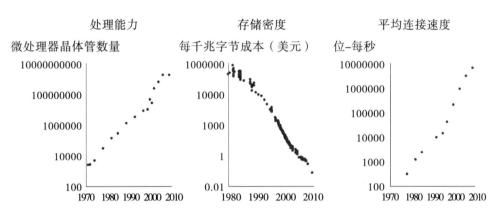

图5-2 数据处理能力与存储成本变化趋势

来源:英特尔、ADB、IBM、archive.org;http://ns1758.ca/winch/winchest.html,感谢Matthew Komorowski 提供的资料;http://www.mkomo.com/cost-per-gigabyte.

注:互联网速度基于客户所购买的宣传下载速度平均值,根据CSG网络(1994年前)、FCC(1994—2009年)及经济合作与发展组织(2011年)统计资料。

(三)智慧物流机遇存在于整个货物供应链当中

要从新技术中获益,我们需要充分考虑从生产到仓储、联运与陆运、码头到海运的整个物流价值链。

在价值链中的使用范例如下:

仓储：利用货物数据分析将分拨仓库设在城市周边的最佳地址，确保更高的货车载运率以及城市内较短的运输距离。

联运与陆运：利用先进的数据系统将列车线路实时调整至最不拥堵的线路上，以此优化铁路网络的货物流向。

集装箱码头：利用数据算法来预测货物的抵达与发出时间，从而优化运营与作业效率，最终获得更大的吞吐量但不会增加额外的资产投入或空间占用。

因为一些主要难点存在于运输模式之间的"移交"过程，我们相信在解决价值链上不同环节之间的连接方面存在巨大潜力。

（四）建议

最后总结出六大建议，希望能够帮助广东居民从更智能的物流体系中获益。

按运输模式来审视城市的货运流量，从而明确所需的基础设施投资。比如，整个物流系统各模式需要多大的能力才能满足5年、10年甚至20年后的需求？

建立论坛/理事会机制，让公共部门和私人部门的主要利益相关方参与其中。这样有助于协调推动单个参与者们无法推动的理念。

成立集中数据交换中心，让所有相关方安全使用并交换物流数据。

打造透明、标准化的IT系统：在整个物流链中，有许多不同的监管者和用户都需要相同的数据，但由于各自服务于不同单位，都有自己的格式要求和特定的附加信息。比如新加坡，港口当局促进建立一个IT系统（PORTNET），将整个链条上的所有用户连接到这个唯一的、多方互联的系统，统一标准。如果广东省能采取类似的举措，这将真正帮助提高供应链的效率。

评估优化物流流向与减少拥堵的激励措施，例如洛杉矶港口的高峰时段附加费等。

服务整合和标准化：珠江三角洲地区在很大程度上依赖于许多小规模的驳船运营商运输货物。多数的驳船船型较小，驳船运输行业极度分散并有很多不规范的营运方式。大量的小驳船对港口生产产生巨大的影响。提议由政府主导并支持整合驳船业务，统一调度，引入更大、更现代化的驳船，允许使用电子订舱并签发提单和发票，这将为在供应链上的各方提高效率、降低成本提供一个巨大的可能性。

二、现代物流产业革新推动广东跨境电子商务发展

UPS 公司国际总裁吉姆·巴伯尔：

（一）跨境电子商务的发展趋势

1. 国际电子商务发展背景

据 2014 年统计，全球电商交易额达到 1.5 万亿美元，年均增长率达到 20.2%。在亚洲，2014 年交易额达到 5250 亿美元，第一次超过北美（4826 亿美元），增速最快的有中国、印度和印度尼西亚等国。

2. 广东跨境电子商务发展情况

广东省在鼓励发展互联网经济上走在前列，在 2012 年提出《广东省电子商务"十二五"发展规划》、《关于加快发展电子商务的意见》。此后，广东省网上零售额保持了高速增长。2013 年，广东电子商务交易额突破两万亿元。2014 年，从广东省邮政局获悉，全年全省跨境快递业务量完成 1.53 亿件，占全国跨境快递业务总量的 46%。又据广东省统计局发布的数据显示，2014 年全省电子商务交易额增长 30%，全省网上零售额增长 70.7%，增速远高于全国的 56.2%，相当于社会消费品零售总额的 2.3%，拉动社会消费品零售总额增长约 1.1 个百分点。从全国范围来看，广东已成为中国电商发展的桥头堡。去年天猫"双 11"，广东省以 61.01 亿元交易额高居榜首。根据支付宝十周年账单数据，广东省十年总支付金额占全国 15.5%，再次力压浙江省排名第一。

广东电商发展的迅猛势头与广东省经济发达、消费者网购能力强劲以及相关产业配套这三个方面有直接关系。广东人口众多，平均收入水平较高。作为中国改革开放的前沿地区，广东省互联网氛围和网购习惯在国内均居前列。另一方面，广东省基础设施好，互联网和物流较为发达，也为电商发展提供了强有力的支持。

（二）广东省面临的机遇与挑战

广东省发展跨境电商的优势明显：
（1）拥有珠三角制造业基地。
（2）迅速发展的电商消费者群体。
（3）拥有国际化的航空转运中心和周边的运输网络，连接亚太其他国家。

在为跨境电商提供物流配套方面，广东也面临一些挑战：

（1）对如何在互联网时代为消费者提供前所未有的革新性服务、管理和运作模式上，物流行业的研发还不够普遍，力度也不够大。

（2）多式联运的基建和管理模式总体来说不够深入和成熟，这中间的掣肘和瓶颈较多。

（3）清关效率上还有不小的提升空间等。

国务院《物流发展中长期规划》提出：到 2020 年基本建立现代物流体系，提升物流业标准化、信息化、智能化、集约化水平，提高物流业整体运行效率和效益。我们也看到广东省政府不断在这些方面进行调研、实验，积极寻找突破口，取得了不少重要进展。

（三）供广东省政府参考的建议

结合前篇所分析的趋势、机遇和挑战，我们也希望助力广东的改革创新，愿提出几点建议以资参考：

1. 创造开放的政策空间，鼓励创新的电商模式，为现代化远程物流管理系统的研发和应用减少障碍

建议政府创造开放的政策空间，鼓励创新的电商模式，支持并引导物流企业开发和应用现代化远程车辆营运 IT 智能管理系统。比如，适度加大开放公共地图数据源给系统平台开发商。又如，通过发布一些代码标准，引导开发者充分考虑此类平台的相互兼容性，从而使具有不同功能特长的子系统可以相互对接、组装和升级，在社会上推广使用。鼓励平台开发商或系统开发商开放平台服务，使得没有独立开发能力的中小型专业物流企业可以购买该服务，充分、灵活采用此类智能系统，运用大数据的工具进行车辆管理优化。

2. 充分利用省内的国际转运中心，优化多式联运体系

在交通运输的"血液循环系统"里，大型的转运中心就如同心脏，发挥着"泵入泵出"的关键性作用。没有强健的心脏，全身的血液流通也是无力的。

在跨境运输上，广东有国际一流的 UPS 亚洲航空转运中心、毗邻香港的 DHL 航空转运中心，拥有亚洲最大的转运中心群，可谓得天独厚。珠三角区域为此拥有最具竞争力的全球航空运输网络，与亚洲主要贸易市场及欧美市场的连通性进一步加强，转运时间大大缩短，从而大大提升相关产业的国际竞争力，运用好了可以在全球跨境电商产业角逐中凸显优势。然而，据了解，受制于一些政策环境和历史沿袭，省内的转运中心并未完全实现其全部功能和满荷处理能力。

现实是，不少本可以直接从广东转运出境的跨境电商货物，却想方设法借道香港出境，这种流失是很可惜的。

目前，政府应该更加关心转运中心运营中阻碍其功能完全发挥的不利因素，创造法制化、国际化的营商环境。比如，允许其自行灵活设定快件和普货的场内处理模式；又如，将转运中心或者其所在的机场纳入自贸区范围，令其可以将产业带动效应和多式联运转运功能充分发挥出来，促进当地跨境电商经济、空港经济的高速发展。

3. 推动海关在广东实现更加便利高效的通关转关模式

设想广东省与内地其他省市的多次转关模式一旦理顺，将会大大提高跨境电商货物的运输效率和可靠性，这不仅有利于促进国际贸易、加快贸易速度、减少贸易成本、优化企业供应链布局、提升企业的竞争力；还有利于充分发挥广东作为临海临空又比邻港澳的地缘优势，打造其国际货运枢纽的地位。

中山大学物流与供应链研究中心在2013年推出的《区域大通关背景下多重转关效率研究报告》，为中国的海关体系提出了多点建议，也值得广东，尤其是广东自贸区予以关注，抓住时机推动实现。比如：

（1）落实"一线放开，二线管住，区内自由"的原则。比如，保税区内，在"一线"监管时可以推广天津海关"只检疫不检验"的模式，甚至是推广上海自贸区"先入区，后报关"的全新模式。实施备案制管理，允许货物在保税区内或境外自由流转。

（2）合理调整海关资源，实现便利化通关。首先，实现体制内人力资源的更合理分配，例如淡旺季错峰的人员调动相互支持等。其次，最好海关可允许企业申请"加班"查验，扩大实现诸如"7×24通关"的范围。

此外，推动提高跨境电商货物的关税起征点，加速低价值货物的通关；建设联检部门之间单据收审和货物验放的统一IT平台，实现"单一窗口"监管模式，等等，也是跨境电商发展中非常急需的政策突破。

4. 推广可持续绿色物流模式

中国电子商务最活跃的地方，往往城市化程度很高，面临能源消耗量大、空气污染和道路堵塞严重等共同难题。广东作为电商产业发展的大省，更需要加快推动高效、清洁、可持续的"绿色物流"，早启动早受益。

可以鼓励市场建立物流供需平台，支持专业第三方物流服务，提高中小企业的物流效率；推广使用清洁能源车辆；提高包装的循环利用；推广环保设备设施在物流中的应用；等等。同时培养企业的绿色经营意识，发挥行业协会和企业自身在环境保护方面他律和自律的作用，从而形成一种可持续的绿色物流管理体系。通过这些措施来提高社会运力的使用效率，减少车流量，有效地消除交错重复运输，缓解交通拥堵，降低污染。

第六章 促进金融创新

题 解

广东自贸区成立给广东省带来了前所未有的发展机遇。金融创新是广东自贸区建设的重要内容,广东自贸区将从利率和汇率改革、人民币国际化、发展离岸金融业务、创建中外合资金融机构、建设重大金融交易平台等方面进行金融创新活动,逐步构建一个与国际规则接轨的金融服务体系。推动金融创新,有利于提高广东金融业开放水平,在更大范围、更广领域和更高层次上参与全球资源配置,并从全球金融要素配置和国际金融服务业分工中赢得发展新动力,从而为广东经济国际化水平跃上新台阶提供有力的金融支撑;有利于金融改革先试先行,以开放形式倒逼金融领域的新一轮改革;有利于人民币国际化,促进人民币"走出去"又"流回来"的循环机制更加畅通。

近年来,广东省在促进金融创新方面成果斐然。2014年12月,国务院决定设立广东自贸区,截至目前,广东银监局充分利用自贸区的优势,加大准入模式创新,吸引机构入区发展,同时积极鼓励银行加快金融创新发展,大力支持园区建设。在中国银监会的指导下,为银行业机构设立了"延伸绿色通道",印发了《关于简化广东自贸区内相关机构和高管准入方式的实施细则(试行)》。新的细则使得业务平均办理时间从4个月降低到10个工作日,提高了机构入区的效率。以银行业为例,区内银行以自贸区为平台踊跃开展业务创新,已有多家银行实现跨境人民币直贷、跨境人民币资金池、粤港澳多币种同城支付等创新业务。为了促进金融和科技的深层次融合,强化金融创新与科技创新的联动,完善促进广东创新驱动发展的金融服务体系,2015年7月,广东省政府出台《关于广东金融业促进创新驱动发展的若干意见》,对信用环境、货币信贷政策工具、金融产品创新和融资渠道等金融创新提出了更高的目标,以推动广东省金融创新更好更快发展。

当前,广东金融业仍存在"三多"和"三少"问题,即服务科技中小企业多,科技中小企业行业及其发展方式多,能动员的金融机构和中介服务机构多;各服务机构之间结合的平台仍较少,现代信息技术应用于科技金融创新发展平台仍较少,将科技型中小企业作为核心客户的金融及中介机构仍较少。在新常态下，推动金融创新，广东省将建立四大体系：一是建设科技金融创新政策体系。围绕产业链、创新链、资金链各个环节进行规划，出台一批有利于金融、科技、产业融合创新发展的政策措施，打造有广东特色的科技金融创新政策体系，实现资金链对产业链、创新链的支撑。二是建设科技金融区域协同发展体系。加快推进"三融合"从国家级高新区延伸到各工业园、科技园区、专业镇、产业集群，培育充满活力的区域创新发展增长极。三是建设科技金融组织机构体系。拓展创业投资、科技小额贷款、融资担保、融资租赁、资产评估、产业基金等科技金融组织体系，打造广东科技金融综合服务平台。四是建设科技金融保障机制体系，包括风险投资机制和融资风险分担机制。

各位顾问在推动金融创新方面有着丰富的经验，在广东省推动金融创新的领域、机制、模式等问题上，顾问们的宝贵意见给广东带来很多启发。

一、优化环境，促进中小企业创新

MS&AD 保险集团控股公司总裁兼首席执行官柄泽康喜： 提起日本企业，很多人就会想到丰田、松下等大企业的名字。实际上，日本拥有约 385.3 万家中小企业，占企业总数的 99.7%，所提供的就业机会也占整体就业市场的 7 成左右。在创新方面，日本的中小企业充分利用其体量小、运作灵活的优势，发挥企业个性，自主开展研究，不少企业还取得了专利。因此，中小企业不仅对日本经济，对刺激创新而言，也是不可或缺的存在。

企业要实现创新，一定规模的资金和人才等资源都是必不可少的。然而，中小企业虽然是极为重要的存在，但由于其资本规模较小、经营资源受限，与大企业相比，在经营和创新方面都会遇到一些困难，风险事故造成的损失，有可能导致整个事业难以为继。

面对上述诸多困难，中小企业可以通过自身努力解决部分问题，但也有一些问题，因经营资源有限等影响，而无法独自解决。这种情况出现时，"中小企业扶持政策"就扮演着极其重要的角色。政府实施的"中小企业扶持政策"，使中小企业得以存续的同时，还盘活了地方经济。在本报告中，笔者想在阐述日本的案例和经验的基础上，介绍一些可供广东省自由贸易试验区参考的日本中小企业筹资手法，以及如何利用保险产品来规避风险。

本报告的内容如能为贵省加强中小企业创新贡献绵薄之力，笔者将深感荣幸。

（一）日本中小企业发挥的作用与日本实施的中小企业政策

1. 日本经济大环境下的中小企业

日本约有385.3万家中小企业，占企业总数的99.7%。因此，可以说中小企业的发展对日本经济发挥着极其重要的作用。日本的中小企业是根据《中小企业法》所规定的员工人数和注册资金标准来定义的。虽然都是中小企业，但其形态却千差万别，每一个企业都是独立的个体。经济长期萎靡、全球化的不断加深以及产业结构转型——日本经济大环境在不断变化，中小企业也面临重大的转折期。在此，笔者想和大家共同探讨，人们对中小企业的认识，以及对中小企业的作用的期待值，都发生了怎样的变化。

（1）经济成长阶段下的中小企业。

可以说，"承包型企业"是中小企业中最为常见的一种形态。从20世纪60年代起，承包型企业的数量不断增加，1981年达到峰值，约占中小企业总数的7成。日本的承包型企业为日本经济成长做出了巨大贡献，主要原因有以下两点：一是实现了中小企业的体系化，形成了以母企业（即总发包企业，下同）为塔尖，往下依次为一级承包、二级承包的金字塔体系；二是该体系内的交易在原则上为长期直接交易。中小企业就是通过将多数零散的企业结合到一个体系中，再进行社会化分工，以此实现专业化生产，从而提高生产能力和加工精度，实现提高国际竞争力的这一目标。通过在体系内维持长期交易，不仅可以使母企业能够省去筛选承包方和收集信息方面的成本，同时还能使承包企业有计划地进行设备投资，积极开展工作来提高技术和设备的专业化水平。

不过，日本式的承包体系虽尽显其效率性，但仍存在一些弱点。由于承包企业将母企业的发包要求放在首位，所以为了优先考虑维持与发包企业的关系，他们只重视生产线上的人员配置，即使削减营销人员也在所不惜。这样一来，我们可以说，承包企业为了企业的生存，就会更加依赖其母企业。

当时，确保日本式承包体系得以发展的条件有如下三个。第一，日本经济彼时处于迅猛发展阶段；第二，发包企业和承包企业属于从属关系；第三，日本的生产彼时完全是在国内完成的。也就是说，日本式承包体系是在日本经济处于高度发展阶段下发展出的特殊体系。

产业聚集也可谓是中小企业结构中的重要因素。对于产业聚集，大家看重的是产业集群内部极具效率的分工功能，正是多个专业化的中小企业，通过相互分工，实现了产业集群所具有的生产体制的优越性。毋庸置疑，产业集群是与日本式承包体系相互关联的,它与日本式承包体系相结合,为日本经济发展做出了巨大贡献。

(2) 经济高度发展阶段的中小企业政策。

在讲述经济高度发展阶段的中小企业政策之前,笔者想先讲述一下人们对中小企业的认识。1963年颁布的《中小企业基本法》(旧基本法),从法律角度规定了中小企业相关政策的基本理念和基本方针。该基本法明确定义了中小企业的范围,提出要缩小中小企业与大型企业差距的基本方针。当时依据旧基本法发行的《中小企业白皮书》中,也提及"中小企业和大企业之间,生产力、企业所得等各方面的差距依然很大",并就实现中小企业产业机构的高度化和如何改善业务活动中的不利因素等问题,提出了的相关措施。

也就是说,当时中小企业政策的基本理念是,中小企业是弱势群体,需要政策扶持。

在这种环境下,20世纪60年代,为改善中小企业生产力低下的问题,政府实施了现代化政策——奖励中小企业实现设备的现代化、不断扩大企业规模。1967年成立的"中小企业新兴事业团"就是其中一例,该团体成立的目的便是在中小企业实现高度化的过程中,为其提供支援和指导。进入20世纪70年代,现代化政策和实现知识密集化,开始作为主题推行。例如,实施技术开发支援政策,设立并运营中小企业大学校和中小企业地区信息中心等。实施这一系列举措的背景是,经济环境发生了变化,从高度发展期过渡到稳定发展期,以及人们开始重新认识大企业和中小企业间的差距。到了20世纪80年代,人们对中小企业有了新的认识。此时,中小企业被定位是肩负地方社会发展的中坚力量。以往制定中小企业政策的出发点,是把中小企业视作大企业的比较对象,而现在开始认为中小企业是独立存在的中坚力量。这种改变说明,人们对中小企业的认识发生改变,这种意识的改变也使中小企业政策呈现出新的发展态势。

(3) 经济环境的改变与中小企业的重组。

随着日本经济实现飞速发展、步入发达国家之列,日本的经济环境也发生了巨大变化。这促使日本经济迎来新的局面,而中小企业也因此迫切需要进行结构转型。其中,对现在中小企业构造带来巨大影响的,是经济的长期低迷与全球化进程。1985年,由于广场协议签订,日元急速升值,日本进入了泡沫经济时期。伴随泡沫经济的崩溃,日本进入长期的经济低迷期。

经济环境的改变迫使日本式承包体系重组。支撑日本式承包体系的环境,已不复存在。经济的长期低迷,对于企业经营而言,削减经费成为当务之急,日本企业纷纷出现将廉价海外承包企业引入承包系统内部的举动，以前所有生产均在国内完成的产业体系开始坍塌，母企业与承包企业之间的从属关系也出现裂痕。

同时，这一时期还出现了不少创新型的中小企业，即创业公司。20世纪70年代，在推进知识密集化发展的过程中，出现了一批利用"多品种小产量"这一经济性经营模式的企业，这些企业在不断满足各种市场需求的过程中，逐渐发展壮大。这些行业的技术发展和变化都非常快，大企业体量太大，难以应对如此激烈的变化，而创新型小企业却更能灵活适应这些行业。

综上所述，由于经济环境的改变，在中小企业里出现了成长与衰退的两极分化现象。在依附承包系统实现发展的中小企业和具有革新意义的中小企业之间，开始出现新旧交替的重组现象。

（4）中小企业政策的巨变与新的中小企业形象。

受中小企业结构重组的影响，1999年对《中小企业法基本法》的内容进行了彻底修改。即对依据旧基本法制定的缩小大企业和中小企业差距这一基本方针，进行彻底修改。新基本法包含以下四个基本方针：一是鼓励创业；二是加强经营基础；三是顺利进行中小企业的业务转型；四是实现资金的顺利供给，以及充实中小企业的自有资本。从这些基本方针，中小企业政策的基本理念从以往的救济转向扶持自立的变化可见一斑。

受《中小企业基本法》修改的影响，2000年的《中小企业白皮书》对21世纪中小企业的作用做了如下表述：第一，作为市场竞争之发源地的作用。人们期待各种类型的中小企业成为占市场绝对数量的参与者，不断创造出新的市场，刺激市场竞争。第二，成为创新的中坚力量。即中小企业要满足市场的各种需求，为其提供丰富多彩的产品和服务。同时，逐渐建立可替代现有承包体系的崭新分工体系。在这过程中，中小企业与大企业之间需要保持平等的合作关系。第三，成为不断创造优质就业机会的企业中坚力量。很多新的就业机会都是伴随中小企业的创业与成长而出现的。第四，成为推动地方经济社会发展的中流砥柱。人们希望中小企业成为产业集群的核心，成为提高地方经济活力的领头羊。

可以说《中小企业基本法》的修改表明，人们对中小企业在日本经济社会中的定位有了新的认识。它改变了在旧基本法中相对于大企业将中小企业视为弱者的观点，将其视为能够刺激日本经济发展的重要王牌。

2. 日本中小企业开展的创新活动

正如前文所述，在日本，中小企业依然被视为创造市场、激活市场的重要存在，作为创新的中坚力量备受重视。

回顾一下历史就会发现，丰田、松下等现在能够代表日本的大型企业，其创业初期无一不是规模较小的企业，都是依靠自身的不断创新实现成长的。现在，日本中小企业仍在大力开展研究开发。据统计，2013年开展研发的中小企业共计3.3万家，开销的研究开发费合计6052亿日元。其中制造业（7.4%）、信息通信业（4.6%）及批发业（2.6%）较为积极（见图6-1）。

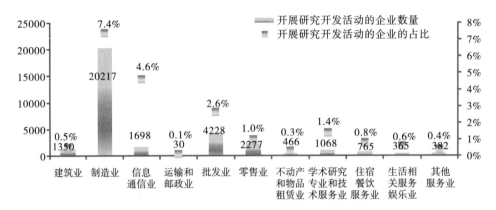

图6-1　不同行业中小企业（法人企业）研发活动开展情况

资料来源：《日本中小企业实际情况基本调查2014年最终版（2013年实施）》。

从研究成果来看，拥有专利的日本中小企业共有7.4万家。其中，制造业（11.0%）、信息通信业（9.1%）、批发业（8.3%）（见图6-2）。

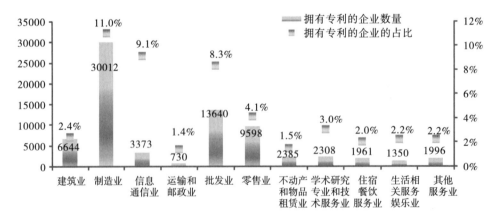

图6-2　不同行业中小企业（法人企业）获得专利情况

资料来源：同图6-1。

上述数据表明,在日本的创新活动中,中小企业也发挥着重要作用。

(二)广东省中小企业的现状和课题

2014年广东省的综合经济实力位居全国第一。国内生产总值(GDP)1998年赶超新加坡、2003年赶超中国香港、2007年赶超中国台湾,预计2015年赶超世界排名第15位的韩国。一路走来,广东省的经济发展离不开中小企业的贡献。本章将就深刻影响广东经济的中小企业的现状和面临的课题进行探讨。

1. 广东省的经济和核心产业

从GDP支出贡献度(见图6-3)可以看出,与北京、上海相比,广东省的出口及资本形成的比率高,制造业及出口的重要性可见一斑。2014年广东省的GDP分产业构成比与全国整体的GDP分产业构成比是一样的。伴随着中国的经济增长,服务业继续壮大,开始进入推进制造业产业升级的"去工业化"时代,但第三产业占比的扩大和第二产业占比的相对减少的进程是缓慢的。今后,产业集群将继续发展,针对配套产业范围大、关系到众多中小企业的制造业及出口而开展的举措至关重要。

广东省的核心产业,有工业生产值、利润、销售额等经济指标均处于全国领先地位的汽车产业,电子通信产业,电器机械产业,石油化工产业,纺织服装业,食品饮料工业,以国内知名的佛山陶瓷为首的建材业,技术和产量均处于全国领先水平的造纸业、医药工业等。

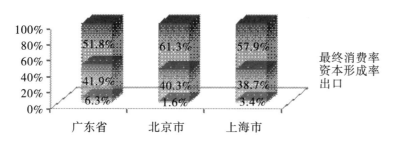

图6-3 2013年度分地区GDP支出贡献度构成比的比较

资料来源:2014年中国统计年鉴。

2. 广东中小企业的现状

截至2012年末,广东省的中小企业约502万家,占企业整体数量的99%。中小企业工业附加价值29300亿元(占广东省整体的51%)、中小企业纳税额

6468 亿元（占广东省整体的 89%）、技术创新成果的 75% 来自于中小企业。从这些数据也可以看出，中小企业的动向对广东经济产生的影响是非常大的。

如前所述，在广东省，以集聚中小企业为特征的产业群不断发展，这些产业群创造的工业生产值很高，中小企业在地方经济中发挥着越来越大的作用。本章将就这些中小企业发挥的作用进行阐述。

（1）中小企业是地方经济持续发展的新动力。中小企业不仅仅是市场竞争机制的实际参与者，更是经济发展最基本的动力，映射出经济分散化、多样化的潜在需求。中小企业的数量多、涉及的行业多，中小企业对地方经济增长的贡献度呈现出越来越高的趋势。中小企业是广东经济持续、稳定发展的新动力。

（2）中小企业是创造就业机会、稳定社会的重要基石。无论哪个时代，就业问题都是关系到经济发展和社会稳定的重要问题。对于工业化水平正处于成长阶段、人口众多的广东省乃至中国而言，正确解决就业问题是维持政府稳定执政、社会稳定发展的根本问题。在解决就业的问题上，中小企业能够发挥积极的作用。中小企业的数量多、开业快、投资少、经营灵活，吸收劳动力能力相对较大，对增加就业机会和维持社会稳定有着重要的意义。

（3）有利于产业集群的形成。产业集群的形成，使得各地的供应链能够继续延伸，持续加强支持性产业和国际竞争力，在当地形成较高的生产加工能力。广东省的产业集群经济已然占据了全省近半工业生产值，在强化专业领域、发挥互补效应、削减成本、优化生产要素配置等方面起到了显著的效果。

（4）支持大企业稳健发展。中小企业和大企业之间，慢慢地在形成一种相互支持、共同发展的关系。例如美的公司，就是从中小企业开始发展，逐步壮大成为一家大型企业。中小企业对大企业的发展所起到的支持作用也是日益显著。中小企业的发展，有利于大企业对产业和生产结构作出合理的调整。中小企业的辅助功能还体现在，能够为大企业延伸供应链，创造出有利的条件，更容易发挥大企业所拥有的优越性。

（5）中小企业是经济发展模式转换的原动力。一直以来，广东省的中小企业通过灵活的经营机制和廉价的劳动力成本等优势，生产并出口了大量的劳动力密集型产品，对广东省对外贸易的发展做出了巨大的贡献。

但是，由于主要是 OEM 委托生产的模式，能够以自身的技术能力在海外开展业务的企业少之又少。期待今后中小企业能够通过自身独立的业务模式、技术力量创造出高附加价值的产品和服务，去开拓海外市场和新兴市场。

3. 广东中小企业面临的课题

近年来，广东省政府高度重视中小企业的发展，中小企业得到了较快的发展。但是，中小企业先天的不足，制约了中小企业的持续发展，使其面临着很多问题。我们分析汇总了广东省中小企业面临的问题点。其中针对近年来备受关注的融资难问题的解决方案，在第三章中专门进行了阐述。

（1）法律、法规不完备。通过法律法规来确定中小企业的地位，保护中小企业的合法权益，这是日本及世界各国广泛采用的支持保护中小企业的手段。现在，广东省已经制定了各种支持中小企业的法律，但仍然欠缺明确的实施细则和配套的政策。很多支持、促进中小企业发展的法律没有体现出实质的内容，中小企业发展的法律保护体系仍然不完备。

（2）有限的融资手段。金融机构放贷时偏好有实力的大企业、国有企业，对中小企业常常惜贷。因此，中小企业通过银行进行融资的渠道受到限制，国家的金融资源分配和中小企业的经济表现之间不相匹配。信用保证行业的风控机制及再保证机制也尚未确立。此外，通过发行公司债券、股票上市等直接金融进行融资的手段缺乏，这也较大地妨碍了中小企业的发展。

（3）薄弱的技术创新能力。中小企业由于自身的资金有限，创新意识、创新能力较低，加上没有良好的融资渠道，在技术开发、高收益产品开发等方面落后于国外的中小企业。大多数的中小企业，技术创新支出占销售额的比例不足1%。此外，在管理创新、知识创新、产品创新、业务创新等方面也面临着较大的困难。

（4）人才方面的瓶颈。企业要维持长期、稳定的发展，就需要人才，然而中小企业在这方面却非常薄弱。当企业发展到一定阶段，创业者的能力有时难以达到企业管理所要求的水平，中小企业在发展的过程中容易遭遇人才需求的压力。但是，由于企业自身的实力有限，中小企业通常不具备能与大企业竞争的有吸引力的人才培养条件和报酬待遇，难以吸引高层次人才。鉴于自身的发展需求，很多中小企业不得不进行人才培养，但由于中国的企业注册登记手续严格，难以导入欧美发达国家多样化的激励措施，例如员工优先认股权等。这些都使得中小企业的人才吸引力大幅下降，面临巨大的人才外流风险。

（5）管理能力的缺乏。在高速发展过程中，很多中小企业的战略方向和目标容易变得不明确。大部分的中小企业管理层没有接受过经营管理方面的教育，企业内没有战略研究部门，外部的咨询机构又难以满足企业的需求。此外，以广东省为例，中国很多中小企业都是家族企业，在企业创业初期，家族管理在效率上具有优势，但企业发展到一定规模后，这种优势有时会演变成劣势。由于在管理人员、管理制度、管理概念、管理模式、管理文化等方面存在不足，很多中小企业在发展的过程中都面临着管理问题。

(6) 市场环境的制约因素。随着近年来的急速发展，市场竞争日趋激烈，与中小企业发展息息相关的广东省内市场环境也变得严峻。中小企业在规模和发展力方面存在瓶颈，与大企业竞争处于劣势。很多中小企业都是在夹缝中生存。政府的政策资源向大型企业集团倾斜，中小企业在市场中受到各种限制，市场环境欠缺公平性。例如，很多政府采购的项目对企业规模等都有明确的限制，中小企业很难参与进去；为中小企业提供服务的中介机构数量不足，中小企业发展过程中行业团体发挥的作用有限等，这些制约中小企业发展的因素依然存在。从国际环境来看，大部分中小企业位于全球价值链的末端，从国际贸易中获得利润的能力较弱，再加上缺乏对国际贸易规则的深刻理解，常发生遭遇贸易壁垒的情况。在国际市场中，这些制约中小企业发展的因素正逐渐加强。

(三) 活用金融领域支持中小企业——中小企业新的融资方法

中央政府及广东省一直以来为促进中小企业发展，制定了各种各样的措施，然而针对中小企业融资难问题，依然存在很多需要改善之处。原因有以下几点。第一，对国有银行的依赖性依然较大，银行的资金必然会倾向于以国有企业为首的大企业。第二，银行在给中小企业融资时，由于无法获取相关信用信息，因此更依赖于担保而不是风险审查。

虽然日本与中国的中小企业所处的环境不同，但中小企业的资本力较弱、苦于如何筹措资金这一点是共通的。本章将在日本事例的基础上，探讨中小企业新的融资方法以及如何为中小企业提供经营支援服务。

此外，鉴于广东省的贸易额较大，本章还将就保护中小企业减少贸易风险的贸易保险，以及减少信用风险的信用保险进行阐述。

1. 活用信用保证制度进行融资

(1) 中小企业信用担保机构的种类。中国的信用担保机构按大类分为政策性担保机构、商业性担保机构、互助性担保机构3大类。根据担保机构的种类，其资金来源、管理方式、运营机制、经营理念也各有不同。

政策性担保机构的资金来源为地方政府，其目的是支持企业而非营利，保证费用率及保险费率也比商业性担保机构低。商业性担保机构的资金来源为社会资本、民间资本，其自负盈亏、自担风险、以营利为目的。互助性担保机构是属于由会员出资、采取民主管理、不以营利为目的的组织机构。

(2) 中国信用担保制度的结构。中国信用担保制度的结构为"一体两翼三层"。所谓"一体"是指一个主体,由政府财政支持的信用保证中心或信用担保机构为主体。所谓"两翼"是指位于主体两侧、形似双翼的企业互助性信用担保制度和商业性信用担保制度。以上3个系统成为中小企业信用担保制度的基础。而所谓"三层"是指中央、省、市三层政府出资设立的信用担保机构。

中小企业的信用担保风险非常高,为了管控其高风险,信用担保机构在进行担保时,除设定担保种类、担保范围、担保倍率、担保期间等条件外,还必须设定反担保(抵押权)条件。中国的信用担保按大类分,有贷款担保、交易担保、税收担保、司法担保、特别担保等,目前,利用最多的是贷款担保,其担保范围也有所限定。担保范围类似于日本的责任共担制度,中小企业无法偿还时,并不是信用担保机构代位清偿全部债务,金融机构也要负担一部分损失。

(3) 中国的信用担保制度所面临的课题。

①企业信用信息不完善。在中国,信用担保机构在从事担保业务时,对接受融资的中小企业进行审查之际并没有统一的评判基准。各信用机构只是根据自己的评判基准从事信用担保业务。一成不变照搬金融机构评判基准的信用担保机构不在少数。

②运营不统一。一部分信用担保机构由于将未货币化的土地、不动产、设备等作为资本金记录在案或违规抽出资本金等行为,导致信用担保机构的担保能力弱化。更有一部分信用担保机构通过活期透支、过度信贷、高风险投资等充抵过多资产,导致运营风险升高。

③再保险制度的缺失。银行对于作为合作方的信用担保机构要求严格,信用担保机构无法获得与银行同等的收益,同时也无法平等地分担风险。在这种情况下,信用担保机构有必要预判个别无法防范的风险,从而准备相应的风险回避方法。但是在中国,有很多地区欠缺能够帮助信用担保机构向外部转嫁风险的再保险制度。

2. ABL(动产·债权担保融资)融资

(1) ABL(Asset Based Lending)构造。

ABL是指以企业库存和应收账款为担保的资产融资手法,这种新的融资方法发源于美国,近年来颇受瞩目。通过金融机构融资,需要不动产和保证人等的担保,这对于没有足够担保物的中小企业来说,不是件易事。但是,如果采用ABL的融资方式,中小企业持有的库存、设备和应收账款,甚至商标和专利等知识产权都可以作为担保资产，经金融机构评估后，即可获得贷款（见图6-4）。

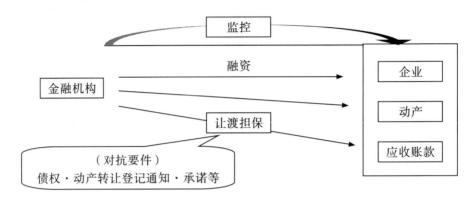

图6-4 ABL构造
资料来源：参考关于各种ABL的HP制作。

对于企业而言，ABL优点是资金融资多样化，可以彻底管理库存和流动债权，可以通过这样的管理提高金融机构的信任关系。另外，因为ABL是根据营运资金的金额需求来借款的，所以企业可以随着事业规模的扩大和缩小，来调整融资金额，并且与信用力相比，金融机构会更加重视企业的资产价值，因此以往难以获得融资的企业也可能获得融资。

另一方面，对于贷款方而言，ABL的优点在于拓宽了融资渠道，可以与其他金融机构形成差别化经营，扩大融资对象范围，尤其是对于以给企业客户提供精细化服务为卖点的区域型金融机构来说，也可以将这一服务利用到动产监控上。不仅如此，即使利用ABL方式融资的企业发生违约，也可以能够收回所有债权为前提对担保物进行评估，或是通过随时监控其动向，来降低金融机构的风险。

（2）应收账款债权ABL。

应收账款债权ABL是把企业持有的应收账款债权这一流动资产作为担保来进行融资，应收账款、完成项目的应收账款、诊疗报酬债权、护理报酬债权、销售电力债权等均为是典型。因为应收账款债权的价值是以应付款单位（第三方债务人）的信用度为依据的，所以如果只考虑信用风险，则信用度高的大型企业的应收账款最为适合。

以应收账款债权为担保时，根据采购方的信用度以及对抗要件，融资限度为应收账款债权的70%～100%（见表6-1）。

表6-1 应收账款债权的融资额度

对抗要件	第三方债权人	一般企业	场外·新兴市场上市的企业	官公厅上市企业
不保留异议的承诺		80%	90%	100%
通知		75%	85%	95%
留保		70%	80%	90%

资料来源：各地域信用保证协会HP。

但是，以应收账款债权为担保的，在对抗应付款单位以及第三人时，需要以下其中一种手续：应付款单位的承诺、给应付款单位的通知或者债权转让登记。

（3）库存ABL。

库存ABL是指将企业持有的包括冷冻加工食品、衣料品、酒类、水产、原材料等在内的流动资产作为担保来进行融资。判断资产是否适合用作ABL融资，需要注意三个方面：第一，是否容易处置；第二，是否能够合理客观地做出评估；第三，担保后是否可以管理和实地检查。具体来说，天然素材等制造工程上游的原材料一般用途较广，易于处置，容易评估市场价格。相对地，如果是在制品，则即使转卖出去，也会因制造流程不同也无法使用，很多情况下处理难度较大。至于成品，则适合用贵金属等二手市场成熟的产品，或是消费者评价不受零售店左右的产品来做担保（见表6-2）。

表6-2 适合ABL的库存商品

| ABL的流程 | 评估标准 | 上游 | | | 下游 | |
	动产特性	天然素材	冷冻水产物	谷物	贵金属	奢侈品
评估	价格透明	○	—	○	○	—
	标准化	○	○	○	○	—
管理	易于仓库保管	○	○	○	—	○
	易于外带	—	○	—	—	—
资金回收处理	有市场和二手市场	○	○	○	○	○

资料来源：ABL协会HP。

(4) 机械设备ABL。

机械设备ABL是将工作机械、业务车辆、医疗机械等企业持有的固定资产作为担保物进行融资。拥有多样业务机械设备的租赁公司等企业比较适合这类融资方式。这类公司以动产转让作为债务担保，或把开发的动产买卖预约凭证等，提供给金融机构。

机械设备ABL与库存ABL比较，物件的价值保全性比较强，具有耐老化的特性。通常情况下的机械设备只要可以连续使用，其物理价值便不会急落，且即使经过很长时间，老化程度也有限。另外，机械设备具有相当程度的尺寸和重量，固定放置在特定场所的情况下，具有很难搬移的特性。简单地说，从这些观点来看，机械设备与库存产品这类小型轻量的零售商品等相比，难以移动，比较安全，与库存ABL相比，企业与金融机构的负担也相对较小。

(5) 适合ABL的产业。

基本来说，只要是稳健经营、拥有适合担保资产的企业，都可以利用ABL方式进行融资。本节探讨的是ABL对于哪一种行业更加有效。

第一，可用作担保的流动资产规模大，且营运资金的需求也巨大的企业。例如，处于事业扩大期、希望快速成长的企业，或者是因主营业务停滞、希望展开关联事业、决定向多元化发展的企业。另外，销售额季节性变动较大的企业，或是因采购与销售存在时间差或付款期限错配等原因导致库存积压、应付账款激增的企业，也适合此类融资方式（见图6-5）。

第二，生产设备和用于租赁的机械设备及器具的泛用性比较高，或大量持有此类资产的情况。例如，护理机械租赁业务或用于精密加工的工作机械等，这类属于昂贵且使用年限较长的机械设备也可用于此类融资（见图6-6）。

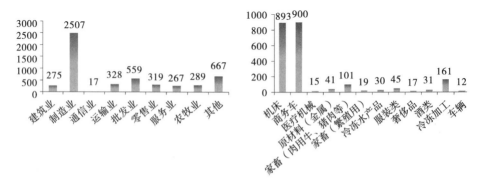

图6-5 分行业的融资件数（2012年度） 　图6-6 分担保物的融资件数（2012年度）

资料来源：经产省《ABL及电子记录债券的普及促进的案例等》。

第三，财务数据不知因何种原因而恶化，导致普通融资也难以成功的企业。这种情况下，ABL融资就非常有效。因为ABL是根据业务的库存产品价值进行融资的，其价值增加了，相应的融资额度也会增加。例如，对于拥有稳定的顾客群，销售额稳定或稳步增加，却因国际商品市场上原材料价格不断上涨，而一时陷入赤字的企业来说，以库存价值作为担保的ABL就是一个有效的融资手段。

3. 众筹融资

（1）众筹融资的构造。

众筹融资是伴随着社交网络的普及和发展，近年迅速普及的一种筹资方法。意思是"从群众（Crowd）筹集资金（Funding）"，一般做法是在互联网上开设网站，通过这一平台，面向投资人募集资金。

根据Massolution调查公司的数据，2013年度众筹筹集的金额已经达到51亿美元。众筹根据对投资者的返利形式，可分为捐赠型、购买型、贷款型、投资型四大类。

第一，捐赠型。以捐赠形式筹集资金。NPO法人和个人通过平台呼吁大众援助受灾地区，支援体育和科研发展等，而受到感召的人则通过捐款的方式，来为其筹集资金。具有代表性的是设立在英国，而后活跃于日本的某网站，该网站到2014年已展开了6300起捐赠筹款活动，获得捐款11.8亿日元，每起约获得11万件捐赠。

第二，购买型。对产品开发等项目来说，支付资金后，项目的返利形式是提供项目成果，即产品。由于不是金钱上的回报，而将产品本身作为回报，因此与捐赠型一样，可以理解为是以投资人的情感共鸣为基础的筹款形式。

第三，贷款型。有资金借贷需求的个人及企业，将资金使用途径及利息、返还时间等信息发布至互联网，投资人对发布借贷信息的个人及企业的风险、利息、返还时间等进行调查后，进行借贷融资。

第四，投资型（出资型）。投资型分为股票型融资和基金型融资两种。前者是通过互联网进行的小额股票销售，后者是投资方与企业和匿名组织签约后进行的出资行为。

（2）众筹金融兴起的原因。

众筹金融的兴起，不仅是出于金融危机后支援创业、解决融资难的这一暂时性需求，也存在几个结构性因素。

第一，由于互联网的普遍应用，使低成本从众多投资人手中募集小额资金成为可能。这里所说的成本，并不仅是平台运营人员的人工费及低廉的物流费，更多的是在很大程度上减少了贷款人和借款人根据自身喜好而进行搜索的成本，使两者之间的匹配能更高效。例如，风险投资方对中小企业进行投资时，由于需要当面接触，因此投资方会局限于选择地理位置较近的企业。但互联网就能打破这一地理上的桎梏。另外，投资金额较少，则会吸引更多的人因对该事业抱有共同的憧憬和共鸣而进行投资，而不仅是关注金钱方面的投资回报率，对风险的容忍度也更高。投资方的宽容也会使企业的资本成本降低。

第二，对企业的信息披露及投资方的信息收集也提供了一种新型态。企业通过积极地披露自身信息，不仅能募集到资金，也能预估拟开发产品在市场上的受欢迎程度，或许也能尽早地获得潜在客户。特别是对基于共同理念及共鸣的购买型众筹金融来说，成效卓越。另外，多数的资金众筹，只有企业在设定的募集期内募集到一定的目标金额，该项目才能成立。众筹金融平台会随时更新资金的募集情况。因此，投资方也能参考各方大众评价，来决定是否参与投资。

(3) 贷款型众筹的融资方式。

如果投资中小企业私募股票的资金融资方法能成熟运作的话，能一定程度地缓解中小企业融资难的状况。但是，投资型众筹由于股东为不特定的多数群体，因此也会加大企业方的负担。对投资方来说，除了存在高风险，股东权利也有可能得不到充分保障。同时，作为平台运营方，即便放宽了准入门槛，也有必要提高网站运营水平，例如需要考虑防范诈骗等相关对策。这里结合图6-7、图6-8所示融资金额，可以看出，与投资型一样将金钱作为等返利形式的贷款型众筹，已逐渐在全球广泛应用，即使在日本，在短时间内也能筹集到一定规模的资金。

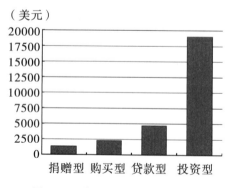

图6-7 单个项目的资金募集额

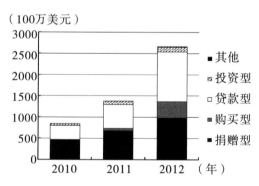

图6-8 资金募集额（按形式分类）

(四)提议

1. 企业信用信息的准备

在第三章中,介绍了在扶持中小企业过程中发挥效力的信用保险制度,及ABL筹集资金、众筹集资、贸易保险、信用保险等内容,为了更加有效地使用这些方法,有个共同且必要的前提,就是完善企业信用信息的工作。目前的商贸行为大多采用信用交易的方式进行,此时,对于提供信贷的授信企业来说,判断对方企业能否按照合同规定履行债务就显得尤为重要。因此,在现在的商贸行为中,信用调查可以说是必不可少的业务。但是,不得不说中国的信用调查业仍处于发展阶段。2014年10月颁布实施的《企业信息公开暂行条例》中,虽然规定了企业信息、信用信息等需要通过企业信用信息系统进行公示,但是缺少企业代表人、保证人的债务偿还方面的信息,无法完全满足社会发展的需要。另外,虽然民间信用调查公司可以进行信用调查,但存在信息收集方式是否合理、收集的信息得不到充分保护等问题,对民间信用调查公司的业务水平持否定意见的人不在少数。

在日本,因为自古以来的商贸行为几乎都采取信用交易方式进行,在大多数企业的交易过程中,民间的信用调查公司十分活跃。例如,国内最大的帝国数据银行、东京商工调查等两家公司,其业务规模占日本国内信用调查业的近9成,并且调查内容的可信度高。除了这些民间信用调查公司以外,还有中小企业厅作为国家项目组建的信用风险数据库CRD,以四大金融集团及地方银行为中心的全国50家以上银行和金融机构参与的、贷款企业信用状况及财务信息数据共享联盟——日本风险数据银行等。

在中小企业资金筹集问题上,其财务状况往往不易把握,如果能够客观地掌握中小企业的经营状况,并且建立健全评估机构和体系,则可以起到缓解融资难的作用,广东省可以借鉴日本的经验,研究探讨建立相应的民间信用调查机构。

2. 构建信用保证制度

日本的信用保证制度自泡沫经济以后,常被作为刺激经济的主要手段使用,规模越来越大。近年来,为应对雷曼危机后的资金周转困局,实施了紧急保证制度,并在2011年发生东日本大地震时,创设了东日本大地震复兴紧急保证制度。这些紧急应对措施,在经济环境不稳定的情况下,起到了保证中小企业资金周转、防止企业破产的作用。从日本的状况可以看出,信用保证制度在中小企业金融领域中,是十分重要的政策之一。

在信用保证制度的目的和效果方面，最应被提及的应该是制度保障了中小企业资金供给的顺利进行。金融机构与中小企业之间存在信息不对称的情况，净资产规模小的中小企业，即使握有高效的投资项目，金融机构对此往往无法判别，存在无法获得融资的可能性。而信用保证制度的目的，就是当优质中小企业筹集资金时，政府出面给予保证，规避因信息不对称而导致的市场判断失误。因为即使不能对中小企业的业务及经营状况进行正确判别，也能通过信用担保收回大部分融资，所以金融机构比较容易做出融资决策。因此，特别是在发生金融机构惜贷等信用紧缩情况时，信用保证制度可以促进金融机构增加放贷，缓解中小企业资金紧缺困境，起到提高企业生存率的作用。只有避免企业破产，才有可能避免经济进一步下滑，抑制失业率上升。

另外，与补助金以及政府机构的直接放贷相比，保证制度起到充实民营事业的作用，能够充分发挥民间金融机构的审查监督功能，可以作为针对中小企业的政策金融手段加以利用。广东省拥有众多的中小企业，如能借鉴日本的经验，设立信用保证协会、构建信用保证制度，必定会对蕴藏着巨大潜力的中小企业的发展起到保驾护航的作用。

3. 通过贷款型集资方式筹措资金

在第三章中，提及了通过贷款投资型集资方式进行资金筹集的内容，我们认为图6-9所示的方案建议，是比较适合于广东省进行资金筹集的方式。

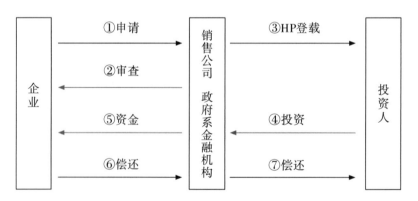

图6-9 贷款投资型集资的框架结构（方案）

首先，由中小企业向销售公司提出融资申请。进行申请时，提交企业发展规划、希望的利率和融资期限、资金用途、财务信息等资料。销售公司对申请企业提交的资料进行审核。关于审核费用，这个阶段由销售公司负担，只有贷款成功后，方能收回此项费用。

接下来，销售公司将企业信息登载至网站上，通过众筹平台募集投资人。为了在一定程度上控制投资风险，对个人投资企业的金额设置限制，投资形态应采取 Allornothing 模式。采取这种模式，如果在众筹期间，所筹得资金无法达到融资目标，则发起人不能获得筹款，因此可以降低诈骗和坏账的风险。另外，在销售公司的网站上设置相应板块，由申请融资的企业向投资人展示和宣讲经营规划，投资人也可以直接向企业方进行咨询，增进双方了解。通过设立这样的框架，促进企业方与投资人之间的互动，使企业方的经营状况透明化，容易引起双方共鸣，这也是众筹集资的优点之一。

另外，由政府系的金融机构出面担任运营众筹平台的销售公司，与普通销售公司相比具有低利率优势，一旦政府系金融机构构建完成这样的框架，则对于中小企业来说，不但可以享有低利息的好处，而且可以无须支付初期费用即可筹集到资金，通过网络让投资人考核自家企业，亦可以帮助企业判断自身价值。另一方面，投资人可以在与企业互动沟通的同时进行投资，在获得高回报的同时体验投资的真实感受。而对于销售公司来说，既能够得到政府补助金，同时也为自己储备了优质的潜在客户资源。

贷款型众筹不存在股票投资型集资的弊端，例如，股票投资型集资的股东多负担大，投资人在股票上的权限受限制，没有股票买卖场所，等等。众筹集资的特性之一是共鸣，中小企业在筹集资金时，可以让自己的想法和热忱完全展示给投资人，如果充分发挥这一功效，贷款型众筹必定会对今后的集资发展方向产生影响。中小企业自身直接向投资人发出诉求，体现了自身的独立性，在这样的框架下，必定可以培育出更多优质的中小企业。

4. 区域振兴、强化区域金融机构的功能

对区域内的中小企业实施金融援助，熟知现地情况的区域金融机构应该首当其责。但是，包括广东省在内，中国虽然有服务于中小企业的专业金融机构，但是对区域中小企业的扶持功能却较为薄弱。部分国有商业银行实施的援助行为，虽然面向区域中小企业进行融资，但实际情况是，多偏好与地方政府相关的案件以及大宗案件。

如第三章所述，日本自 2004 年开始，要求区域金融机构必须具备服务区域金融的功能。应谋求区域经济建设、激发经济活力、保障中小企业金融的顺利实施，为区域经济作贡献。目前，多数区域金融机构围绕着诸如中心市区建设、开拓地方产品销路、扶持地方观光产业、城市建设等活跃区域经济方面开展活动。

区域经济发展的成功与否，除了各自治体的努力，还与在区域社会经济中起核心作用的企业、金融机构、大学等的自我革新息息相关。区域金融机构不断改革进取、支持地方经济建设，进而实现金融机构自身的可持续发展，最终实现带动整体经济发展的目的。

在日本实施的各种计划与活动，短期内或许无法显现成果，并且，尚未确立可以创出成果的具体方案。区域金融机构需要与各实施主体之间密切合作，不断进行实践、修正和改进，最终找到通往成功之路。同时，今后相应的人才培养机制也必须同时跟进。

例如，对于某些企业来说，风险不易辨别并且对业绩评价十分重视，在扶持该类企业发展过程中，在人才培养方面，对试行错误实行较为宽泛的评价标准十分必要，这样可以促进企业不断迎接新挑战。地方金融机构应在构筑上述组织体制的同时，谋求自身发展。

对广东省政府来说，从地方经济发展的角度出发，在开拓活跃中小企业、金融机构、大学、投资人等之间的相互沟通，提供信息和人才交流以及共商平台等方面，是具有研究和参考价值的。

5. 在广东自贸区范围率先施行贸易保险

贸易保险覆盖了民间保险通常不予保障的战争、征用、外汇交易限制、长期和巨额交易等风险，对于企业增强国际竞争力是不可欠缺的。尤其是"中小企业出口货款保险"，涵盖了因交易对方破产等造成的货款回收风险（信用风险），以及出口对象国家的汇率管制、自然灾害等国家风险，可为中小企业海外拓展业务提供有力保障。

日本为了支援中小企业的出口贸易，于2005年创立了"中小企业出口货款保险"制度。利用出口货款保险，从地方金融机构接受融资的中小企业，投保手续以及申请保险金时的抵押权手续可以同时进行，因此，即使中小企业的信用多少存在些问题，地方金融机构也可利用附带贸易保险的出口债权作为担保，使融资行为更加顺畅。

广东省境内遍布着众多为大型外商制造企业提供零部件的、具备创新能力的中小企业，由制造业引领的经济活动日趋成熟。促进这些具有未来发展潜力的中小企业进一步走向海外市场，必须充分利用贸易保险制度。因此，希望在国际贸易较为发达的广东省，能够积极开展和引进贸易保险制度。

在贸易保险的运用方面，除了上述所陈述的与地方金融机构通力合作之外，还应和财产保险公司之间开展广泛的业务委托与合作,以达到普及之目的。

（五）结　语

广东省经过改革开放以来的经济发展,正在步入新的成长阶段,处在地方经济发展的重要关口。对具备成长潜力的中小企业,从解决制约发展的资金需求问题以及规避风险的角度出发,构建相应的扶持体制,营造出有利于企业创新的环境。中小企业革新力的增强,也意味着企业竞争力的提升。

今后,为促进中小企业积极拓展海外业务,应以广东省政府为中心,在自贸区内聚集具有发展潜力的中小企业,通过与地方金融机构合作,成立专门扶持中小企业发展的"地方企业海外贸易支援网络",不仅提供资金方面的援助,同时提供市场、产业动向等相关方面的信息,促进与海外企业间进行多种多样的贸易互动,构筑新型地方金融服务体制。如此,一定会打造出更多具有竞争力的中小企业,广东省在不久的将来,必将作为具备世界领先水准的产业基地而为世人所熟知。

二、建立"互联网+"多元化融资渠道

汇丰控股有限公司集团常务总监王冬胜：

融资渠道的多样化是指企业获得资金的途径可以有不断的便捷选择。资金是企业的"血液",任何一个企业的创立、生存、发展和成熟,都要以投入、保持和再投入,再保持一定数量的资金为前提。只有来自政府、各方企业和组织的积极参与,才会聚集多样化的资金渠道,"互联网+"才能蓬勃的发展。

（一）政府拨款

对于许多项目而言,政府直接拨款至关重要。广东省政府应考虑对部分"互联网+"项目提供持续的投资和支持,或酌情给予补偿或投资补贴,包括：税务、金融以及人力资源等方面,以促进"互联网+"产业的发展。其实,一些国家为启动"大数据"时代,已经提供了类似的资金支持。

例如,2014年,英国政府投资7300万英镑,帮助公共机构和学术机构发展大数据。获得投资的55个项目涵盖领域包括：加深对人类疾病的理解、应对过度肥胖和解决交通问题、帮助将大量复杂数据集转换成有利于研究和分析的有用格式等。据估计,到2017年,"大数据产业"将为英国创造5.8万个就业机会,

并令英国经济增加 2160 亿英镑的经济收入。

（二）公共私营合作制

政府资金在项目或者创业初始阶段很重要。然而，在项目的初始开发阶段完成后，需要提供大量的发展资金，私人发展商和第三方的介入变得至关重要。

公共私营合作制能产生显著的资金流。此类合作模式的关键是政府与私人组织间，共同参与建设城市基础设计项目，以确保所有利益方，从市政当局，到投资者和公众，实现多赢。

我建议广东省政府在国内外，加强与私有企业强强联手。政府应确定"互联网+"项目中公共私营合作制所需资金数额，寻求市场分化进行解决。

政企双方应共同规划项目，以确保城市、投资者以及公众实现多赢。此举能够更好地向企业传达政府部署"互联网+"的实际需要，帮助解决目前市场参与者各为其政的状况。企业应与政府共同设计产品和服务，进行相关基础性研究，以确保不仅在财政上可行，并且能够切实地满足本地需求和应对挑战。

（三）个人对个人贷款

个人对个人贷款（Peer-to-Peer，"P2P"）的融资目的是帮助小型企业和个人小额资金，获取快速和便捷的贷款方式，它无须求助于传统的金融机构。当前，P2P 融资已经在中国迅速发展。

去年 12 月，李克强总理亲自见证微众银行首笔贷款发放，由卡车司机获得这笔贷款。微众银行发放的首笔贷款为 3.5 万元，通过隶属于由腾讯运营的微信社交消息应用程序深圳前海微众银行（Webank）发出。

在整个过程中，没有涉及任何传统的银行系统或柜员，更无须财产担保。只需通过使用电脑的摄像头，对驾驶者的面部进行扫描，微众银行庞大的数据库信用评级，决定是否发放贷款，并确定他将发放资金的数额。

该系统与中国的公安局相连。当借款人提出申请贷款后，微众银行要求上传申请人的照片。匹配的照片与公安局的数据库相连，识别该人是否有犯罪史。在此之后，微众银行收集此人的 QQ 和微信的聊天历史记录的大数据，并进行分析，从而评估借款人的信用评级和确定贷款的额度。

阿里银行（Alibank）也同样提供类似的微众银行服务，但二者的数据源却有所不同。阿里银行是阿里网商银行，意为"互联网商业银行"，主要满足小微企业和个人消费者的投融资需求。它是从阿里巴巴和中国主要的在线拍卖和购物网站的淘宝网的数据。

从金融行业的发展的现状和趋势来看，国内传统金融业服务实体经济的能力不够，中小企业融资难是多年来的一个痼疾，利率没有市场化，导致民间高利贷泛滥，传统金融在服务实体经济上存在很大的短板。以微众银行为例，它是金融领域的改革释放的制度红利的产物之一，以微众银行为代表的民营银行，不仅在未来将会在金融服务实力经济中发挥重要作用，也将倒推传统金融的改革。

我建议广东省政府积极推动这些融资渠道在全省的发展，特别是针对小企业和初创企业的融资方式。值得注意的是，虽然P2P融资已在中国迅速地发展起来，但市场参与者的信用数据库还不够成熟。省政府需要教育公众，通过P2P平台风险，充分了解双方的利益和资金。

（四）众筹

近年来，多个新兴融资概念为企业家提供了筹集资本的新方式。众筹是个人或小企业通过互联网向大众筹集资金的一种项目融资方式。近年来，此渠道已成为中国乃至世界各地的新业务项目筹集资金的重要的渠道之一。

众筹大致分有四种不同的类型，即基于股权的集资，奖励为基础的集资，债基集资（即P2P借贷）和捐助为基础的集资。在中国，奖励为基础的集资和基于股权的集资较为普遍。

众筹的网站帮助希望将首批产品推向市场的有抱负的电影制作人、漫画作家和网络企业家，得到支持的成功初创企业通常后续会通过这些网站来寻找用户以及对其技术有兴趣的评论者。

诸如Kickstarter，Indiegogo和Kiva的众筹平台已经在美国和英国是根深蒂固。众筹平台活跃第一的美国，截至2014年上半年，共发生近5600起众筹项目，大约有281万人参与众筹融资，实际募集资金达到2.15亿美元。

同期，中国众筹领域共发生融资项目1400余起，募集资金总额约为3000万美元，实际参与人数仅11余万。这些平台可以成为投资和宣传广东企业家的显著来源。

我建议广东省政府大力推动众筹平台在全省的发展，以帮助初创企业成长。在此过程中，省政府需要充当"协调者"的角色，将不同的利益相关者联系在一起。省政府还应担当起"监管者"的角色，确保通用标准的遵守以及相关法律框架的到位。

第七章　优化营商环境

题　解

　　当今世界，人才、资源、资金、技术、市场竞争日趋激烈，营商环境的优劣决定了高端要素资源的流向与集聚，成为能否在全球经济技术竞争中获胜的关键因素。改革开放30多年来，广东积极承接国际产业转移，主动参与国际竞争和合作，成为中国经济国际化程度较高的地区之一。但随着中国改革开放的不断深入拓展，与世界经济的不断融合发展，广东省面临的国内外竞争压力越来越大，原有的政策和地缘优势逐渐弱化，特别在营商环境方面与发达国家和地区相比仍有较大差距。因此，优化营商环境是广东有效开展国际交流和合作、提升国际竞争力的重要依托，也是广东增创发展新优势、当好改革开放"排头兵"的内在要求。

　　近年来，广东对优化营商环境高度重视，颁布了一系列重要决策，取得了较大成果。2012年，省政府颁布实施《广东省建设法制化国际化营商环境五年计划》，启动了一系列行政审批制度改革和企业投资管理改革。截至目前，《广东省建设法制化国际化营商环境五年计划》的成果斐然。2015年11月，前海注册企业55.6万家，注册资本合计近3万亿元，其中，港资企业2743家，世界500强企业61家；1—9月，片区累计增加值765.62亿元，同比增长50%。更值得注意的是，优质的大企业占比很高，超过十分之一的企业注册资本在1亿元以上。企业活跃度也超出想象，在平均每个工作日新增注册企业超过200家的快速增长情况下，开业率仍达到21%。大批企业进驻广东自贸区显示出广东省营商环境得到了较大改善。

　　展望未来，针对广东自贸区成立的新环境，广东省将重点在以下四个方面优化营商环境。一是深化各项政策制度改革，包括改革创新行政管理体制，深化政府职能转变，更充分简政放权、变重审批轻监管为宽准入严监管；改革创新投资管理体制，放宽外商投资准入，对外资实行准入前国民待遇加负面清单管理模式，探索完善投资者权益保护制度。二是改革创新贸易监管服务模式，加快实现国际贸易"单一窗口"服务，打造"大通关"综合管理服务平台，全面推进区域通关一体化、信息化、便利化。三是改革创新社会信用和市场监管体系，推动建立统一的自贸试验区社会诚信体系，建设综合监管信息平台，探索建立集中统一的综合行政执法体系。四是改革创新国际商事法律服务和知识产权保护体系，依托南沙、前海、横琴三大国际仲裁中心构建多元化的商事纠纷仲裁和调解机制，推动建立统一的知识产权管理执法体制。

与会的顾问们站在外资企业的角度，针对政府政策、知识产权保护等方面提出了自己的建议。顾问们的宝贵建议对广东省完善营商环境政策有很强的借鉴意义和参考价值。

一、政府政策优化营商环境

美国全国商会常务副会长兼国际事务总裁薄迈伦：

（一）透明度和法治环境

根据我们的经验，企业家和投资人能够在监管和法律风险较低的环境下更好地发展。对初创企业实行的许可程序和其他法律障碍应尽可能减到最小。在很多方面，中国共产党第十八届三中全会和四中全会提出的改革举措可以作为一个蓝图来鼓励创建更具创新能力的社会。在理想的情况下，改革应当采用"负面清单模式"来鼓励建立新企业：如果广东省能够创建促进新企业成功的规制环境，而非对这些本身技术比相关法规发展更快的企业进行审批或不审批，那么就更可能获得成功。

创建一种能够允许不成功的企业有序破产并退出市场的机制，与鼓励初创企业同等重要。在一个成功的创新环境中，95%的新企业是不会成功的。以"持续经营"的理念来延长这些不成功企业的生命将会导致资金和资源的错配，而这些资源本可以用于其他长期来看更具潜力的企业。使企业家和投资者能够较为容易地通过透明顺畅的法律程序退出不成功的企业，并允许破产和企业解散，这对任何创新体系来说都具有重要作用。

通过执法等方式保护知识产权（IPR）是所有成功的创新环境的必要条件。企业家和投资者必须能够保护他们的创新并从中受益。广东省已经在建立有效的知识产权法庭方面迈出了重要一步，但广东省的知识产权执法部门仍需加强。如果广东省希望成为更好的创新中心，那么就应当力争成为知识产权保护的典范。

除了知识产权保护，广东省还可以成为中国司法体系处理商事纠纷的典范。关于合同权利的执行问题可能对新企业的运营与成功产生很大影响。一个透明、高效的法律体系是广东省创建促进新企业环境中的重要一方面。

（二）市场开放

一般来说，全球各国的政策制定者都希望保护幼稚产业免受外部竞争，从而帮助这些企业发展并具备一定的竞争能力。在发达国家和发展中国家都是如此。对当地产业的保护可能会为它们创造短期的机会，但从中长期看，这会导致稀缺资源无法配置给那些未来更加有效率的企业。

21世纪的创新并不仅仅是关于发现和创建全新的产业和服务企业。许多成功的、全球性的创新企业都是通过在一个平台上整合全球各地的创新与技术从而取得了成功。硅谷以及其他典型的创新体系并不是免于外界竞争，相反地，它们通过开放的政策环境像磁铁一样吸引着全球的人才和技术。广东省完全有能力创建同样开放的政策环境。欢迎外国投资和技术而非将机会仅留给当地企业，对于建立一个为企业创造机会的环境至关重要。

美国商会会员几十年来一直在广东省进行投资和运营，对广东省的发展做出了贡献并随着广东一起成长。许多企业希望在广东运营并不是因为广东的低成本出口平台，而是看好广东省长期发展的潜力。很多广东省最具前景的企业都得益于与美国商会会员的合作。他们是广东省未来创新的一分子，广东应当鼓励他们在省内取得长期的成功。

（三）避免人为挑选优胜者

许多政府都希望通过干预市场，并支持那些政策制定者认为将取得成功的企业，从而一蹴而就地创造出新的企业。这在很多情况下都是错误的。中国共产党第十八届三中全会要求市场发挥"决定性作用"，我们认为这是非常明智的。以个人的判断来取代市场的智慧从而避免95%的企业的失败和带来的浪费，这对政策制定者来说是非常有吸引力的，但无论市场显得多么混乱和低效，它总是能够找到最佳出路。

因此，相比对看起来可能具有潜力的某些企业和某些产业提供政治资源和资金资源，广东省更应当将重点放在创造一个允许市场做出决定的环境。长期来看，这样的举措更容易创建新的具有竞争力的企业，

尽管如此，广东省能够且应当帮助企业家和投资者发挥集聚效应以鼓励创新。企业家和投资者希望在便于沟通交流的环境中工作。政府应当通过为会议和产品展示提供资助来减少成本，这是可能的一种政策工具。同样地，为教育和投资提供人员网络也会有所帮助。但如果此类工作只是将资源调配给政府支持的企业而不考虑其竞争能力，这将会造成损害。

（四）信息技术与数据

中国高层特别提出了对于信息与数据的跨境交流所带来的风险的关切。中国有自己的法律和政策体系，美国商会也认为，关于网络空间的政策各国或有不同。但是，企业家、研究人员以及投资者将受到数据交流限制政策的损害。

能够得到最好的数字技术和信息对于一个成功的创新体系非常重要。出于国内政治考虑而过于关注数据安全的政策可能会限制创新体系中的重要因素，影响具有全球竞争力的技术和企业的发展。我们鼓励广东省政府进一步促进开放，减少对于信息流动的限制。最终，广东省将通过吸引企业家、研究人员和投资者来参与国内外的竞争。限制数据和信息流动较少的地区将具有明显的竞争优势。

（五）更好地利用边境经济规划

广东的不少基础设施和基础设施服务企业都处于全球领先。中国"一带一路"战略已付诸实施，这将为广东企业继续发展和创新带来新的机遇。我们相信广东省能够与国际性企业合作，为广东带来重大的竞争优势，特别是为那些在其他市场或其他省份开展竞争的本省企业带来优势。

亚洲开发银行的投资也能为广东企业带来机遇。美国商会非常希望为广东企业和我们的会员合作提供便利，提供最高水平的技术和服务效率。

最后，我们希望能够更多了解广东省建立的广州、深圳和珠海的自由贸易区，以及相关的自由化和改革措施如何能够帮助建立创新企业。对这些改革规划的更多澄清将会成为我们会员参与广东自贸区建设的催化剂。

二、IBM（开展"绿色地平线"计划，加强疫情防控合作）

IBM 全球高级副总裁汤姆·罗萨米利安：

（一）开展"绿色地平线"计划

1. 成效与意义

高能耗、高污染的粗放型经济以增长方式，造成资源供给紧张，环境污染加重，直接影响到投资环境和可持续发展，也直接影响到民众的健康安全。

低碳经济和全球经济减缓为发展绿色经济提供了新的机遇。"绿色地平线"（Green Horizon）是 IBM 在 2014 年 7 月启动的一个为期十年的计划，目的是利用

IBM领先的IT技术和全球的研发资源，助力国家解决在能源及环境转型领域的一系列关键难题，包括大气污染防治、可再生能源高效利用和企业节能减排。"绿色地平线"项目的具体技术是利用大数据分析和认知计算科技来进行城市地区的雾霾预报和应对建议，从而控制和减少污染物的排放，提高资源利用效率。

2．案例介绍

IBM已经和北京市政府、张家口市政府合作"绿色地平线"计划：

（1）"绿色地平线"项目在2014年北京APEC峰会的"APEC蓝"。

为了支持北京清洁空气行动计划，2014年IBM与北京市政府相关单位合作了"绿色地平线"项目，利用IBM认知计算、大数据分析以及物联网技术的优势，分析空气监测站和气象卫星传送的实时数据流，凭借自学习能力和认知计算能力，提供未来72小时的高精度空气质量预报，实现对北京地区的污染物来源和分布状况的实时监测。"绿色地平线"项目在2014年北京APEC峰会的空气质量预报预警方面发挥了突出作用。

（2）IBM与河北省张家口市政府签署合作备忘录合作"绿色地平线"计划。

就在10月份IBM与河北省张家口市政府签署合作备忘录合作"绿色地平线"计划，双方将在可再生能源和智慧环保等领域的技术研发、新技术应用、产业发展和人才培养等方面展开全面合作，为城市可持续发展提供更好的创新服务，为2022年冬奥会和民生关切重点领域提供更有力的科学决策支撑。

3．IBM的方案

"绿色地平线"利用混合数据同化，实现对卫星、地面站、探空观测等多维度海量数据资料的同化分析，基于IBM认知计算和大数据技术，为环保相关业务部门提供全方位的量化决策支持，以满足对大气质量的监测、预测、溯源与治理的需要。"绿色地平线"包括优化监控网络布局、大气污染防治短期、长期措施的仿真及效果的定量评估、污染物溯源分析、居民健康影响分析、应急管理及重大事件保障支持等。

（二）加强疫情防控合作

1．成效与意义

广东省是传染病易发、高发地区。传染病严重威胁着广东人民的健康，严重威胁着全省的经济建设，这一自然灾害给广东人民造成了严重的财产损失，给各级政府造成了巨大的财政支出。2003年的SARS几乎造成了经济和社会的停顿，去年登革热的大爆发造成了巨大的财政支出、扰乱了人们正常的工作/生活、打乱了各级政府和各个部门的正常履职、打乱了正常的医疗体系。不时出现的禽流感疫情，给养殖户、餐饮企业等造成的重创。这些传染病严重影响了人民群众的身体健康和生命安全以及影响广东国民经济发展。

2. 案例介绍

（1）IBM在公共卫生/流行病方面的研究及时空流行病分析平台。IBM美国Almaden研究院在流行病建模与分析方面有近10年的历史，已经与分布在世界各地的大学和政府有密切的合作，例如在流感和登革热方面帮助以色列CDC分析季节性流感，构建模型、分析病毒A和病毒B的流行特征；帮助墨西哥卫生部分析H1N1禽流感，构建模型，分析基本再生数、量化评估干预措施的效果。

（2）新加坡环境部（NEA）登革热预测分析项目。基于登革热的流行动态，借助数据科学，对新加坡登革热感染人数及疫情强度进行预测分析，帮助新加坡环境部主动地、提前地预防和控制登革热，提升干预措施的效率。

（3）IBM已经与深圳市疾病预防控制中心进行了深入交流和合作，并于近期计划选择流感进行试点建设。

3. IBM的方案

IBM研发的时空流行病学建模平台（STEM）是一个成熟、专业和领先的流行性疾病分析平台，用来帮助人们认识流行病本身、流行病的传播模式、干预措施的效果等，借助STEM搭建数据模型、流行病学数学模型，模拟仿真流行病的各种机理和动态，可以帮助流行病学家、疾控部门就发生的传染性疾病进行建模仿真、分析预测，提高科研水平和科研成果产出，进而指导疫情的防控工作等。

三、建立中小企业发展基金，解决中小企业融资难问题

汇丰控股有限公司集团常务总监王冬胜：我建议广东省政府可以考虑与各行业或金融机构进行合作，包括通过国内外商业银行、保险公司、风险投资基金和共同基金，设立一项专门支持智慧城市项目的建设的基金。

比如，汇丰银行是英国企业发展基金（Business Growth Fund）的主要倡导者和参与者。企业发展基金是一家拥有高达25亿英镑（人民币247亿元）资金的跨行业私营风险投资公司，得到包括汇丰在内的五家英国主要银行集团的支持。该基金是与英国政府合作成立的，旨在帮助中小企业获得更多的长期成长资本。这是政府和银行联手，帮助创新型企业的一个极好例子。

我建议广东省政府可以考虑进行相似的合作模式。

第八章 加快教育和人才培养

题 解

在人类社会发展进程中,人才是社会文明进步、人民富裕幸福、国家繁荣昌盛的重要推动力量。当今世界正处在大发展大变革大调整时期。世界多极化、经济全球化深入发展,科技进步日新月异,知识经济方兴未艾,加快人才发展是在激烈的国际竞争中赢得主动的重大战略选择。改革开放以来,广东省人才工作取得了长足进步,人才强省战略深入人心,人才总量大幅增长,人才结构持续改善,人才成为广东省经济社会发展的强大引擎和重要支撑。

近年来,广东省十分重视人才在经济发展中的重要作用。教育在社会发展中占据举足轻重的地位,广东省已先后出台了《关于加强劳动力资源技能培训和配置工作的意见》、《关于实施全民技能提升储备计划意见的通知》、《关于加强职业培训促进就业的实施意见》、《关于加快提升劳动者技能水平服务产业转型升级的意见》等一系列政策,保障人才强省战略顺利进行。仅以2014年颁布实施的《2014年广东省专业技术人才知识更新工程培训计划》为例,该项政策组织高级研修项目、急需紧缺人才培训和岗位培训三类重点培训项目共计453项,培训高层次、急需紧缺和骨干专业技术人才14.7万人次。

但同时,广东省人才发展仍面临严峻挑战,主要是人才结构和布局不合理,优秀拔尖人才比较匮乏,人才创新创业能力不强,人才工作政策措施不够系统配套,人才发展机制障碍仍然存在。针对上述问题,未来广东省加快教育和人才培养将重点关注以下四个方面的工作。

一是以农村劳动力培训转移就业为抓手,及时缓解企业用工需求。积极完善公共就业服务,建设完善就业信息平台,促进市场供求信息的匹配对接和人力资源的优化配置;依托"南粤春暖"就业服务月活动,大力开展转移就业招聘会,促进农村劳动力大规模转移就业;依托产业转移园区建设,组织当地农村劳动力到园区企业就业。

二是以高技能人才培养为重点,加快推进技能人才队伍建设。包括科学规划高技能人才队伍建设,提高高技能人才占技能人才的比例;大力完善培养政策,鼓励和支持有实力的大型制造企业创办职业培训学校,充分利用企业自身师资和设备，开展在岗技能提升培训；大力推进高技能人才培训基地和技能大师工作室建设，高技能人才实训能力大幅增强；构建完善全省高技能人才公共实训基地体系建设。按照统筹规划、合理布局、技术先进、资源共享的原则，采取独立建设和依托技校建设两种方式。

三是以技工院校为主阵地，着力培养与产业转型发展需求相适应的技能型人才。开展技工院校与大型骨干企业对接合作，实施校园对接产业园工程和推行校企深度合作育人的"校企双制"培养模式等。

四是以引导鼓励为重点，大力营造适合技能人才成长的软环境。包括加强宣传引导，广泛开展职业技能竞赛，大力开展企业技能人才内部评价，强化技能人才激励政策、优化服务稳定就业和选拔优秀人才赴国外培训，加大制造业引智力度。

顾问们结合自身国情，在国内外合作办学、建立研究型大学、推进职业教育等多个方面提供了很有价值的建议，对广东省人才强省战略的实施带来重要的启发。

一、通过教育、科学和文化打造可持续发展的信息化创意经济

联合国教科文组织总干事特别顾问汉斯·道维勒： 近年来，流入城市中心区的农村人口急剧上升，预计到2030年底，75%的世界人口将居住在城市。广东省和珠江三角洲地区将成为最具活力的特大城市地区之一。

在未来短短两代人的时间里，发展中国家的城市人口将增长两倍。在19世纪和20世纪早期，得益于当时运输、贸易、通信等方面的技术飞跃以及新的社会分工，大量城市工业中心涌现。发展中国家城市的工业化和城市化起步较晚，但发展迅猛。由于人口急速增加，发展中国家无力在城市建设足够的基础设施和为民众提供基本的社会服务。在许多国家城市中心的老城区地带，独一无二的巴洛克和新古典主义式建筑与后起的工业建筑并存——仓库、棚屋、火车站和码头与现代化城市的摩天大厦和办公楼交错分布。

农村人口大量涌入城镇也是城市扩张的原因之一，广东省也不例外。所以，我们看到，由于人口快速增长，广东省城区大幅扩张。

在城市快速扩张的同时，作为广东省、中国乃至全球经济发展主要动力的创意经济也开始兴起。

2015年9月25日，在中国国家主席习近平出席的联合国首脑会议上通过了题为《改变我们的世界：2030年可持续发展议程》的2015年后可持续发展议程。该议程包括17个可持续发展目标（SDGs）和160多个具体目标。因此，各级（包括广东省）政策制定者应致力于在2030年前贯彻和实现这些可持续发展目标。

在全球化的时代，我们需要制定城乡可持续发展的新路线图。如今，城市凝聚了各种物质、精神和文化资源，吸引着人们涌入城市。他们希望并追求更好的生活和富有创意的工作，实现积极向上的美好人生。

大规模城市化既有利也有弊：它催生不可持续的增长模式，导致城市超荷负载，基础设施缺乏，交通拥堵不堪，贫民窟大量涌现，环境遭到污染和破坏，社会结构解体。这些问题给政策制定者和所有利益攸关方（省市规划者和管理者、社区、私营部门和市民）带来了巨大的挑战。

城市正疲于为不断膨胀的人口提供宜居的生活环境。我们需要调动所有城市问题及技术和管理解决方案方面的专家，利用他们的智慧和才学、专业知识和经验、实践和理论、设计和实际情况以及见识和干劲应对这一挑战。这些专家的使命是引导城市走向引领未来的可持续发展模式。

广东省必须通过新的合作模式和方式有效地管理和改善当今不堪拥挤的城市生活模式，为实现可持续发展的新未来提供途径。城市是文化、社会和经济活动的摇篮，在这个摇篮中各种活动的互动产生了多样性，正是这种多样性孕育了新的举措、思路和合力——简而言之，也就是孕育了创新。只有在充满人文气息的环境中，知识分子、艺术家、创作者和创新者才能发挥出他们的创造潜力。这也是创意城市与创意经济理念的核心所在。

城市——尤其是特大城市——若没有文化和与生俱来的创造力（文化底蕴、文化多样性和各种各样的文化活动），就会不堪设想。城市有保留传统并将其融入先进技术和创新的能力。

人类、经济和文化的多样性是城市生活和更新的主要动力，并随着新技术、媒体和通讯工具的发展，成为创新和设计的有力跳板。变革本身并没有问题，需要注意的是变革的结果——即转型为可持续发展的信息化创意经济。

（一）软实力

在各个国家以及全球范围内，人们日益将教育、科学、媒体和文化视为"软实力"，软实力代表着全面的宏观设计。软实力的方式意味着通过汇集不同文化、语言和种族背景的人们，让他们相互理解、尊重和合作，借此催生活力、形成合力和创造力，从而实现和平、人类尊严、幸福、和谐、相互理解、可持续发展和繁荣等崇高目标。软实力对经济、政治和军事等硬实力形成补充。

软实力包括创意、创新和想象力等元素，这些元素将在国家、区域和城市的发展过程中发挥越来越重要的作用。省级和市级政府必须针对城市群和城市环境的艺术、文化、社会和物理环境制定政策战略和举措，加强当地创意经济的发展，维护个体和集体文化及身份认同的多样性——这些对生活质量至关重要。在我们全球化的世界里，跨文化交流对国内发展和国际合作愈发重要，塑造了世界各地人们——尤其是城市居民——的价值观和生活方式。

教育和科研创新正在促进产业发展和经济增长。

（二）教育

教育是国家和地区经济、社会和文化发展的支柱。在今天"互联网＋"的时代，未来技术——特别是信息通信技术和互联网——可以对当代教育系统模式以及教学和学习方法产生深远的影响。首先，信息通信技术可以打破教室的局限，将知识扩散到人们的日常生活和环境中去，使那些学校基础设施落后或者缺乏这些设施的人群从中获益，从而实现在全球范围内推广优质教育。远程教育技术的发展和数字教育的应用提高了高等教育的普遍性和质量。其次，未来技术同时也要求我们反思，在互联互通的当代社会，高质教育应由什么构成。为了有效地利用未来技术，人们需掌握足够技能组合来驾驭技术，避免迷失在充满机遇的广阔世界里，并自信地分辨出有用信息，过滤掉不相关的信息。这些要求给广东等地的教育、文化和政治机构提出新的挑战，给私营部门培养起来的创意产业带来了新的挑战，也给学校的战略规划和课程的安排带来了新的挑战。

有一重要例证可以阐明未来技术与全球教育事业互相交织的特点，那就是大型开放式网络课程，英文简称为MOOCs。大型开放式网络课程的概念，可以理解为开放存取电子图书馆概念的延伸。开放存取电子图书馆的理念就是跨越人们身处不同空间和时间的限制，给全球公众提供各类文献和信息。大型开放式网络课程不仅提供海量科学资源，并且在不要求任何学历的前提下，免费提供真正的大学课程，彻底颠覆了普遍的体制化高等教育。大型开放式网络课程不认为教学是等级分明、高度集中的知识传播形式，而应是一种网络活动和一种集体决策活动。

互联性使得多种新型教学方法成为可能，推动学习成为一个人人可享的终身性过程。大型开放式网络课程全球共享，可以加强学生的独立性和个体性，帮助其获得多种技能。大型开放式网络课程的基础是老师和学生的积极参与和相互联系。通过参与大型开放式网络课程，学生可免费使用内容庞大的课件材料，包括文本、讲义、配有字幕的讲座视频、家庭作业、练习测试题，甚至期末考试试题。大型开放式网络课程的主讲人都是国际顶尖大学的知名教授，保证了课程内容高质，授课公开透明。学生修完一套大型开放式网络课程后可获得相关证书，进入全球劳动力市场。

大型开放式网络课程正越来越受重视，并影响了高等教育的传统理念。联合国教科文组织信息技术教育研究所将大型开放式网络课程誉为"2028年前30大最具前景的教育发展趋势之一"，大型开放式网络课程对于传统教育理念将产生深刻影响，尤其是对发展中国家。传统上高质课程仅限于少数学生，而且学费昂贵，这是教育史上高质课程第一次开放给整个世界——至少可以说全部互联网用户。

联合国大会有些什么期望呢？联合国第四个可持续发展目标是：构建包容性和公平的教育体系，促进全民享受终身学习机会。

这确实是一项艰巨的任务。鉴于其对可持续发展的重要性，教育系统和课程设计需进行调整。

在这方面，广东省在普及大型开放式网络课程时还应顾全全省产业和农业部门的需求，比如工程学。通过融合二者可以发展出多语种的数字化教育市场，向领先的美欧数字化教育市场看齐。

此外，还可以创办国际培训学院，吸引特定行业或公司的投资。广东省应努力跻身全球价值链中生产和资本密集型的阵营，逐步减少对易受周期性波动影响的消费主导型行业的依赖。

应对教育、科技创新（STI）能力发展和科技创新工程以及创新生态系统进行战略投资。加强各级科学教育，包括技术和职业教育培训、创业教育以及教师培训，特别要注意是要使科学教育对男女都有吸引力，这对促进创新至关重要。高等教育和研究机构可提供决策支持，并促进符合地方特点的技术解决方案的应用，应加强它们在这方面的知识效能。需建立、扩大并支持大学和产业之间的联系，以及技术和企业之间的联系。除了公共部门的这些努力，还需提供风险投资，提高技术型企业——包括那些由青年和妇女建立的技术型企业——的竞争力。

（三）科学

科学和相关知识的创造和研发能力对推动可持续发展、消除贫困、应对气候变化和促进和平等至关重要。科学为新的方法和技术奠定基础，创造知识支撑，借此识别和应对未来的全球性挑战。科技创新应有效针对环境、经济和社会挑战，并为最具减贫潜力的行业提供可持续和有效的工具。为此，投资必须满足"绿色"交通、能源和供水系统的建设要求，以及老旧"棕色"基础设施的更新更换要求。

科学要求自然科学和社会科学领域里的不同学科协调合作。科学本身具有超越国家和文化的边界的普遍性，它是一种造福全球、服务全人类的公共产品。缩小与其他省份和国家在科学和知识上的差距是实现2015年后发展议程及其可持续发展目标的关键。

虽然研究和创新日益走向开放、合作和国际化，但科技创新和知识带来的好处在不同国家、不同人群之间出现分配不匀。发展中国家与发达国家之间一直存在技术差距。科技创新可以成为中国等发展中国家改善社会经济状况的"变身法宝"。

国家科技创新能力的发展已被证明是推动社会和经济转变的重要前提，它确保经济实现可持续增长，促进人类发展，消除贫困。推动创新的政策为促进未来增长、提高生产率和创造创业、就业机会奠定基础。创新的成功需要综合施策，使得创新生态系统中的各个因素相互促进。科技创新政策必须和教育政策、知识产权和贸易政策、宏观经济政策和产业政策以及产能的提高——特别是和绿色技术的发展实现战略挂钩。

我们正加速接近地球负荷边界和临界点，而且在某些情况下，我们已经跨越了这些边界和临界点。加强科学知识——包括地理空间数据和与地球系统运作相关的知识，已显著加深了我们对人类活动如何影响主要地球系统的认识。这些知识可以带来技术解决方案、管理模式和应对政策，这些方案和政策可以缓解资源滥用和环境恶化对经济增长的影响。自然资源必须以环境和经济上可持续且文化上适当的方式来予以管理。

在全球范围内，对知识体系（包括研发）的投资在不断增加，但公共研发和国民经济发展之间的联系仍有待加强。人们越来越重视知识、创新和增长三者之间的联系（尤其是在中国等中等收入国家），对科技创新政策框架的关注不断提高。在这种趋势的影响下，国家日益朝着加强创新的方向发展，其表现为推动产学合作以及提供诱人的研究资助。

然而，企业缺乏吸收能力，专注于模仿创新和收购外国技术，导致国家创新体系碎片化。中国和广东需要在许多学科上努力达到世界标准，培育新兴产业，建立生产设施，创造贸易和银行领域的数字机遇。中国和广东若想担任起主导作用，前提是培养学生和研究人员的"学习"能力，"学习"能力不仅仅是复制或模仿。此外，中国和广东尚未对国家科技创新的框架和政策进行系统性的周期思考和长远规划。

科学的能力建设是关键。科学的能力建设包括机构能力建设——建立专门的科学中心和组织，以及人力资源能力建设——包括促进女性参与科学教育和职业。我们应通过将可持续发展全面融入各级教育的自然科学和社会科学课程来加强科学教育，从而实现向可持续和包容性的发展道路转型。中高等教育阶段的科学教育最重要也最有效。建立起雄厚的科学基础设施也至关重要，因为科学基础设施对产业和生产都有重要的溢出效应。由私营公司或产学合作的形式建立跨学科科研院（关注生物、冶金、化工、水文、能源或气候科学等特定领域），将有助于建立起一批国家级创新科研中心，贯彻中央政府的科技创新政策和第十三个五年计划。这些科研机构应与其他国内乃至地区、国际相关机构建立联系网络，进行新型的经济和科研互动。建立科研院的同时，还可以建立智库和新的政策平台。

产学合作的壁垒包括：企业和大学之间缺乏沟通渠道，组织文化千差万别，研究成果的市场潜力不明，以及大学科研及其产业化的成本过高。

为此，国家和省级政府可以创造条件，引导科研投资，鼓励政府补贴，建立有效的技术转让体系，建立专门的培训学校，成立"科学特区"，这些措施将不仅吸引投资和应用科学，还会吸引来自世界各地——包括金砖国家和一带一路有关国家——的优秀科学家和专家。只有在国家、区域和国际层面建立统一且有利的法律、政策、经济和体制框架，才能充分利用科技创新、知识共享和能力建设来消除贫困和促进可持续发展。这将有利于充分挖掘国家科学和技术知识的潜力，促进可持续"绿色"产业的发展，培养创新能力，促进经济的可持续增长，实现充分且高效的就业。

科学和政策的结合可实现科学及其他相关知识的管理和利用，帮助利益攸关方制定和实施应对全球性挑战的解决方案。通过沟通、转化、协调和协同创造科学和其他相关知识，科学家和政策制定者之间这种系统性的互动将给资助科学的决策提供建议，为制定研究议程提供信息，并协助管理科学实践的开展。

得益于信息和通信技术的快速发展，知识创造、处理、扩散和应用的方式已经革新，产生了具有活力的网络和跨境合作分工。研究和高等教育的国际化提高了专业技术人员、科学家和学者的流动性，并成为知识共享和技术转移的重要机制。但即便如此，中等收入国家因为缺乏高技能的劳动力，且对科技创新的投资有限，无法匹敌发达经济体的高级技能和高创新产品；中等和低收入国家的大量贫困人口因为缺乏基本技能，无法利用潜在的经济机遇和技术。

需进一步促进知识的自由获取和信息的自由流动，借此最大限度地发挥科学家的潜力，以此缩小社会间的知识差距，促进经济增长，增强社会凝聚力，提高治理能力。信息通信技术——包括开放式解决方案——能够促进成果和数据在科学家间免费或低价的分享，利用多学科合作，将创新理念付诸实践，并支持创新和技术的传播与转让，这些作用能显著促进科学在许多领域的发展。需为全球多方利益相关者设计新型的伙伴关系，突出科学家和学者在实现2015年后发展议程、促进创新发展、造福全世界中的关键作用。

专利信息和专利分析工具的开发和分享提供了大量支持研发和创新的技术信息。实现共同创造和交流的工具——包括源于免费开源软件模式的数字化平台——可以增强竞争、提供获取便捷和创造出多种选择。政府需要制定针对大众且价格合理的宽带和信息通信技术服务政策，加强男性和女性的赋权，借此打开创意和奇思妙想的宝库。移动技术——尤其是在广泛应用的情况下——可以通过改善服务的供应和支持社会行动等方式创造新的创新渠道。提出信息通信技术解决方案的同时，还应改革管理办法，增强制度的接纳能力。若要从大数据中充分受益，与私营部门合作也很关键

在当前"互联网+"时代，广东省应率先加强和组织跨学科合作，在国际上有效地汇编、分析和协调大数据在科学重点领域的运用，并改进知识的管理。这可以催生新产业——这些产业既可以独立存在，也可作为在全国或区域层面支持现有传统产业和制造业的辅助产业。

（四）文化

2014年10月15日，习近平主席在讲话中谈道："实现中华民族伟大复兴的中国梦，文艺的作用不可替代。"诚然，文化是人类可持续发展不可或缺的组成部分，文化是个体和集体身份认同、创新和创意的源头，也是实现和解、增强社会凝聚力并最终实现和平的工具。文化贯穿于人生的各个阶段。我们生活在文化中，与文化朝夕相伴。文化塑造了我们的思想和行为，决定了我们的饮食，我们

的服饰也反映了我们的文化。文化也决定了我们对音乐和艺术的偏好，我们的居住环境也体现了文化的许多层面。我们的教育、价值观和文化决定了我们的消费模式。文化特点和观念在我们身边创造了各种艺术表现形式。

变化是城市条件和情况的内在特性。我们应重新塑造城市，让城市成为具有吸引力并且生产效率高的地方，让人们在城市中不仅能安居乐业，还可以享受休闲、文化和娱乐活动。面对气候变化的严峻影响，设计出宜居、引人、包容且公平的智能创新城市极具挑战，而引领生态城市潮流，满足绿色经济要求为实现这一目标赋予了全新意义。在此背景下，我们当前还要关注其他元素，如生态责任、生态文明、创新和创造力。

只有通过创新、教育和知识，才能创造新的绿色工作岗位，才能发明新的技术，这些新技术将对解决绿色经济相关的现实问题起到关键作用。科学知识领导力是创造21世纪低碳"绿色"经济的关键。当前，随着社会走向绿色环保，尊重文化多样性的发展模式面临发展良机。文化是促进生态多样性的关键。

多样性是实现"我们憧憬的未来"的主要动力，而运用新媒体、信息通讯技术和"互联网+"等创新技术正在不断地增强多样性。"互联网+"和其他技术的变革力量极具前景，广东省应加强对这些工具的使用和投入。

在我们现在生活的世界里，城市化与日益增多的环境问题形影不离，相互交织。在这个迅速城市化的世界，保护环境和文化遗产的政策往往不够。受制于城市环境恶化，城市中不断增长和迁移的居民无法建立起拥有足量和体面住房的社区。在世界范围内，重点大城市的旧城区都面临困境，城区中的中产阶级和经济活动要么选择逃离，要么拆除和重建旧建筑，破坏老城区的结构。全球平均温度的继续上升将带来更多新的挑战，包括确保公共卫生、食品供应，实现无碳公共交通，应对水资源短缺，实现可再生能源的利用以及住房等问题。

如今，城市规划师、建筑师、设计师、交通规划专家、工程师和教育工作者不仅仅要设计城镇，建设住房，指挥交通；他们还需引导和支持人们的生活方式和消费方式向积极方向转变，减少碳足迹。这意味着可能出现新型的居住、生活、学习、工作、回收、流动、生产和贸易的方式。生活方式在变化的同时仍需与文化传统、习俗和做法保持一致，最终满足可持续发展的迫切需要，并支撑可持续的生活和工作模式。

文化是人类和可持续发展的重要组成部分，是个人和集体身份认同、创新和创造力的源头。文化是经济繁荣发展的动力，同时也是促进和解、增强社会凝聚力及最终实现和平的工具。

全球贸易、电子商务和互联交流带来了不同文化、民族、种族、社区和世界观之间的互动与融合，我们应该欢迎和接受这些互动与融合。

艺术是文化中极具表现力和感染力的部分。艺术反映、保护并丰富人类的现实生活和文化遗产。艺术是最常见的无声表达和沟通形式。在不同的国家、文化和宗教里，艺术都可以抚慰和振奋人心。地球上的每一个城市和社会都应保障公民接触艺术的机会。同样，每一个城市和社会应该竭力确保艺术能在建立更公正、更宽容的社会过程中发挥关键作用，以便所有人都能生活在一个安宁祥和、精神富足的环境里。

通过将艺术纳入城市发展政策，并建立适当的全球合作机制，艺术将在塑造城市的未来上发挥积极的作用。

二、鼓励科技创业并建立人才库

汇丰控股有限公司集团常务总监王冬胜："互联网+"时代，拥有数字化技能的人才库，对政府和企业均至关重要。然而，在快速发展和竞争力激烈的科技产业，形成创业氛围对企业和政府同样至关重要。以下一些建议供领导们借鉴和参考：

（一）促进创业和创新文化

形成创业文化的一个重要组成部分是营造一个良好的环境，让每个人都觉得有权带头并无畏去创新和改变。

目前，来自中国的顶尖大学毕业生中，只有不到1%的大学生创办自己的企业。然而，像美国这样的国家，此比率高达20%以上。中国正在加大力度推广和鼓励创业精神，但它仍然有很长的路要走。

在中国，广东省在创业和创新精神方面表现极为突出。特别是以深圳为代表的城市，培育了大量的企业家。

我建议广东省政府通过分享和宣扬成功的创业故事，鼓励年轻人跟随企业家的脚步，走上创业之路。省政府应构建人才共享网络，让有志者聚集一堂，分享经验，并为他们提供教育和培训的机遇。这将有助于改变现有的文化和行为，为培养新一代的创新者和企业家打下坚实的基础。

此外，我建议省政府在科技公司的早期创业阶段协助他们阐明和发展他们的想法，建立商业框架，并帮助他们与潜在的合作伙伴，客户和相关的政府部门进行对接。

广东省应向全国和全球传达一个信息:如果你想建立在高科技产品、应用软件、计算机程序或其他任何高科技领域创业,那么广东便是你的首选之地。

(二) 提升高等教育水平

广东省的高等教育和培训系统仍有待进一步提高,而这将直接影响到创业的概率。

我建议,广东省政府应考虑对现有的教育体系进行升级,在大学内建立初创孵化器,以致力于开发新的技术和企业。

省级政府可以考虑鼓励本土的大学,与国内或国际上一流的高科技大学进行合作。或者允许海外的高校在广东省设立分校,共享师资教育和人才资源,并促进相互的交流。

(三) 吸引来自香港及世界各地的人才汇聚广东

香港拥有许多世界级的教育机构。在香港20所颁授学位的院校,其中三所在2014—2015年度夸夸雷利·西蒙兹公司的世界大学排名中位列前50名内。在2014—2015年度,在《泰晤士高等教育增刊》世界大学排名中,两所香港的大学位列前100名,此外三所香港的大学在历史短于50年的大学中位列前100名。

我建议广东省加强与香港在高等教育领域的合作。广东省拥有丰富的资源和商机,省政府应充分利用这一优势,大力鼓励和吸引香港的年轻人到广东创业。要实现这一目标,省政府应促使两地青少年间交流、实习、志愿服务和创业合作。

我也建议广东省政府简化和简便外国人申请签证和居留许可,从而吸引来自世界各地的优秀人才,落户广东。

例如,国际化人才为美国在全球创新能力建立和保持领先地位的根基。提起在美国所有专利中,大约有三分之一发明于移民者。而在硅谷,这个著名的高度发达的互联网行业大本营,2013年这里工作的近70%的软件开发人员,出生在美国以外的国家或地区。

广东省政府可以借鉴上海市实行的下述方法:

近期,上海启动了一系列移民政策,吸引来自全世界的人才共同建设上海科技创新中心。7月1日,上海市出台了针对外国人,特别是高科技人才新的签证政策。新的政策放宽了海外人才认定标准和永久居民条件,并引入相关监管措施简化和加快审批流程，而适用群包括具有熟练技能的外国人士。此外，新的政策还改变了目前人才认定靠政府推荐或者主管部门审批的现状，通过将收入、缴税、居留时间等要素进行综合形成人才认定市场化标准，真正实现让市场在评估和配置创新人才中发挥决定性作用。

三、培养国际化人才

（一）充实企业的人才培养计划

丸红株式会社会长朝田照男：企业竞争力的源泉归根结底是"人"，如何提高每个人的能力是企业实现可持续成长的关键所在。企业首先需要明确具体想要培养的人才目标，然后充实各种层次的培养计划，包括分级别研修、派遣研修生到国外进修等。

以丸红为例，我们所需的人才资质包括3个方面：①对全球化的适应能力。不仅包括语言能力，还包括去适应各种不同文化的灵活的思想和坚强的意志。②专业性。要求每一位员工在其所属的业界具有举足轻重的能力。③积极性和紧迫感。必须保持积极姿态时刻行动在竞争对手之前。

具体的培养方法是，把"推进人才战略"作为最重要的经营课题之一，由总经理亲自作为议长成立人才培养战略会议，强化"经验"、"薪酬待遇"、"研修"三位一体培养人才。具体就是把培养能适应经营环境变化和经营模式多样化、国际化的人才作为目标，让全体年轻员工尽早地到国外现场体验深造。

此外，培养领导型人才也是重要课题之一。在公司内严格选拔人才对象，实施有针对的实践性的研修，以期培养成强力的领导。人才多样化管理也很重要，不拘女性和外国人，录用具有各种个性、经验、能力的人才，目的是建立能够发挥"个性"强项的企业文化和价值观。

与国外进行人才交流也很重要，日本企业积极从海外的企业、大学等接受人才进行交流。比如，丸红每年接收来自"法国国家行政学院（ENA）"、土耳其的"萨班吉大学"的研修生，进行为期2～3周的研修培训。此外还应客户的要求，积极接纳来自企业的员工以及学生进行短期实习。关于中国，我们接收来自中华全国青年联合会和长春市青年联合会的短期考察团，加深与中国企业高级管理层的交流。我们希望能够和广东省之间也能进行这样的双向人才交流。

（二）加强对企业的援助

作为广东省政府，应该加强对企业培养人才的援助。比如，有必要补助和支援职业训练和各种研修，对培养国际型人才实施财政援助、税收优惠（R&D 减税等）、金融援助、改善教育制度等。此外，政府和民间一起开发和构建严谨的人事管理体系，防止技术人才外流也是重要的举措。

在日本有著名的"筑波研究学园城市"，可以以此为蓝本建设广东省自己的学园城市，培养研发人才，并规定毕业生必须在广东省服务一定时间。这方面还可以参考日本的地方自治体医科大学，学校为学生提供住宿，并提供贷款用于入学和学习经费，学生毕业后在当地指定的地方医疗机构工作一定时间就可以免去上述债务。

四、教育政策吸引和留住人才

西门子股份公司管理委员会成员博乐仁： 在迈向工业 4.0 和数字化的过程中，对于经过良好培训的技术人员有着巨大需求。广东拥有的技工教育人数占全国的五分之一。根据广东省政府《关于创建现代职业教育综合改革试点省的意见》，广东将在 2018 年建成有广东特色的世界级现代化职业教育体系。

西门子正在与广东省的 20 所职业教育学校、技工院校和培训中心进行合作。据不完全统计，已培养学生达 2000 多名，包括机电一体化、自动化、传感器和变频器技术以及工业通信等领域。

2015 年伊始，西门子开始与广东省人力资源和社会保障厅商谈战略合作。省人社厅肩负技工教育管理之责，积极携手德国双元制教育，打造现代化的职业教育试点项目。在未来，西门子愿意与广东省加深在职业教育领域的合作，以推动广东省智能制造产业的发展。

第二篇　高端会晤
——省领导对话洋顾问

2015年11月19日至20日，广东省委书记胡春华、省长朱小丹在广州分别会见了出席2015广东经济发展国际咨询会的20位顾问。

朱小丹代表省政府对各位顾问来粤出席会议表示欢迎，对顾问们为推动所在机构与广东合作所作出的贡献表示感谢。朱小丹指出，广东经过30多年的改革开放，当前已进入调整产业结构、促进转型升级的关键阶段，迫切需要围绕深入实施创新驱动发展核心战略、信息化先导战略和绿色低碳发展永续战略，进一步加强国际合作尤其是与各顾问所在机构的交流合作。省长经济顾问作为我省经济社会发展的高级智库，为本次会议提交了一批非常专业、出色的咨询报告，所提的意见建议很有启发意义，广东将积极采纳并转化为今后推动经济社会发展的具体规划与举措。

朱小丹希望以此次广东经济发展国际咨询会的召开为新起点，与各顾问机构建立更加紧密的合作机制，重点围绕创新创业、"一带一路"建设、开拓国际市场、科技研发、金融创新、"互联网+"行动、智慧城市、智能制造、智慧物流、跨境电子商务、清洁能源、节能环保、品牌建设、文化创意、创业培训、人才培养等领域，谋划一批新的合作项目，全方位提升合作的层次与水平，实现共赢发展。

顾问们完全赞同朱小丹省长的提议。大家就共同关心的议题展开广泛而深入的交流，达成了多项合作共识。顾问们表示，将积极参与广东改革创新各项工作，不断加大在粤投资发展力度，将更多资源、经验带到广东，为广东创新驱动发展、经济转型升级作出应有贡献。

第九章　胡春华会见国际咨询会全体顾问

时间：2015 年 11 月 19 日

地点：广州市东方宾馆

胡春华：广东经济发展国际咨询会从 1999 年开始，到现在 16 年了，这次是举办第十次会议。16 年以来，各位专家学者以自己宽广的视野、丰富的经验结合广东的实际形成了一批非常有质量的咨询报告，也提出了很多好的意见和建议，对于推动广东经济社会发展起到了非常好的促进作用。在此，我也对大家表示衷心的感谢！在接下来的两天时间里，各位专家还要跟我们的省长闭门会议，还要跟我们的三位副省长举行专题研讨，有关经济社会发展的情况省长到时候会跟大家做详细的介绍，所以在这里，我想先听听大家对我们的发展有什么新的建议和意见。

一、招才引智，实现经济转型升级

法国电力集团董事长兼首席执行官乐维（顾问团团长）：我非常荣幸能够参加今天的国际咨询会，特别是能够代表我们的顾问团，来跟您分享一些我们的想法。我们非常荣幸能够受邀来到这个咨询会，来担任顾问一职，然后跟朱小丹省长以及其他广东省的领导来分享我们的想法。我想我们愿意接受邀请来广东参加国际咨询会的重要原因，就是多年以来我们的顾问公司以及机构跟广东省开展了非常丰硕的合作。

正如您所说的，本次咨询会已经是第十次咨询会了。在过去的 16 年里，我们双方展示了加强合作以及共同促进我们双方共同发展的真诚的意愿以及决心。在过去的这段时间里，广东在经济发展、投资等领域都取得非常好的发展成就，这些成就的取得很大程度上取决于对于人力资源的重视。另外在研发领域也投入很多，取得了很大的发展。我们公司近些年来也在广东设立了一些培训机构，所以我们也非常赞赏广东最近在人力资源领域进行了大力投资和取得的发展成就，也非常钦佩广东在致力于创新领域发展的决心。与此同时，我们顾问所在的公司还有其他的组织跟广东开展的合作表示非常的满意，非常感谢广东省有关方面给予我们的支持。

现在全球化已经深入人心了，对于全球化这个概念践行和理解最深刻的莫过于广东了，我们都相信，通过在广东省的投资以及跟广东省在创新、在生产、在提高竞争力领域的合作，我们能够把我们的产品，把我们的服务从这儿销往世界各地，非常感谢！

ABB 集团执行委员会成员方秦：ABB 集团在过去的 15 年里，不断地扩大与广东省的合作和在广东省的投资，特别是在研发领域。我非常高兴有咨询会这样的平台和机会能够跟广东的各位分享我们的理念和想法，以更好地助力广东省经济社会的转型发展，特别是在智能领域。通过双方交换意见，来更好地实现我们的经济的转型升级。未来应该把商品的生产与信息技术、服务及更智能的设备结合起来。在接下来 2 天的时间里，我会跟各位分享一下 ABB 在这方面的实践。

我认为，在广东经济社会转型发展过程中，人才是最重要的因素。所以，我们也希望通过这样的交流和以后的合作，能够帮助广东省招才引智，来支持你们未来的转型和发展。这就更需要我们在全球范围内开展更紧密的合作，谢谢！

二、提高能效，实现绿色发展

BP 公司董事长思文凯：非常荣幸能够代表 BP 公司受邀来参加今年的广东咨询会。我从 2003 年就开始担任顾问一职，在这个过程中我亲眼见证了广东省多年来的发展成就，我非常钦佩。近些年来，我感受到了广东省一些发展思路的转变，从一开始对工厂生产、制造业的侧重到后来对创新的侧重，再到后来对发展高端服务业的侧重。我们利用国际咨询会这个非常好的平台，探讨了我们各个可能开展合作的领域，例如基础设施建设、知识产权保护、教育、人才培养等。BP 公司也从广东的发展中大为收益。

我认为对于未来来说，最大的发展挑战是怎样建造一个绿色的社会。对此我有三个方面的想法。第一个是提高能效。对于提高能效来说，当然建造一个非常好的制度框架很重要，但是，一些微观领域的想法也非常重要；第二就是应该在制定更合理的碳价方面以及在推广碳交易排放机制方面做出更大的努力；第三应该使用天然气以取代煤炭的使用，因为天然气是更高效更清洁的能源。现在广东省面临着一些在环境方面的制约，而要战胜这些困难，绿色的思路、绿色的资源、绿色的社会和经济就是我们提出的解决方案。

卡耐基梅隆大学校长苏雷什教授： 首先，我对第一次受邀参加咨询会作为顾问的身份表示感谢。我第一次来到中国是在 23 年之前，在这 23 年的时间里，我见证了中国社会领域发展发生的翻天覆地的变化，特别是你们在教育领域、在研发领域、在创新领域取得的发展成就。在这之前，我是以一个研究者、学者和科学家的身份，和中美两国的学生开展了广泛的接触和合作。在过去 20 多年的时间里，中国政府在教育、研发、人才开发领域进行了大量的投资，特别是在基础研发领域进行的这些投资，也使得我们今天的经济发展有了更健全的人才力量保障。其中一个很好的例子，就是我们看到，中国的科学家和中国的学者跟世界其他国家的专家朋友一起进行联合研发，然后他们在一些知名的刊物上发布这些研发成果。我们卡耐基梅隆大学跟广东省的中山大学开展了非常紧密的合作，我非常同意我们刚刚几位同事发表的意见，就是广东面对未来诸多的挑战，他的最主要的解决方案就是绿色科技、绿色能源技术和绿色发展。非常感谢！

三、互联网 + 教育，以创新提高竞争力

联合国教科文组织总干事特别顾问汉斯·道维勒： 我非常高兴能够代表联合国教科文组织来参加今天的国际咨询会活动，我也要非常感谢广东省以及在座的顾问机构，他们对于致力于推动教育领域的发展多年来做出的努力和贡献。

我们联合国教科文组织是一个致力于推动教育和文化发展的机构，我非常有兴趣借在广东的机会，看看你们是怎样把教育领域、研发领域的这些新的想法转化成生产力的。在高等教育领域，我们有必要通过大规模在线课堂的使用，通过互联网技术来优化教育资源。使得我们可以在网上来看最知名的学府，比如麻省理工学院的课程，来看他们课堂上教授什么内容，再把他们这些经验融合到本地高校教学课程的设置中，这样来提升我们本地的教学质量。这一点对于培养年轻学生的知识、技能以及拓宽他们的视野是非常有帮助的。

最后我想谈一下文化方面。文化可以说是软实力，他对于我们提升创造力、提高创新质量有很大的作用。在这个方面，培养一种科技创新文化是非常有必要的。对于各个国家以及政府来说，引进新技术与创造新技术具有同等重要的作用，我认为这对于我们未来提高创新领域的竞争力是大有裨益的。

我也非常同意刚才各位所言——我们要致力于打造一个绿色的经济、绿色的社会。现在我们联合国教科文组织也在致力于推广一种叫作"生态城市"的概念，所以说广东省应该打造成为"生态省"，中国应该成为"生态国家"。我们

联合国教科文组织以及联合国的其他机构也非常钦佩广东省在制定宏伟的发展目标方面所作出的努力，同时也对取得的发展成就表示非常赞赏。

胡春华：非常感谢刚才各位专家跟我们提了很多好的意见和建议。中国的经济正在进入一个新常态，广东的经济更是提前一步进入新常态。进入新常态后，表面上我们看到经济增速在下降，实际上隐藏在这个速度之后的，更是我们的结构要优化，增长的动力要转换。这意味着广东的经济进入到一个转型的时期，我们旧的发展模式，已经到了它的极限，而新的发展模式还没有建立起来，所以对于未来几年来讲，广东经济的转型是我们面临的一个非常坚决的任务。

在这样一个时期，召开第十次国际咨询会有非常特别的意义。我们希望各位专家、企业家，我们的专家、我们的学者对经济社会发展都有非常丰富的经验，能够给我们提供更多的经验、更多的建议。我们正在制定"十三五"规划，我相信大家的意见和建议，对于我们制定"十三五"规划，对于促进我们广东经济的发展都是非常有益的。与此同时，在座的绝大部分公司、学校以及机构都跟广东有很好的合作，我们非常希望，也非常愿意，继续跟我们的各家公司、各所学校以及机构加强合作，既能够促进我们广东的发展，各位也能够在广东找到发展的机会。

第十章　朱小丹会见省长经济顾问

一、调整能源结构、提升能源使用能效

朱小丹省长会见 BP 公司董事长思文凯先生

时间：2015 年 11 月 20 日
地点：广州市东方宾馆
中方参加人员：

　　　　朱小丹　　广东省委副书记、省长
　　　　李　锋　　广东省政府秘书长、办公厅主任
　　　　何宁卡　　广东省发展和改革委员会主任
　　　　傅　朗　　广东省外事办公室主任
　　　　吴育光　　广东省经济和信息化委副主任
　　　　陈越华　　广东省商务厅副厅长

外方参加人员：

　　　　思文凯　　BP 公司董事长
　　　　杨恒明　　BP 中国区总裁
　　　　钟　琦　　BP 中国区域事务总监、翻译
　　　　王洁明　　BP 碳减排交易亚洲区负责人

朱小丹：尊敬的思文凯董事长、尊敬的 BP 公司各位朋友，非常高兴今天又有机会面对面和董事长阁下进行交流，这个场合令我感到非常亲切。您是我们国际咨询会的元老，这么多年您始终以很高的热情支持国际咨询会，承担顾问的责任，我们非常感谢。

BP 已经是第十次担任广东的经济顾问机构，反映了我们和 BP 紧密而富有成效的合作。您担任爱立信董事长期间三次担任我们的顾问，担任 BP 公司董事长期间又继续担任我们的顾问，所以说您的贡献巨大。四年前我访问 BP 公司，今天我还记忆犹新。希望以这次咨询会为新的起点，我们和 BP 的合作将上一个新台阶。我在昨天咨询会工作报告中，已经向您汇报了上次会议期间顾问提出建

议的采纳情况和推进相关工作的情况。感谢您为这次咨询会精心准备的报告，以及您做的精彩演讲。

您在这次的咨询报告中对我们提出一系列特别切合广东发展实际的建议，针对广东进入新常态后的创新发展，您提出了重视创新发展的后续保障措施，建设更加开放的创新生态系统的建议，以及建立透明连续和包容的政策框架、推进能效创新和碳排放交易计划、创建产业委员会等操作性非常强的建议。我们将像历次的咨询会一样，高度重视，认真梳理，吸收到相关的规划和相关的政策措施中。相关的工作进展，我们将在下次咨询会争取向您交出一份满意的答卷。今天的见面机会非常宝贵，我们也希望利用这次机会和您交流与 BP 合作的想法。

（1）在珠海发展润滑油项目。BP 在珠海已经有很好的业务，珠海高栏港经济区是国家级石油化工基地，众多润滑油产业集聚在相对完善的产业链上，希望 BP 在珠海高栏港建设润滑油项目，借助 BP 的技术，提高石化产业园的竞争力并带动很多集聚在产业园的石化企业发展。

（2）全方位参与广东碳排放市场。希望 BP 能更直接地参与广东碳交易的业务，除了加强一、二级市场投资外，希望 BP 公司与广东相关企业深度合作，共同开发林业碳汇、可再生能源等核证自愿减排项目（CCER）。为推动低碳发展，我们也建立了广东低碳发展基金，希望 BP 能够支持并在该基金下探讨设立绿色低碳子基金。也希望利用 BP 自身优势和市场经验，帮助广东进一步完善碳排放管理和交易体系。在发展碳排放权现货交易的同时，广东正在争取国家支持，在广东建立碳排放期货交易所，在这方面双方也可以探讨进行合作。

（3）加强能源研究和人才培养合作。希望 BP 公司在广东建立能源研究机构，借助 BP 的经验和培训优势资源，在清洁能源、能源环境技术和能源发展战略等方面深化研究，加强人才培训，促进广东能源结构调整和提高能效。

（4）继续扩大对广东成品油和天然气的供应。尽管由于石油价格的问题，现在石化产业受到的冲击比较大，但广东是中国最大的能源消费大省，成品油和天然气市场巨大，这一点不会因为石油价格波动而改变。希望 BP 能够利用丰富、成熟的网络优势，扩大液化天然气领域合作，加大对广东成品油、天然气的供应与合作。无论是过去、今天还是未来，能源始终是双方具有战略意义的合作领域，能源始终是广东长远发展的重要支撑之一。

再次对你表示衷心的感谢，希望以这次的咨询会为起点，我们双方的合作能向前迈进，登上一个新的台阶。谢谢。

思文凯： 我已经很多次参加国际咨询会，这是一个非常好的平台，我也借此机会祝贺您昨天的咨询会取得圆满的成功。这种交流的方式很好,广东省政府公开、坦诚地讨论所有的问题,听取大家的意见并进行总结,会后采取相应的行动,下一次再向大家汇报所取得的成果,这是一个很好的交流机制。2005 年,我把广东国际咨询会的经验和模式介绍给瑞典斯德哥尔摩的市长,他们也建立了类似的机制。

在过去的 12 年中,我看到广东的发展从制造到创新,从服务业到绿色创新发展。世界正面临着绿色发展的挑战,大家都需要新的能源和能源解决方式来发展低碳经济,中国和广东的需求更为迫切。对广东来说发展绿色经济,既是挑战也是机遇。广东可以利用这个机会,成为引领世界发展的先进省份。大家都迫切地希望可再生能源和新能源能取代化石能源,但这不是一蹴而就的过程,需要很多步骤。我们认为有三个方面可以帮助广东实现低碳发展。一是提高能效。广东已经在这方面做了很多工作。二是给碳定价,就是广东正在试行的碳排放交易体系。三是从使用煤炭逐步转为使用天然气。从全球来看,煤炭在能源结构中占比为 50%,广东的这一比例为 70% 左右,我们还有很多工作要做。您刚才提到 BP 与广东的战略合作协议,非常高兴在您几年前访问伦敦期间开始了这项工作。接下来我对您刚才提到的合作建议做简单的回应,这些合作建议和我们的战略合作协议是非常契合的。

(1) 关于在珠海发展润滑油项目。如果有机会能在珠海发展润滑油项目,对我们非常重要。BP 在珠海的 PAT 工厂是我们投资非常大的项目,是世界上单体最大的 PAT 装置,有很好的能效,可以降低固废达到 95%,降低温室气体排放 75%,减少固废达到 65%。

(2) 关于碳排放方面的合作,BP 在碳排放交易方面有丰富的经验,也非常了解欧洲碳排放的成功经验和存在的问题,我们愿意分享这些经验并尽最大努力支持广东发展碳排放交易。

(3) 关于能源研发方面的合作。广东大概有 180 名研发人员从事可再生能源研发,这是一个令人印象深刻的数字。BP 和很多世界领先的大学和研究机构有很好的合作关系,包括哈佛和 MIT 等。我们非常重视建立研发机构的环境。坦诚地讲,在石油价格 45 美元的环境下,能源行业的公司面临着巨大的挑战,所以我们不得不在投资方面有严格的纪律性。清洁能源和可再生能源是个非常有激情的领域,如果我再回到二三十岁,我希望我能致力于这个领域并做一辈子。当然,液化天然气领域的合作也是非常重要的,从短期来讲,对广东和中国比较实际的是用天然气替代煤。这一点大家都很清楚,广东在这方面也做了很多的尝试和努力。

杨恒明： 非常感谢朱小丹省长。我今年 2 月份开始担任 BP 中国总裁的职务，上任之后的第一件事就是推动 BP 和广东的战略合作协议。在广东省政府的支持下，战略合作协议进展非常顺利。很多项目也推进的非常顺利，今天利用这个机会，向您汇报 BP 的一些具体业务的情况，希望能得到广东省政府更多的支持。

（1）润滑油方面。深圳润滑油项目是我们在中国最大的润滑油工厂，也是 BP 在中国最大的润滑油交易中转中心。由于前海自贸区规划的变更，该润滑油项目面临搬迁，希望前海润滑油项目搬迁得到广东省政府和深圳市政府的支持。同时我们正在和广汽集团商谈润滑油方面的合作，我们希望利用 BP 在润滑油方面新的技术，对广东的节能减排做出新的贡献。

（2）风能方面。我们也希望 BP 的风能技术为广东风电开发做出贡献。

（3）成品油供应方面。BP 与广东的战略合作协议其中一项内容是为广东提供清洁的燃油，为绿色广东提供支持。我们有一个清洁能源添加剂项目，已进行了三年，得到了广东省政府的大力支持，目前该项目已到了测试的阶段，正在江门进行测试。我们遇到的问题是，由于中国没有这方面的测量计量的标准，导致该项目不能继续往前推进，希望能得到有关政府和相关部门的支持。

（4）天然气方面。我们积极推进和广东在天然气方面的合作，大鹏天然气接收站是广东第一家接收站，目前运行良好。今年习近平主席访问英国期间，我们和华电签署了 20 年供气协议，我们也正在积极探讨在广东继续扩大合作的可能性。大鹏输气管线已安全运行了 9 年，但是还没有取得管道的安全证照，希望得到政府的支持，帮助解决这一问题。

（5）航空燃油方面。我们正在积极参与广东航空燃油市场，希望下一步能参与广东商用机场的建设，为航空燃油的商用化提供更多的服务。

思文凯： 我补充一下，燃油添加剂可以添加到燃油中，帮助提高能效，希望能够得到政策支持。

朱小丹： 非常感谢我们的老朋友刚才给我们积极务实的回应，也感谢杨总介绍了发展中需要解决的问题。接下来广东与 BP 的合作将在现有合作的基础上，谋求新的切入点，争取扩大我们的合作领域。杨总刚才提到希望解决的问题，我们会记录下来，相关部门做好对接和协调，尽快地帮助你们解决相关问题。今天秘书长和相关部门的负责人也来了，包括与深圳市政府的沟通，我们都会抓紧。

当前石油价格的下跌对石油领域的企业带来很大的压力，广东的几个大的石化项目也都受到影响，我们希望这仅仅是一个过程，能够尽快恢复正常。无论国际市场发生怎样的波动，都不会动摇广东和 BP 合作的关系。针对当前的压力和挑战，希望双方以务实的态度把合作的步子走得更稳一些，以积极进取的姿态，把条件成熟的项目尽快推进，政府将一如既往地支持。非常感谢我们的老朋友。

思文凯：油价最终会回升，低油价的情况对中国是非常有利的，我们非常愿意加强与广东的合作。

朱小丹：广东作为一个能源消费大省和能源匮乏省份，寻求能源领域的合作是我们最重视的。当然能源合作不仅仅是能源供给问题，还有能源结构调整和能效提升的问题等，这些都将是今后我们和 BP 合作的重点。绿色低碳不仅仅是可持续发展的基本保障，也将成为未来我们经济增长的支撑。希望与 BP 的合作一方面推动广东绿色发展，提高发展的质量和可持续能力；另一方面为我们转型之后的发展提供新的增长点。请您放心，杨总提到需要解决的问题，我们将像您的咨询报告一样，认真对待，以最高的效率，尽可能地找到双方都满意的解决方法，解决这些问题，推动相关项目。

二、以开放创新的姿态共建绿色地平线

朱小丹省长会见 IBM 公司全球高级副总裁汤姆·罗萨米利安先生

时间：2015 年 11 月 20 日

地点：广州市东方宾馆

中方参加人员：

    朱小丹 广东省委副书记、省长

    李 锋 广东省政府秘书长、办公厅主任

    何宁卡 广东省发展和改革委员会主任

    赖天生 广东省经济和信息化委员会主任

    傅 朗 广东省外事办公室主任

    蔡朝林 广州市副市长

    阙广长 广东省社会保险基金管理局局长

    卢一先 番禺区委书记

外方参加人员：

    汤姆·罗萨米利安 IBM 公司全球高级副总裁

    王 阳 IBM 高级副总裁、中国研发中心总经理

姜锡岫　　　IBM 大中华区科技合作部总裁
郭仁声　　　IBM 副总裁、大中华硬件系统部总经理
杨　旭　　　IBM 华南区总经理
胡晓专　　　IBM 中国实验室服务及解决方案总经理
姚英妮　　　IBM 政府事务华南区总监

朱小丹：尊敬的罗萨米利安先生，非常高兴我们有这个机会面对面进行交流，我非常期待这个机会。衷心感谢您接受我们的邀请担任我们的经济顾问，在非常繁忙工作中抽出时间参加我们的国际咨询会。IBM 已经是第四次作为省政府国际咨询顾问。我想这反映了 IBM 长期以来与广东非常紧密和长效和合作。IBM 进入中国最早是从广东开始的，是在 1993 年，20 多年前 IBM 就在广东建立了分公司。这 20 多年 IBM 在广东的发展非常成功，在信息化领域对广东给予了非常有力的支持，我们对广东与 IBM 合作的成果感到非常高兴。特别是近年 IBM 积极参加智慧广东的建设，与省政府签订了合作备忘录，而且与深圳、佛山等市深入开展合作。去年我到美国访问，因为加州和夏威夷是广东的友好州，我在加州访问时还访问了 IBM 的阿尔马登实验室，给我留下了非常深刻的印象。

您对这次国际咨询会给予了高度的重视，事前精心准备了一份非常专业、非常出色的咨询报告，昨天围绕这个报告您做了一个特别精彩的演讲。您讲了一个我们有强烈共鸣的观点，就是产业互联网是将来国家和广东产业升级的重点，同时，具体提出了希望加强 IBM 与广东加强在智能制造领域的合作，实施绿色地平线计划推动绿色经济发展。另外您还谈到了广东需要特别重视的问题就是传染病防控的工作，这些方面的合作都是我们非常期待的，也是广东有内在需求的。应该说广东正处在一个转型发展的关键时期，这个过程当中，创新是我们的核心战略，而信息化是我们的先导战略。IBM 是全球信息化领域实力最强、知名度最高的领军企业之一。在 20 多年期间与 IBM 结下的紧密关系，对广东未来信息化的推进是一个非常强有力的支撑。我们非常希望能以总裁阁下这次担任我们经济顾问作为一个新的起点，在与 IBM 的合作当中进一步推动广东信息化建设。借这个非常难得的机遇，我们的时间也有限，我想直接谈一下下来推动和 IBM 合作的一些期望。

第一，我们非常希望能够加强在智能制造方面的合作。因为您知道的原因，我们现在制造业转型升级是以智能化为主攻方向，这也是应付各类要素特别是劳动力成本上升的必须举措，也是我们实施国家制造业 2025 中广东的一个主攻方向。我们知道 IBM 数十年来深耕工业领域，在推动工业化和信息化融合中，掌

握很多先进的技术和成功的经验。我们非常希望 IBM 接下来把这个领域的合作作为新一轮合作的重点，我们将会积极向你们提供目前我们推进智能化的各种规划、解决方案和现有政策，争取与 IBM 更紧密的对接。

第二，我们非常希望加强与 IBM 在信息领域的合作。这主要是围绕互联网＋、云计算、大数据、物联网等，希望在这些前沿的领域，我们跟 IBM 能够形成更紧密的合作关系，尽快找到合作的切入点，形成具体的合作项目。我们也会主动向 IBM 提供我们在"互联网＋"、云计算、大数据等方面相关规划和方案。我想在这些对接的基础上能够找到可以直接合作的切入点，形成具体的合作项目。

第三，在昨天您的精彩演讲中提到的绿色地平线项目，是我非常感兴趣的。绿色低碳发展是我们转型发展过程当中最为重要的领域。IBM 在绿色发展方面也有很丰富的经验，我们希望借助 IBM 的经验、实力和技术，能够进一步推动我们绿色低碳各种重要项目的实施。这里包括企业的节能减排，污染防治、可再生能源和能源的高效利用，在这些领域，信息化和"互联网＋"都是大有可为。

第四，加强在传染病防控方面的合作。应该说由于我们所处的地理位置，以及我们热带的气候，广东会面临各种各样传染病的挑战。传染病的防控也离不开信息化的支撑。我们特别希望能够将 IBM 拥有的大数据技术应用于传染病的防控，希望 IBM 能够多给我们提供数据处理的模型，包括相关的高端的设备，同时给予信息化建立起传染病的预警的模型。我们希望能够借助一个完全信息化的预警平台和大数据的预警机制能够对传染病防控取得更多主动权，而不至于在疫情蔓延时才匆匆忙忙采取应对的措施。

罗萨米利安：谢谢省长，特别是谢谢省长邀请我担任您的顾问。首先我想祝贺您，在与全世界政要交流的过程中，我是第一次看到一名省长或州长拥有这样一个顾问圈子给您提供建议。我在 IBM 有 32 年的经验，经历了 IBM 的多次转型，很少见到像您这样一名省长能够高瞻远瞩看到转型的趋势，而且在转型的潮流中站在前位。我想把您刚才所说的四点综合成两点。第一点是把在中国制造变成与中国一起制造，跟中国携手。第二点就是绿色地平线和传染病预防预警作为一种大数据的合作。

智能制造和"互联网＋"是相辅相成的，其中最重要的是开放和创新。IBM 一直秉承着开放的生态系统，我们也邀请省长能够把广东变成一个开放的生态系统，加入到 IBM 全球生态系统中。在这样一个开放的生态系统中，我们希望政府，通过发改委等部门，能够对市场有一个引导作用，这样才能把中国技术做上去。

在第二点当中，结合您提到的绿色地平线和传染病防控方面，我想回应您刚才提到去访问阿尔马登研发中心。我在 12 年以前就是那边的主管，作为主管我也向那边的科学家们学习。阿尔马登研发中心是 IBM 全球 13 家研发中心之一，其中，在中国北京也有一家研发中心，是 1995 年成立的。我们刚才所讲的绿色地平线就是从中国研发中心发明创造出来的，我们非常愿意提供在中国的研发能力，与广东一起，推动绿色地平线在广东落地。绿色地平线这个技术最重要的核心是数据模型，建立数据模型可以在大数据中作出洞察，并作出实时决策。虽然传染病的预防是不同的一个领域，但技能是一样的，也是在大数据上进行处理，建立数学模型。

所以我们非常乐意在这两个方面，特别是大数据方面进行合作。这就是我想跟您提出的一些请求，能够帮助我们来开拓这两方面的市场。

最后，我想提出一点，IBM 在中国有长期的投资，IBM 在中国的战略是与众不同的，IBM 以前是为中国制造，后来是在中国制造，现在是与中国联合创新，IBM 的这种战略决策与其他企业不一样，希望中国公司和政府能够意识到这一点，IBM 是真正来帮助中国打造 IT 产业，与中国携手共赢，希望在市场、采购时能把这些考虑进去。

朱小丹：非常感谢您，非常精辟地谈到了下来我们合作的重点。我感到很振奋，就是 IBM 和我们一起，推动与中国一起制造。我特别赞成您的观点，在接下来我们推动智能制造也好、"互联网+"也好，特别需要一个开放和创新的生态。我们也非常期待借助 IBM 开放的生态系统，推动我们和 IBM，以及省内的一些优秀企业与 IBM 之间紧密的合作。如果我们建立起一个更紧密的更有针对性的对接机制的话，我们 IBM 与中国一起制造很快就能够实现。我想我们会将我们关于大数据的发展规划直接向您的机构提供和介绍，我们希望将您关于大数据包括各类大数据模型的建立与我们规划进行对接，找到合作的切入点。大数据在我们这里仅仅是刚刚起步，而 IBM 是这类新技术的引领者。所以，我们非常希望将来在大数据领域建立一个非常紧密的关系。我们希望以一个开放的生态系统来对接 IBM 的开放的生态系统。

三、拓展贸易保险业务，助力自贸区发展

朱小丹省长会见 MS&AD 保险集团控股公司总裁兼首席执行官柄泽康喜先生

时间：2015 年 11 月 20 日

地点：广州市东方宾馆

中方参加人员：

  朱小丹 广东省委副书记、省长

  李　锋 广东省政府秘书长、办公厅主任

  何宁卡 广东省发展和改革委员会主任

  傅　朗 广东省外事办公室主任

  刘文通 广东省金融办主任

  房永斌 广东保监局局长

外方参加人员：

  柄泽康喜 MS&AD 保险集团控股公司总裁兼首席执行官

  熊谷 真树 三井住友海上火灾保险公司常务执行官兼东亚及印度区总裁

  伊藤 幸孝 三井住友海上火灾保险（中国）有限公司董事长兼总经理

  余晨辉 三井住友海上火灾保险公司驻中国总代表处总代表

  田村弘之 三井住友海上火灾保险（中国）有限公司广东分公司总经理

  赵　旸 三井住友海上火灾保险（中国）有限公司广东分公司行政管理部副经理

朱小丹：尊敬的柄泽康喜总裁、尊敬的 MS&AD 的各位朋友，非常高兴能够在国际咨询会议有机会和你们当面作交流。首先非常感谢您欣然接受我们的邀请，担任我们的经济顾问，而且在百忙之中专门抽出这么长的时间来参加我们这次国际咨询会。我相信，以您这次担任我们的经济顾问作为一个新的起点，我们和 MS&AD 之间的合作能够大大地向前推进。

实际上，MS&AD 已经是第四次担任我们省长经济顾问机构了，这个跟我们和贵公司之间紧密的合作是有非常密切的关系的。在上一次国际咨询会上，江头敏明先生作为我的顾问，也为我们提供了非常精彩的报告，给了我们很多很好的建议，他提出的关于发展人民币离岸业务、引进海外资金和放宽准入的限制等这些建议，实际上在过去两年当中，我们也都积极地予以采纳，付诸实施，推进我们人民币境外业务的发展。应该说，我们这次见面是站在我们和贵公司之间非常紧密而且富有成效的合作的基础上的。而且这也是作为一个新的起点，预示着我们可以在更多的方面来拓展我们的合作，深化我们的合作，也预示着我们之间的合作能取得更大的成效。昨天我非常认真地聆听了您的精彩演讲，您在当中提出了很多针对性很强也富有建设性的意见和建议，对我们接下来推进双方的合作有很大的启发意义。您提出建立民间的信用调查机构，构建信用保证制度，通过贷款型集资方式筹措资金，强化区域金融机构的功能，而且在我们广东自贸区，您还提出了在自贸区率先实施贸易保险这么具体的建议。这些建议都给了我们很多的启发，借着您提出的这些建议，我想谈谈我们今后进一步合作的一些想法。

考虑到 MS&AD 在广东业务的发展有一个非常好的局面，我们非常希望在合适的时候，贵公司能够在广东设立你们的区域总部。应该说这些年广东的保险业有一个非常好的增长，去年我们的增长幅度就达到了 23.1%，我想在这样一个快速增长的过程当中，贵公司在广东的业务应该说也面临着很好的发展机遇。如果真有这个条件，贵公司能够在广东设立一个集资产管理、运营、研发、会员服务、数据信息于一体的总部法人机构的话，我想对于你们业务在广东的拓展，对于支持我们广东保险业的发展都是一个双赢的好事。

第二点建议，就是非常希望贵公司能够加大对广东的保险资金的投资力度。现在我们国家也在积极促进保险资金投资，接下来也会设立国家级的专门的基金，而广东在引入这个保险资金的投资方面做了很多的工作，这方面应该说进展非常的快。我想贵公司如果能够以债权、股权投资等多种方式来参与我们广东的交通、能源、环保等基础设施的建设，这样不仅会拓宽这些重点项目的投融资领域，实际上也拓宽了贵公司的业务领域。

第三点建议就希望贵公司能拓宽在广东的保险业务的范围，我们希望你们能深耕广东的市场，能够在广东积极拓展类似财产保险、人寿保险等这些保险的业务。

最后一点建议也是回应您在咨询报告当中提到的一个非常好的想法，我们希望贵公司能够在我们广东自贸试验区开展短期出口信用保险业务。这个自贸区是我们最重要的一个对外开放的平台，我们希望在自贸区的建设当中加强和贵公司的合作，具体来探讨合作的方式和渠道，通过开展短期出口信用保险业务，进一步支持我们的外贸的发展。应该说我们之间的合作已经有了非常丰硕的成果，已经有了特别坚实的基础，同时我也看到我们之间的合作还有很大的潜力，还有很大的空间。我们希望在您的指导和支持下，我们能够把我们的合作潜力进一步激发出来，能够扩大我们合作的范围，能够提升我们合作的成效。非常感谢！

柄泽康喜：首先非常感谢朱省长，以及政府的各位领导，非常感谢你们邀请我作为省长经济顾问来参加本次咨询会议。在我看来这次会议办得非常有成效，非常成功。会议期间省长回答了许多来自咨询机构的问题，这给我的印象非常深刻，回答得非常好。对于全世界而言，中国的重要性或者说是广东省的重要性，我们是非常了解的、非常清楚的。因此我希望我们的提议能够为广东省的发展献出我们的绵薄之力。

我们的广东分公司自 2008 年 10 月开业以来，发展非常顺利，这个离不开各位领导的指点，非常感谢大家。接下来对于您提出的四点，我们会一个一个来回复您。

首先是关于在广东设立区域总部的这一点，我们目前是在广州和深圳设有两个营业机构，以此为中心开展我们的业务。现在在 MS&AD 集团内部设有两个法人机构，对于您刚才提到的设置区域法人机构的可行性，我们会在内部进行一些探讨。

关于第二点投资方面的回复，对于保险公司来说，我们是比较注重资金的安全性和流动性。我们会预留充分的准备金用于支付赔款，所以能够用于投资的比例是非常受限的。另一方面我们也希望为中国的发展，为广东的发展做出我们的贡献，所以我们会探讨一下在债券方面投资的可行性。关于股权投资，之前我们有通过中投会的一个风险投资的基金（在中国进行投资），这个项目是十多年前的，当时我专门负责这个项目，取得了一个比较好的成果，所以我们会进一步探讨通过这种方式进行投资。

现在进行第三点，关于保险机构的发展，我们认为保险公司会作为社会经济发展的一个支撑，比如我们今年获得了交强险的销售资格，那么我们可以为客户提供一个一站式的车险服务，从这个角度来说的话，我们要先要发展我们自己的保险业务。第二个方面，我们可以提供保险的一些技术，详细来说就是一个防灾防损的技术提供，对于风险管控方面，我们已有一个比较成熟的经验可供参考。随着社会的发展，在医疗方面的风险和在巨灾方面的风险加大，我们希望能够提供我们的技术，推动广东省在这方面的完善。

第四是关于在自贸区开展贸易保险方面，贸易保险因为它存在一个比较大的风险，所以它离不开广东省政府、中国政府的参与和支持，我们认为这要在省内有相应职能的划分。现在日本在售的贸易保险有 11 种，我们昨天的报告中就有提到其中一种，就是关于中小企业的出口运输保险。昨天提到的这个面向中小企业的险种是在 2005 年开始销售的，我们对于日本的险种的介绍也可以先提供给广东省。我们认为保险意识和保险的普及是非常重要的，在普及过程中离不开省里的支持，如果在这个险种普及过程中，需要我们提供一些协助的话，我们非常愿意贡献我们的力量。

朱小丹：非常感谢刚才您所提到的，关于我们下一步四个方面合作的非常好的想法。我想您刚才的这些回复，很好地体现了贵公司务实稳健的经营理念。我们也非常希望基于这样一种理念来发展我们之间的合作。已经拓展的这些业务，我们会像以往一样给予支持，接下来我们希望探索的一些新的合作项目，我们会更密切与你们对接。另外需要政府支持的方面，我们可以直接面对面地磋商，达成一致的共识之后，会由政府采取措施给予推动。

我对我们之间的合作有两个基本的期望：一个是希望这种合作是互利共赢的；一个是这种合作是面向长远的、可持续的。所以我特别赞成，我们应该脚踏实地，从实际出发，一步一个脚印地推动我们之间的合作。在您谈到的所有这些想法当中，我有一点是特别关注的，就是我们怎么样帮助更多的中小企业解决这个融资难、出口成本高的问题。这两年，我们有一种综合性的供应链服务型的企业开始很快地发展起来，他们主要是面向广大的从事出口产品生产的中小企业。如果保险业务也能纳入供应链服务当中去，我想这对广大的出口型中小企业是一个福音。今天我们省金融办的刘文通主任也来了，我想请我们这个机构能够与贵公司，您指定的具体的负责人，能够有一个直接的对接，我们来探索接下来贸易保险方面的发展，特别是面向中小企业、服务中小企业的这个贸易保险业。

柄泽康喜：正如省长您刚才提到的两个期望，即互利共赢关系以及面向未来的长远可持续发展的，我们也是有同感的，我们希望今后能够继续为广东省的发展做出贡献。

四、深化通关转关模式创新、推广绿色物流模式

朱小丹省长会见 UPS 公司国际总裁吉姆·巴伯尔先生
时间：2015 年 11 月 18 日
地点：广州市东方宾馆
中方参加人员：

   朱小丹 广东省委副书记、省长
   李　锋 广东省政府秘书长、办公厅主任
   何宁卡 广东省发展和改革委员会主任
   曾兆庚 广东省交通运输厅厅长
   郭元强 广东省商务厅厅长
   傅　朗 广东省外事办公室主任

江明发　　广东省邮政管理局局长

外方参加人员：

吉姆·巴伯尔　　UPS 国际总裁

莱斯莉·格里芬　　UPS 国际公共政策高级副总裁

邝国龙　　UPS 中国区快递和航空运营副总裁

熊　建　　UPS 中国区公共事务部副总裁

吴　颖　　UPS 华南区公共事务经理

朱小丹：尊敬的巴伯尔总裁、尊敬的各位 UPS 的朋友，今天非常高兴，时隔两年之后我们再一次在这里和总裁阁下当面交流。两年前您就以省长经济顾问的身份参加了国际咨询会，今年您又在百忙当中，和您的同事们一起访问广东，再次参加咨询会，同时提出很多建设性的意见和建议，我们感到特别高兴。UPS 是广东非常好的战略合作伙伴，也是今年第四次担任国际咨询会顾问机构，我想通过会面，未来广东与 UPS 的合作将大大向前推进。上一次咨询会，您为我们提供了很好的咨询报告，提出了深化口岸通关模式改革创新以提高通关效率的重要建议。这 2 年我们认真吸纳和实施您的建议，我们与海关总署和口岸上的各联检单位一起合力推动通关便利化，应该说现在国际贸易单一窗口服务已逐步成为现实。同时，我们加大投资力度全力推动电子口岸建设，有效促进通关便利化。

这些年 UPS 与广东的合作有了很大发展，有力支撑了广东现代物流业发展。现在，正是我们大力发展现代物流业的重要阶段，面临非常好的战略机遇。在这个方面，您为这次会议提供的咨询报告，给了我们很多新的建议，使我们深受启发。您在这份咨询报告中分享了 UPS 在发展智慧物流、多式联运和绿色物流方面的成功的经验，而且提出了创造开放的政策空间、优化多式联运体系、深化通关转关模式创新、推广绿色物流模式等非常积极的建议。UPS 进入广东已经很长一段时间了，相信总裁阁下也非常清楚，现在我们处在一个非常关键的转型期。我们经济的转型升级涉及多个领域，不仅仅生产环节的企业需要转型，流通的模式、产业、企业也都需要转型。所以，我们把现代物流业发展作为生产性服务业、现代服务业发展的重要的领域。应该说，在流通领域无论是新的业态还是新的商业模式都具有重大的变革意义，会大大改善目前流通低效率的状况，能够使经济形成更高的质量和效益。物流业的转型，我们将致力于促进物流业的信息化、智能化和精准化。因此，我们需要借鉴 UPS 这样大型跨国公司的成功经验，并通过合作，加快我们物流业信息化、智能化和精准化进程。在积极采纳您提出的建设性的意见建议同时，我们将积极推动 UPS 在广东的合作。借助今天我们面对面交流的非常短暂而宝贵的时间,我想就今后合作谈一谈我个人的想法。

首先,希望全面加强合作,共同打造国际物流中心。希望 UPS 公司立足广东大市场,在广东设立国际运营总部中心,与南沙自贸区合作建设电子商务中心,加快 UPS 亚太转运中心发展。这样,使广东在未来面对一带一路建设,这个新的历史性任务,能够形成国际物流中心和全球供应链管理中心的功能。

其次,希望加强在跨境电子商务领域的合作。电子商务作为新的业态,目前在中国发展可以用迅猛来形容,而跨境电子商务也会成为我们对外贸易的一个新的业态以及主要渠道。希望 UPS 公司发挥国际物流方面的独特优势,加强跨境电子商务领域的合作,共同推进跨境电子商务交易、货物流转、通关、仓储、配送等多个环节的融合发展。

再次,希望合作共同开拓国际物流市场。希望 UPS 通过参股控股、兼并重组、建立各方面协作联盟等多种方式,加强与广东在大型物流平台方面的建设。尤其是面对 21 世纪海上丝绸之路,希望通过合作尽快建设完善物流市场,提升广东物流企业走出去的能力。

最后,希望依靠 UPS 的独特优势,加强在物流专业人才培育方面的合作。未来,无论是供应链管理、电子商务以及现代物流新业态发展,都需要专业人才的支撑。希望借助你们的实力和经验,加强在人才培养培训方面的合作,尽快形成一支能够支撑未来发展的优秀人才队伍。

下面,我很想听听总裁阁下对下一步加强合作的意向、想法和高见。

吉姆·巴伯尔: 尊敬的朱省长,非常高兴有机会和您和您的同事见面。我在世界各地向政治领袖和商业领袖宣传和介绍广东经济发展国际咨询会。在我看来,国际咨询会这种形式是世界上独一无二的机制,它是一个论坛,能够让政治领袖和商业领袖一起畅谈合作。朱省长刚才提到 4 点合作建议,让我非常振奋。我想说英雄所见略同,UPS 公司将从这几个方面考虑加强未来与广东省合作,我们团队将努力工作致力于加强与广东合作,并相信这将会使我们双方获益良多。

首先我想花一点时间,报告上次咨询会以来 UPS 在广东业务的最新进展。现在中国发展开始着眼于西部,并更多转向二、三线城市,UPS 业务发展将伴随中国政府新的发展举措。过去 2 年,UPS 的业务新拓展到 21 个二、三线城市,其中有 2 个在广东。所以说今天 UPS 的面貌和 2 年前大不相同,而且未来将在中国发展得更好。朱省长在刚才的讲话中几次提到跨境这个词,跨境可以是 UPS 与广东开展下一步合作的亮点,也是我们最大的优势。而且我们认为有责任让世界更多了解中国的中小企业,让他们能够走出去。在这个方面,UPS 希望能够给广东的中小企业更多的支持。2014 年,我们在中国针对中小企业开展了大规模调研,其中很多是广东的中小企业,了解中小企业在发展过程中的看法、目标、愿景和问题。该调研是企业整备度指数调研,通过调研 1000 个企业发现,在没有外力支持和帮助下,企业愿景只能实现 50%。我们发现,企业提出关于限制发展的障碍都是可以通过 UPS 与广东的合作予以解决的。近 2 年,我们多次考察走访南沙和前海自由贸易区,特别是从电商角度以及您刚才提到的重点领域的方向进行考察。我们将加强在南沙和前海的工作,并考虑您刚才提到的 4 点建议,在未来拓展这方面的工作。您刚才提到人才发展的重要性,UPS 可以在这个方面帮助广东物流专业人才的培养。过去 2 年,我们为大学生提供奖学金,并通过与高校合作培养下一代的物流人才。深圳亚太转运中心是 UPS 在中国业务网络的亮点,感谢朱省长一直以来的支持,希望未来继续给予支持,能够更好地联通深圳、香港和台北,实现跨境转运。您刚才提到的电商、物流中心、海关等方面的合作举措和建议,我将会在闭门会报告上一一回应。

朱小丹:这将会给我们一个惊喜。

吉姆·巴伯尔:您会发现这将是一个惊喜,您会喜欢新增加的内容。因为我发现在世界上有一个国家在物流发展方面可以为广东提供参照,这个国家就是荷兰。我将比较广东在物流发展方面的愿景和荷兰已经取得的成绩,以此为广东提供借鉴和参考。同时,建议有机会由 UPS 组织,请广东派出一个代表团,考察体会荷兰物流发展会给广东带来哪些好的经验。

朱小丹:非常感谢您刚才所谈又为我们带来新的启迪。您讲到未来我们合作的几个重要亮点,我完全认同您的判断,希望在这几个重点领域加大和 UPS 的合作力度,包括跨境业务拓展、更好地为中小企业提供物流服务以及借鉴荷兰的经验,使我们在物流体系改革创新中形成全新格局。相信在您和 UPS 的支持下,广东现代物流发展将进入全新阶段。我会非常珍惜这次咨询会当面交流的每一个机会,希望更多吸纳您的高见,更多得到您的启示。

五、围绕中国制造 2025,大力发展智能制造

朱小丹省长会见美国艾默生电气公司总裁孟瑟先生

时间:2015 年 11 月 18 日

地点:广州市东方宾馆

中方参加人员:

朱小丹	广东省委副书记、省长
李　锋	广东省政府秘书长、办公厅主任
何宁卡	广东省发展和改革委员会主任
郭元强	广东省商务厅厅长
傅　朗	广东省外事办公室主任
李向明	广东省经济和信息化委员会副主任

外方参加人员：

孟　瑟	美国艾默生电气公司总裁
劳动伟	艾默生电气（中国）投资有限公司政府关系总监
郑春妹	艾默生电气（中国）投资有限公司高级政府关系经理
刘蔚霖	美国艾默生电气公司亚太总部企业传播协调员

朱小丹：尊敬的孟瑟总裁，您是我们的老朋友了，这次您又担任我们的经济顾问，出席国际咨询会，又给我们带来许多富有启发意义的意见建议，我们非常感谢您。艾默生公司已经是第六次担任广东省的国际经济顾问机构。孟瑟总裁长期以来致力于推动贵公司与广东的合作，从2007年以来您已经连续5次参加我们的国际咨询会，可以说您是我们国际咨询会的元老。您实际见证了我们国际咨询会的发展过程，致力于国际咨询会作用的发挥，也推动了国际咨询会的进步。您在上次国际咨询会上提出了很多非常具体、具有建设性的意见，给了我们很多启发。您提出了5项具体建议，包括提升数据中心用能效率以推动信息产业节能降耗，推广食物垃圾的处理器技术，优化能源开发和管理模式，发展冷链物流基础设施并提升物流服务和管理水平，这5项建议对广东相关领域的创新发展具有很强的指导意义。这些建议我们在具体节能减排、发展现代物流等工作中积极采纳。所以我对这些领域取得的新的发展，得益于艾默生公司和总裁先生的帮助表示感谢。艾默生公司与广东的合作是长期的、富有成效的。广东省也是艾默生公司在华投资最早、投资额最高、拥有员工最多的省份。艾默生在深圳、珠海、江门等地设立了多个生产基地和研发中心，特别是珠海的艾默生热敏碟项目投产之后，今年的产值预计可达5亿元，应该说艾默生对广东的发展做出了积极的贡献。

这次您又为国际咨询会准备了一份非常精彩的咨询报告，这份咨询报告可以说为广东目前转型发展中最关注的问题提供了具体的指导。您结合艾默生在广东投资运营的实际情况，分析了广东在适应经济新常态面临的突出问题，明确提出广东要以科技创新为重心，围绕中国制造2025，大力发展智能制造。应该说您咨询报告提出的以制造业为主题的建议，与我们接下来推动制造业转型发展的总体思路是完全吻合的。前不久我们刚刚制定了实行中国制造 2025 的行动方案，确定的主攻方向就是将广东制造推向智能化的阶段，要把智能制造作为我们制造业转型升级的中心任务。广东有 20 多年的时间稳居全国经济总量的第一位，广东的经济总量占全国经济总量的九分之一。去年我们的总量已经超过 1 万亿美元，今年 10 月份还有 7.9% 的增长，支持我们较大经济总量和相对较高增长速度的就是我们的制造业。但是我们的制造业现在也面临很多挑战，首先是我们的制造业还处于全球产业价值链的中低端，自主创新能力比较弱，信息化和智能化的水平比较低，已经面临多方面的挑战和制约，包括资源和环境制约，更重要的是劳动力成本上升的制约。所以我们考虑更多的是如何提升制造业全要素生产力，能够推动信息化和工业化更紧密融合，能够通过智能化发展方向能提升制造业的可持续发展的能力和国际竞争力。我们希望在推动广东智能制造过程中，能够充分借鉴艾默生的经验，通过与艾默生公司更紧密的合作能够获得一种推动的力量。我非常希望能够围绕智能制造加强我们的合作。首先，艾默生公司作为美国智能制造领导联盟的重要成员之一，能够为我们介绍先进的经验，能够与我们在智能制造方面对接新的合作立足点和新的项目。其次，我们希望能够与艾默生公司加强在智能制造核心技术方面的合作。现在我们珠三角的企业，特别是制造业企业，陆续进入机器换人的阶段。我们特别希望在智能制造工业机器人方面加强核心技术合作。我们也希望艾默生公司能整合你们所拥有的创新资源，与我们有实力的企业相结合，加强重大核心关键技术的攻关力度。同时，我们也会在这个过程中，给予艾默生公司比较彻底的国民待遇。再次，我们希望能够加强在可再生能源开发和管理方面的合作。在广东当前转型发展中，能源结构的调整是我们非常迫切的一个课题。应该说广东是我国能源消耗最大的省份，同时也是能源最为匮乏的省份，无论从绿色低碳发展的需要出发，还是从我们制造业走绿色低碳发展路子来看，我们都希望加大能源结构调整力度，能更充分发展绿色能源。这包括了太阳能，也包括了风能，在这方面我们已经做了比较完整的规划，我们希望接下来在能源结构调整，尤其是可再生能源建设和发展上，能得到艾默生公司的支持，能够发展同艾默生在这一领域的合作。最后一点，我们希望艾默生公司能够继续发展好在广东已有业务，同时，在此基础上加大在广东的投资。我们非常希望艾默生在深圳、珠海、江门和中山的生产基地得到更顺利的发展，同时在此基础上，我们也构建了很多制造业高端发展的新的平台、新的园区，希望在新的平台上建立与艾默生具体合作关系，能够形成更多面向制造业高端发展的合作项目。

现在广东三次产业结构已经发生了变化，服务业的比重已经超过制造业，但是我们始终认为制造业是广东未来长远发展最深厚的基础，制造业的转型升级、智能制造的发展始终是支撑我们实体经济，支撑我们未来发展的支柱。正是因为有这么一个大前提，我们与艾默生公司之间的可持续的、面向长远的合作是具有非常广阔前景的。我也想借这个难得的机会，听一听您对我们的建议，听一听您的高见，谢谢。

孟瑟： 首先非常感谢朱小丹省长的致辞。对于广东和艾默生来说，我们首要的目标都是一致的。还要感谢广东省政府再次邀请我参加会议，我非常高兴能参加国际咨询会，因为我总是能够学到很多东西。过去 30 年间，艾默生在广东进行了重大投资，建立了非常坚实的业务基础，我们在广东共有 7 家生产设施。正如您刚才提到的，我们的热敏碟项目从宝安搬到珠海，它的生产效率提高了 3 倍，这是基于我们的投资也是基于我们自动化的改造。所以，我们从中学到了很多，同时我们也鼓励做更多这样的投资。而且在上次的会面中，我们也提到在深圳建立研发中心，目前这个中心已经建成并投入运营，现在共拥有 1000 多名研发工程师致力于开发电信和互联网上的产品，我们对这个中心感到非常自豪，也希望省长有机会能去看一看那里的高科技应用。除了我们在广东全资的 7 家工厂之外，我们还持有广东雅达 49% 的股份，这家公司在广东共有 4 个生产中心，而艾默生参与其中具有最先进生产技术的公司是在罗定。这家罗定的工厂拥有世界最先进的技术，最先进的自动化和质量，它们是作为苹果公司的供应商，这家工厂的自动化水平是令人震惊的，我可以从中学到很多东西，所以，我一直也是这家公司董事会成员，而且我也亲自参与到这家公司很多先进技术里面。所以，广东现在和将来都是我们艾默生制造生产和研发方面投资的首选目的地，广东也将作为我们服务中国其他市场和世界其他市场的一个中心。艾默生也将与广东省政府密切合作，进一步增强智能制造技术的开发，能在广东发展是非常令人兴奋的。而且广东为中国的经济发展做出了重大的贡献，也将在一带一路中发挥重要的作用，而且在亚太地区发挥重要的枢纽作用。广东正在提升的生产制造竞争力，也将体现在中国制造 2025 中。艾默生也会继续在广东进行投资，也会进一步作技术项目，我们也相信广东省将给予艾默生公司国民待遇，我们也将在智能制造研发方面进行进一步合作。而且艾默生公司也会利用其先进的技术，加强与政府和科研机构在研发和人才培养方面的合作。我对刚才朱小丹省长在可再生能源方面的合作建议表示感谢，我们会继续开发技术来支持风能、太阳能，更重要的是核能。我们参与了一些火力发电厂的建设，但未来还是更多地开发燃气和其他技术。而在未来我们将会集中精力开发一些保障核电厂安全运营的产品，这也需要最为先进的生产技术。

广东目前面临着来自其他国家、其他城市的竞争压力，体现在劳动力成本和运营成本方面，而且在知识产权保护方面也有改进的空间，但我们相信广东能够将挑战转变成机遇，能够实现全面的智能制造，并鼓励科技创新。

我们上一次会面时，我带来一个垃圾处理器给您。目前，艾默生已经取得很好的进展，利用垃圾处理器对环境进行很好的改善。4月份我与广州市市长陈建华有一个会面，探讨垃圾分类处理方面的合作，而且现在我们在广州一家餐厅有一个试点，目前来看试点情况很不错。我们垃圾处理器已经通过深圳住建局的技术审查，未来有可能在新建楼宇强制推广。我们现在也在与珠海进行接洽，开展一些试点项目。提到艾默生对技术的贡献，食物垃圾处理也是其中之一。所以我们也希望未来与广东省政府，将食物垃圾的处理转换成可再生能源应用，这在美国已有成功例子。在朱小丹省长的帮助下，我们将会有进一步的进展。

再次感谢朱小丹省长对艾默生长期以来的业务支持，科技创新和自动化解决方案的支持，我们也会进一步扩大寻找广东的投资方向，扩大深圳、珠海、江门等市生产基地的投资。

朱小丹：非常感谢孟瑟总裁，您刚才所讲的我们都非常认同。我们相信在具有共识的方向上，合作着力点和切入点上，我们能够尽快找到合作的机会，共同谋划出双方具有共识的合作项目。您刚才讲到上次带来的食物垃圾处理器，您具有非常高的推广热情，我想接下来省政府和各市政府都将积极推动它的推广应用。

您是我们国际咨询会和省长顾问的元老，我们特别重视您所提的建议。您刚才关于艾默生将来在广东发展的构想，也给我们很大的鼓舞，我们会从各个方面全力支持和配合。我想我们之间的合作既能推动制造业的转型升级，也能使艾默生获得更大的市场，使艾默生在中国的事业有更大的发展，这一定是一个互利共赢的合作局面。

六、推广5G应用，加强数字技能培养

朱小丹省长会见爱立信集团总裁兼首席执行官卫翰思先生
时间：2015年11月18日
地点：广州市东方宾馆

中方参加人员：
  朱小丹 广东省委副书记、省长
  李　锋 广东省政府秘书长、办公厅主任
  何宁卡 广东省发展和改革委员会主任
  曾兆庚 广东省交通运输厅厅长
  傅　朗 广东省外事办公室主任
  古伟中 广东省通信管理局局长
  吴育光 广东省经济和信息化委员会副主任

外方参加人员：
  卫翰思 爱立信集团总裁兼首席执行官
  马志鸿 爱立信集团高级副总裁兼亚太区执行董事长
  赵钧陶 爱立信中国总裁
  刘国来 爱立信中国高级副总裁、广东总经理
  罗建国 爱立信中国高级顾问
  潘　键 爱立信中国华南区政府及公共事务经理

朱小丹：尊敬的卫翰思总裁、尊敬的爱立信的各位朋友，非常高兴我们再一次在广州相聚，非常感谢总裁阁下和各位在百忙之中抽出时间参加我们这次咨询会。爱立信是第五次担任我们省政府的国际顾问咨询机构，总裁阁下也是第二次以我的顾问的身份参加国际咨询会。您在2011年国际咨询会上提出将宽带技术应用于农村，在农村建立试点项目，让山区孩子通过宽带得到良好远程教育的建议。时间过得很快，眨眼四年过去了，您的建议应该说经过我们这几年的努力，在很大程度上已经成为一种现实。现在我们光纤、宽带的覆盖率已经越来越广，广大的农村特别是山区的孩子已经能够接受到很好的远程教育。对您这次的到来、对您下来将对我们提出的意见建议我们也充满期待。

爱立信多年来和广东建立了非常密切的合作关系，这种合作指导今天不断取得好的成果。这次不仅听取您对广东接下来发展的建议，希望通过和您的见面进一步促进爱立信与广东的合作。

我们非常感谢您为咨询会准备的非常精彩的咨询报告。您在咨询报告当中，与我们分享了当前全球特别是欧洲产业数字化转型战略的情况，也分享了瑞典政府推动宽带建设的经验，提出5G是各行业实现数字化转型的最佳选择，也提出政府部门制定政策鼓励利益相关方广泛参与5G建设，以及将数字技能培养作为主要任务写入"互联网＋"行动计划，同时也对广东未来长期数字化发展计划

提出了很好的建议。您的这些建议特别契合当前广东本身发展的需要，对我们有很大的启发，富有建设性。

借这个机会，就广东与爱立信的合作谈一些初步的想法。

第一，希望加强在"互联网＋"行动方面的合作。省政府已经制定了"互联网＋"行动计划（2015—2025年），涉及13个领域，即"互联网＋"在13个领域的应用。爱立信在信息通信领域具有非常强的实力，在技术、方案、市场、商务和服务等方面具有很强的优势。依托爱立信的优势，依靠我们之间下一步进一步深化的合作，能够在"互联网＋"各领域的应用中得到爱立信的支持，推进我们与爱立信之间的合作。

第二，非常希望加强在高端电子信息方面研发领域的合作。爱立信已经在广州移动数据应用研发中心，在此基础上，积极拓展我们与爱立信在高端电子信息通讯领域当中的技术的研发，使广东电子通讯产业得到进一步发展。

第三，希望爱立信积极推动全球科技成果向广东转化，进一步加大合作力度。总裁阁下非常清楚，广东是我们国家最大的高端电子信息技术应用的市场，现在广东移动电话用户达1.5亿户，其中4G用户3888万户，这是一个庞大的市场，而且还在不断地扩大。希望爱立信把握广东市场机遇，充分利用你们在专利、技术方面的特有优势，加强与我们省电子企业的合作。最期待的是爱立信将更多全球最先进的研发成果向广东做推广，促进研发成果在广东的转化和应用。这样不仅对于我们提高电子通讯技术发展水平，而且对于爱立信在广东市场的开拓都是有好处的，这将是与以往一样互利共赢的局面。

第四，希望我们能够通过新一轮合作加强信息化人才的联合培养。随着广东信息化步伐的加快，对信息化人才的需求显得越来越紧迫，迫切需要依托有实力的合作伙伴，能够加强人才的培训，尽快壮大信息化人才队伍。我们也非常希望利用爱立信的强大实力，利用你们丰富的经验，利用你们高度的高技术集成的优势，帮助我们建立数字技能专业实训中心，来加快对数字技能人才和专业师资队伍的培训。应该说爱立信是我们的老朋友，我们有非常良好的、持续时间非常长的合作，我相信，在当前广东转型升级的关键阶段，我们与爱立信的合作能够进一步提升到更高水平，这种合作会对广东的结构调整、发展方式的转变带来有力推动和促进作用。

卫翰思：尊敬的朱省长和您的同事，我非常高兴再次被邀请参加国际咨询会。广东省在经济建设方面取得了非常大的成就，广东对于我来说有了日新月异的发展，包括企业及各个领域。因此，我们也非常荣幸在广东的业务有如此庞大的规模。这些年，我们也一直在加大研发力度，实际上我们在广东的研发中心已经有 10 年的历史了，近几年也增加了将近 1000 个员工。在广东，我们与三大移动通讯运营商有着良好的合作，来推广 4G 网络的应用，我们非常致力于发展在广东这方面的业务。回顾 2011 年提出的顾问建议，我们得知中国移动已经使广东山区有 6 所学校几千名学生能够获得远程教育，取得了非常大的成功，这不仅要感谢中国移动，而且也离不开爱立信的强大支持。实际上，4 年前提出的这个建议走在了时代前面，现在数字化发展取得了比较大的进展，但是 4 年前我们已经有了通过数字化发展促进远程教育的行动，也同时说明了省长顾问咨询会起到了非常大的作用，我们的咨询也提供了很好的服务。

结合全球数字化的趋势与广东省情，我们为省长您提供了现在这些顾问的建议。顺应全球数字化趋势，广东提出了自己的"互联网＋"行动计划。我们给你提供的建议，主要是基于全世界在数字化进程中比较领先的国家的一些经验。第一个建议基于全局的观念，不同部门、不同行业之间，包括广东省的"互联网＋"行动计划提出的 13 个不同行业之间如何联动协作。分享了全球大概 183 个国家的经验，认为瑞典是比较领先的国家，我们介绍了瑞典的一些做法和经验。第二个建议主要集中在数字技能培养方面，希望把数字技能培养与学校教育结合起来，正如您所讲广东有很多数字化方面的企业，有大量数字技能人才方面的需求，怎么样加强数字技能人才的培养，我们建议把它写入广东的"互联网＋"行动计划。第三个建议主要是关于 5G 的推广。我们认为 5G 产业的应用和推广对于推动基于互联网的产业转型是非常重要的，我们的第三个建议与此息息相关。我个人认为 5G 主要运用于节能减排、交通领域其他的应用。在智能交通领域我们已经与世界上很多国家开展了很多很好的合作，希望把这种合作带到广东省，不仅与广东省的运营商合作，也与广东省的政府部门合作，因为政府部门起着协调的角色。以上建议是与以后爱立信和广东深化合作相符合的，爱立信希望就广东省"互联网＋"行动计划，还有我们提出的建议方面一起开展合作。同时，我想强调一点，我们之间在数字人才培养方面的合作，因为现在世界的趋势是数字通讯技术人才是非常重要的。我非常同意您刚才提出的加强我们之间业已密切的合作，希望就这些合作的问题保持随时的沟通。不久以前，全球很多国家政府共同签署了 17 个共同发展计划和目标，爱立信即将围绕着这 17 个目标提交一份报告，怎么样通过运用信息通讯技术改善目前的教育状况、节能减排的情况？因此，我认为这个报告也会对广东省在信息通讯方面的发展有益处。

朱小丹：非常感谢总裁阁下，刚才再次为我们阐述了您的各个方面富有建设性的建议,未来我们加强合作的良好意向。信息化是广东转型发展非常重要的一个着力点,我们现在提出的是将创新驱动发展作为核心战略,将信息化作为先导战略。在我们推进信息化的过程当中,毫无疑问,"互联网+"是当前我们最为重视的一个时期的举措。这主要是希望通过互联网、利用互联网的高新技术推动各行各业的转型升级,以"互联网+"行动来打造更多的新业态、打造更多的新的商业模式。希望能够在您提到的这些领域比如智能交通、节能环保、数字智能化培训、5G 推广应用方面能够直接对接,将合作的意向尽快转化为具体的合作方案和合作项目。比如在智能交通方面,由于广东自己的科技企业在超高速核心芯片方面取得了重大突破,我们已经在交通部的支持下,将很快开展智能交通和物联网的试点。我们也在利用超高速无线局域网技术进行高铁的通信专网的建设。如果在这些前沿的领域能够取得和爱立信的合作的话,我相信这些方面的试验一定能够加快步伐并取得好的成果。我感到非常高兴的是,4 年过得很快,但回过头来看您还是那样充满活力,我相信我们与爱立信的合作永远是一份充满生机、充满活力的事业。

七、打造广东—香港—澳门协同创新生态都市群

朱小丹省长会见杜邦公司全球高级副总裁兼首席科技官苗思凯先生

时间:2015 年 11 月 18 日

地点:广州市东方宾馆

中方参加人员:

  朱小丹 广东省委副书记、省长

  李 锋 广东省政府秘书长、办公厅主任

  何宁卡 广东省发展和改革委员会主任

  傅 朗 广东省外事办公室主任

  吴育光 广东省经济和信息化委员会副主任

  陈越华 广东省商务厅副厅长

外方参加人员:

  苗思凯 杜邦公司全球高级副总裁兼首席科技官

  苏孝世 杜邦公司全球副总裁兼亚太区总裁

  张星萍 杜邦中国集团有限公司副总裁

  向小芳 杜邦中国政府事务总监

朱小丹：尊敬的苗思凯先生、尊敬的杜邦公司的各位新老朋友，非常高兴我们能够借助此次国际咨询会的时间进行面对面的交流。您是首次担任我们政府的顾问，这次在百忙中抽出时间来参加国际咨询会，而且准备了非常精彩的咨询报告，使我们收获良多，我们受到很多启发。杜邦公司已经是第五次作为省长顾问机构来参加广东经济发展国际咨询会，这既体现了杜邦公司对与广东的合作的高度重视，也反映了杜邦公司与广东之间长期的良好合作关系，我们非常高兴也非常受鼓舞。我们对于发挥省长经济顾问的作用是高度重视的，因为我们的经济顾问实际上是我们的一个高端智库。这次在您的咨询报告当中，给了我们很多非常有建设性的意见和建议，这包括您提出要鼓励跨国公司与本地企业、高校以及科技界开展协作创新；也包括您谈到要将广东—香港—澳门都市圈建设成为创新都市群；您还提到，在"一带一路"沿线国家设立广东派驻机构，以便加强沿线国家的高技术合作；您还有一个很具实际操作意义的建议，就是建议积极引进国际知识产权交易机构。所有这些意见建议，对于我们当前推动创新驱动发展都有很强的针对性，按照我们惯常的做法，我们都会把这些建议整理出来，列入我们下一步采纳这些意见、推动相关工作的具体规划，而且我们会在下一次国际咨询会的时候，专题向您报告我们吸纳和落实这些建议的工作进展情况。下面我想借这个非常宝贵的时间，谈谈我对广东进一步加强和杜邦合作的一些想法和建议。

我们知道杜邦是全球非常有实力的跨国公司，而且杜邦的研发能力在全球跨国公司当中也是首屈一指。我们非常希望和杜邦之间能够建立一个研发方面的合作机制，如果有条件的话，我们非常欢迎杜邦能够在广东设立研发机构，这是我的第一点建议。

第二点建议，我非常希望在以往杜邦在广东投资发展非常好的基础上，继续扩大杜邦在广东的投资。广东是我们国家第一经济大省，广东对化工材料的需求非常大，而且接下来我们石油化工方面的基础产业会有一个非常大的发展，主要是我们正在筹备新建三个大的炼化项目，包括中海油惠州项目、中石化湛江项目、中石油汕尾项目。当然您也知道，石油价格问题对整个石化产业产生比较大的影响，但不管怎么样，石油化工在广东需求还在，市场还在。杜邦在这方面有独特的优势，我们特别看中杜邦在尼龙工程塑料等一系列的领先技术，我们会就我们亟须的新型化工材料列一个清单，希望杜邦能够考虑这个清单，在这个清单的范围之内，能进一步加大对广东的投资。

第三点建议，希望杜邦能够加快推进深圳基地的建设。我们希望能够进一步加快前期工作的进度，争取杜邦在深圳光明新区的项目能够早日建成投产。另外，我想按照您的建议，借助杜邦的影响力，加快引进国际上的知识产权交易机构。我想向总裁先生介绍的是，我们在知识产权领域不断地加大工作力度，包括我们在广州建立一个国家级的知识产权服务基地，也包括我们在自贸区——珠海横琴建立国家的金融服务试点，我们非常希望杜邦能够考虑像在中新知识城、在珠海横琴引进国际上有一定知名度的国际知识产权交易机构。横琴的知识产权金融服务试点主要就是知识产权交易、知识产权质押融资等这些领域的金融服务。总之，我们和杜邦有长时间的友好合作关系，杜邦在广东发展也非常有力地支撑了广东的经济发展，我们希望借助您亲自担任我们经济顾问的难得契机，推动我们之间的合作再上一个新水平。下面我想当面听听您的高见。

苗思凯： 非常感谢您的热情款待和欢迎，杜邦公司能够这么多年来成为广东经济发展咨询会的顾问单位，我们也感到非常荣幸。我们相信杜邦的发展既促进广东的发展，也有益于我们自身的发展。

正如您所说，杜邦公司跟广东的合作关系源远流长，而且非常重要。杜邦公司在 1998 年的时候，就在深圳设立了中国首批的外商独资企业，然后在 1989 年的时候，就开始在深圳设厂。在这 30 年来，杜邦跟深圳市政府以及广东省政府建立了非常良好的关系。自从 1989 年来，广东省发生了翻天覆地的变化，我觉得这一点从我们深圳的厂就可以看出来，因为在那个时候，深圳市根本还没有什么市中心，随着广东的发展繁荣，杜邦公司也不断地发展壮大。

当我们刚开始发展的时候，我们主要从事的还是尼龙这个产业，而且对于我们公司来说，纺织是我们业务的重点。从那之后，我们在科研创新的重点发生了变化，我们现在对农业生物技术投资非常大，同时我们也投资于工业生物技术以及食品科学，还投资于先进材料科学。在高度竞争的社会，这一块能够给我们带来与众不同的价值。如果大家看一下我们在中国各个地区的投资的话，就会发现，在材料这一块，广东始终是我们的业务中心。杜邦一直以来在科研创新方面历史非常悠久，实力也很强，而且我们一直的做法都是协同创新，所以我们给广东省提出的建议就是：广东省要继续营造一个协同创新的环境，提供有效的基础设施。我们觉得在当今社会，协同创新是推进科技进步的主要途径。这种协同创新的理念，就是大学、政府、业界应该共同合作，这个想法不是一个新的概念，我们公司在一百年以前就有这种概念。

杜邦最有名的产品就是尼龙，尼龙是在 1930 年发明的，其实它是由一个哈佛大学的教授所发明的，他那个时候在杜邦公司工作，跟我们有一个交换的项目，我们觉得尼龙这种产品的发现及产业化正好体现了学术界以及业界的合作，这个发明推动了20世纪纺织业的主要突破。很多时候科技的发明和发现是在实验室实现的，但是要把这种发明的成果转化为商业的价值，就需要各方面的努力。所以，很多时候，我们既需要科学家，也需要知识产权的专业人士，还需要市场营销和从事生产的人，才能够把一个想法从实验室带到商业社会当中来。因此，我们才提出第二个建议，广东—香港—澳门应该打造一个协同创新的生态系统集群，只有这样，广东省才能够在创新这一块更上一层楼。在历史上也有很多这样的例子，就是一个创新的中心以及生态系统能够吸引很多公司来发展，如果没有这样一个生态系统的话，很多公司根本不可能会来。

我们希望广东省能够在知识产权交易这一块扮演非常积极的角色，这就是为什么我们建议广东省建立一个知识产权交易中心。我本人25年前在中国生活以及工作过，也目睹了中国在知识产权这一块所发生的进展，在那个时候，大家对知识产权还没有什么概念，对知识产权也缺乏保护，然后中国的领导层逐渐地意识到知识产权所发挥的重要角色，到现在跨国企业在中国的知识产权能够得到比较好的保护。同时，大家也意识到知识产权可以作为一种方式来促进创新，这是知识产权一条自然而然的发展路径，我在中国特别是在广东，观察到的一点就是广东一直都是引领未来的发展，引领着潮流，而不是追随潮流，这就是为什么广东省能够如此成功。

您对我们公司所提出的一些期望以及建议，首先是希望我们能够在广东省建立研发中心，我们会仔细地认真地加以考虑。可能您也知道，我们在中国有一个比较主要的研发中心位于上海，2005年那个中心开幕的时候，我本人也亲自去参加了，我们对这个中心所取得的成就表示非常满意，那里的科学家素质非常高，而且有效地和业界共同来促进创新，其实那个中心可以看作广东这些工厂的卫星，因为在他们那里从事很多材料科学的研究，有效地支撑了我们在广东这些生产设施的进行，包括在深圳和东莞的工厂。

我们在广东的投资将会继续持续地扩大，比如在光明新区，当时光明新区这个厂开幕的时候，我也去了，这个厂主要是生产光伏材料，我已经去过不下50次，但是每次都不知道这个名字怎么说。我们也会扮演一个桥梁的角色，介绍国际上的一些国际知识产权交易中心来跟广东这边联络。这么多年以来，我们一直得到广东省政府以及深圳市政府的大力支持，我们希望以后也能持续地得到政府部门的支持，但是我觉得我们和广东省之间的关系还可以进一步加强，我们想知道在省政府这边，有没有专门负责的一个部门或人员能跟我们接洽，这样的话，有助于加快我们在广东省的建设和发展，谢谢！

朱小丹：非常感谢！感谢您刚才又将咨询报告中的重点内容向我们做了阐述，也感谢您对接下来杜邦在中国、在广东发展的重点给我们做了很好的介绍。在您刚才所谈到的这么多的内容当中，我特别注意到，杜邦当前在生物技术和生物工程方面的发展，这给我很多新的启发，接下来广东已经把生物工程作为重点发展的战略新兴产业之一，我希望接下来我们能谋求在农业生物技术、工业生物技术以及食品生物技术等方面的合作，把这个作为我们合作新的结合点、新的切入点，包括接下来在研发方面、在协同创新方面，也包括在生物工程的创新成果的转化和应用方面，我想我们都可以形成新的合作机制。

八、加强产业绩效和城市能源规划，提供创新型能源服务

朱小丹省长会见法国电力集团董事长兼首席执行官乐维先生

时间：2015 年 11 月 18 日

地点：广州市东方宾馆

中方参加人员：

  朱小丹 广东省委副书记、省长

  赵建国 南方电网公司董事长

  张善明 中广核集团总经理

  李　锋 广东省政府秘书长、办公厅主任

  何宁卡 广东省发展和改革委员会主任

  傅　朗 广东省外事办公室主任

  贺锡强 南方电网公司副总经理

  高仕强 粤电集团副总经理

外方参加人员：

  乐　维 法国电力集团董事长兼首席执行官

  马识路 法国电力集团大中华区总代表

  宋旭丹 EDF（中国）投资有限公司首席执行官

  傅　亚 法国电力国际电网公司中国及亚洲区总经理

  方德义 EDF（中国）投资有限公司能源市场预测总监

朱小丹：尊敬的乐维董事长、尊敬的法国电力的各位朋友，非常高兴今天我们能在这里面对面地进行交流。您是首次作为省长经济顾问参加我们的国际咨询会，您的加入会使我们的国际经济顾问团队进一步提高层次，增强活力。算上这

一次法电一共5次担任省长的经济顾问机构，体现了法电和广东特别紧密的合作关系。上一次的咨询会上，当时的法国电力集团董事长兼首席执行官普格里奥先生，在他的咨询报告中对我们提出了建立适合的核电工业模式和核电工业平台，运用政策杠杆推广燃气轮机联合循环发电技术，以及建设低碳城市等一系列建议，这些建议我们在相关的工作中，尤其是核电产业发展和绿色低碳城市的建设中都加以积极的采纳，而且取得了很好的成效。

应该说，广东核电的发展是从和法电的合作开始的，法电是我们核电发展的战略合作伙伴。1984年，法电就以技术合作方参与了大亚湾核电站项目的建设，到现在已经30多年了。之后法电又参与了岭澳核电一期和二期的建设。目前中广核和法电共同投资建设的台山核电站的土建工程已基本完成，预计明年可以并网发电，这是目前我们国内技术最先进的核电站。上个月，在习近平主席和卡梅伦首相的见证下，中广核和法电又在伦敦签署了在英国兴建核电项目的投资协议。可以说，广东的核电从无到有，从引进来到走出去，整个过程，都是在中广核和法电的紧密合作下推进的。借着您这次到访的机会，南方电网的董事长赵建国先生也参加了我们的会面，一会儿南方电网还要和法电正式签署合作协议，这标志着我们的合作又迈上了一个新台阶。

我们还要特别感谢董事长阁下为我们的咨询会精心准备这份质量非常高的咨询报告。您利用很多有说服力的案例，和我们分享了全球先进的能源数据管理的经验，在这个基础上，您为我们提出了加强产业绩效和城市能源规划，加强在创新型能源服务等领域的合作等建议。这既打开了我们的视野，又给我们很多的启发，同时也指出了我们今后努力合作的方向。我们会积极地采纳这些建议，将这些建议融入相关的规划中，融入相关的工作的部署和相关的政策措施中去。同时我们也对加强广东和法电的合作，特别是接下来更高层次、更高水平的合作，也给予很大的期待。借这个难得的机会，我也想就双方的合作再谈一些个人的想法。

（1）继续加强核电开发领域的合作。首先是台山核电站，希望项目在目前总体进展顺利的基础上，法电能够继续加大资金、技术方面的支持力度，在保证质量和安全的前提，加快整个项目的全面建成，早日并网发电。希望双方继续加强在核电先进技术上的共同研发，让我们在技术水平上有新的进步。同时我们也希望中广核和法电联合在英国建设的项目也能够取得顺利的推进，取得圆满的成功，成为广东核电在法电的支持下走出去的成功范例。

（2）加强核燃料领域的合作。包括全球范围内核燃料资源的开发、核燃料供应保障合作，也包括建立核燃料技术交流和经验的共享机制。

（3）共同建设好中法核工程与技术学院。学院从 2010 年正式招生以来，一直运行得非常好。希望法电加大支持力度，关心学院的发展，使学院建设成为国际化的高级核电人才的培养基地。中广核正在和中山大学合作建设核电安全联合研发中心，希望这个项目能得到法电的支持，得到法电的指导。同时希望在核电人才的培养，特别是核能工程建设与管理、环境安全管理、核电站运营等具体领域的高端人才培养加强合作。

（4）加强能效管理领域方面的合作。法电在能源管理上有着非常丰富的经验，希望在法电的指导下，推动我们的信息化数字化能源管控系统的建设，推动企业实行精细化的节能管理。我们也希望法电能够参与我们省已经规划了的能源管理中心平台的建设。

现在广东省正在经济转型的关键阶段，能源结构的调整、节能降耗、提高能效、推动绿色低碳发展，都是我们要解决的重大课题。在这个过程中，我们可以找到许许多多和法电深化合作的机会。我们希望在董事长阁下的关心和支持下，进一步推动法电和广东的合作，争取在未来能够形成更紧密的合作关系。能够有更多的真正体现互利共赢的成果。下面我想听听乐维董事长对推动我们双方合作的高见。谢谢。

乐维：尊敬的朱小丹省长，首先感谢您刚才热情洋溢的讲话，以及您非常热情的接待。感谢您给我这个荣誉，任命我担任省长的国际顾问，邀请我参加广东经济发展国际咨询会，让我们有机会和大家一起分享广东发展的想法，对广东经济给予支持。

虽然我是第一次来到广东参加国际咨询会，我很欣慰我的同事们在 30 年前就和你们一起合作建设大亚湾核电站，这是我们合作的典范，得到全球的称赞。30 年以后，我们的合作结成累累硕果，我们在各个方面的合作都取得长足的进步，特别是人际之间的合作是最珍贵的。我有机会在中国见到很多中国的工程师，他们曾经在法国受过核电站安全、核燃料等各方面的培训，现在讲着一口流利的法语，我非常高兴也感到非常骄傲。我们要把人与人之间的合作继续进行下去，主要有以下三个方面：

（1）加强研发方面的合作，为创新利用能源，提高能源利用效率，找到各种好的解决方案。为了解决提高竞争力和减少二氧化碳及有害气体的排放这两大问题，在科技领域我们必须长期协同合作，共同提出新的解决方案。在培训方面，我们在法国接待过很多工程师和技术员，现在我们走得更远，我们在广东共同创建了中法核工程学院,这个学校正在培养很优秀的核电方面人才,第一批学生将在不久后毕业,他们是由法国和中国老师共同培养的。和其他领域一样,我们看到广东省政府在能源领域做了非常大的努力,也取得非常骄人的成果;同时在研发和培养人才方面,也做到了非常高的水平。

(2) 加强核电领域的合作。我们和中广核进行了卓有成效的长期的发展,我要向前来参加会议的张善明总经理致敬。我们非常成功地建设了大亚湾和岭澳核电站。我们现在还有两个很大的项目,一个快要结束了,那就是台山核电站。另外一个大的项目在英国,马上就要开始了,首先是在欣克利角,以后还要继续在另外两个场址,即塞兹韦尔和布拉德韦尔进行建设,我们将动员全力来努力完成这两个项目。今早我还跟张善民总经理在台山共同回顾了去年会议以来,台山项目所取得的进展,我们对项目管理非常有信心。在不久的将来,您将骄傲地看到台山项目投产运营,这将是世界上单机装机容量最大的项目。第二个在英国的项目您刚才也提到了,这个项目受到各方面的关注,包括习近平主席、卡梅伦首相和奥朗德总统。尽管在电站开工前还有很多工作要做,还需要经过很多年的努力建设,但我们在签署项目的第一天,就坚信在我们共同努力和合作下,这个项目肯定能取得成功。最后我也想表达一下愿望,希望在不久的将来,台山二期项目能够获准开工建设。我们马上将见证世界上最大反应堆的运行,再过几年,台山将变成世界上最大的核电基地。

(3) 加强能效方面的合作。提高能效已列到各国领导人都非常重视的气候变化会议的议程中。作为一个电力公司,我们并不要求我们的用户多用电,而是要求他们用好电。在这一方面,我们的合作领域同样非常广泛。刚刚几个小时之前还和赵建国董事长讨论,怎么提高电网的能效。现在世界上有分布式发电,有可再生能源发电,自用电也越来越多,这些都对电力系统提出越来越多的挑战。在这方面,我们主要通过数字化对系统进行优化。我们也希望在广东有具体的项目来共同实施我们的合作。这方面,我们和赵建国董事长谈到在深圳前海的合作项目。我还注意到您刚才提到在广东建立能效管理平台,这个题材也是我们非常关注的,期待双方进行切实合作。最后我向您表示我们合作的决心,我们对您介绍的这些合作领域都很有信心,我们有这方面的技术,特别是多年成功合作的历史。这些项目的成功离不开您本人和广东省政府的支持,再次表示感谢。

朱小丹:非常感谢乐维董事长,您刚才谈到的这些我们都赞成。无论是以人为核心的合作,包括研发和培训,还是在核电的深化合作方面,乃至于在未来的能效管理和能效的提升方面,以后的合作都是非常广阔的。在刚刚结束不久的中共十八届五中全会上，我们国家提出了五个新的发展理念，其中包括绿色发展。接下来我们将围绕绿色低碳发展，花很大的力气去推动能源结构调整，现在我们正努力争取尽快达到化石能源消费的峰值。清洁能源中核电是主力，可再生能源的发展也都是未来能源发展的重点；同时提高能效也是推动绿色发展的主攻方向。我们非常希望通过和法电的合作，利用新的技术，不断提高我们在绿色发展各个领域的发展水平。我也相信在广东绿色发展的进程中，法电的合作将长期伴随我们，给我们发展的动力。广东省政府会积极推动在新的领域和法电的合作，对法电和中广核的长期合作的发展，和南方电网建立的新的合作关系，省政府也将全力给予服务，给予保障，给予支持。我们期待着明天亲耳聆听您对广东未来发展建设性的意见。

九、建立多元化"互联网+"融资渠道、鼓励科技创业

朱小丹省长会见汇丰控股有限公司集团常务总监王冬胜先生

时间：2015年11月18日

地点：广州市东方宾馆

中方参加人员：

   朱小丹　　广东省委副书记、省长

   李　锋　　广东省政府秘书长、办公厅主任

   何宁卡　　广东省发展和改革委员会主任

   傅　朗　　广东省外事办公室主任

   王占峰　　广东省银监局局长

   旷仁山　　广东省金融办副主任

外方参加人员：

   王冬胜　　汇丰控股有限公司集团常务总监

   何舜华　　汇丰银行（中国）有限公司常务副行长

   林　洵　　汇丰银行（中国）有限公司副行长兼广东总部主管

   梁泽锵　　汇丰银行（中国）有限公司广州分行行长

   关　茜　　汇丰银行（中国）有限公司广州分行副行长

   何钜生　　汇丰银行（中国）有限公司广东总部对外事务副总监

朱小丹：您是第二次以省长的经济顾问身份参加我们的国际咨询会，特别感谢您在这么繁忙的时候，能够抽出时间而且不是太短的时间来参加这次会议。

上次您提出的特别是人才方面的建议，希望我们能够优化引进海外人才的环境，加强海外高端人才的引进，这个也是我们迫切的需要。您也知道，广东是我们国家改革开放的前沿，30 多年的改革开放，经济有很大的发展，到现在已经 20 多年经济总量居全国的首位，当然现在进入了转型期，按照过去的发展路径、发展方式恐怕难以为继，中央现在强调转型的核心战略是创新驱动发展。进入新常态，新常态主要有三个特点，第一就是增速的转变，从高速或超高速的发展转向中高速发展；第二个就是结构调整和优化，在广东来说显得特别的迫切；第三个就是动力的转换，过去以要素驱动为主，要素第一是投资，第二是劳动力红利，现在要转向创新驱动。这三个特点在广东都显得特别突出，创新驱动毫无疑问最重要的支撑是人才。时间过得很快，已经有两年时间了。这两年，我们在人才引进方面下了很多的功夫，在引进海外高端人才方面花的力气更大，制定了"领军人才计划"、"外专千人计划"，还制定了一批政策，特别是吸进海外的创新领军人才和创新团队，政府配置了很大的资源来吸引。现在应该说，海归已经成为我们创新队伍中一支非常重要的生力军，我们有很多的创新项目是由他们主持的，而且在很多领域都取得了重要的突破。

这次您又提出了很好的咨询报告，给我们很多新的、很有启发的建议。我都非常赞成，在以后的工作中会像上次一样予以积极的采纳。你特别讲到了大数据，介绍分享发达国家在大数据方面现行的做法和好的经验，另外特别讲到了建立和发展基础设施平台和生态系统，建立多元化"互联网+"融资渠道，鼓励科技创业并建立人才库等，这些都很有前瞻性。接下来，创新平台的建设是一个很关键的环节。您在英国有一个支持英国企业发展的基金，这类举措在广东也有需求。国家现在强调创新驱动发展，同时强调大众化，就是大众创业、万众创新，需要利用一些新的高新技术进一步推动创新要素的集聚，进一步推动自主创新能力的提升，"互联网+"是一个重要的渠道。如果能够借鉴像汇丰建立企业发展基金这样的做法，来推动小微企业的创业，会取得更加积极的成效。最近我们出台了一套比较完整的、有点突破性的扶持企业创新的政策，也包括创新基金的设立、金融财税方面的优惠政策，等等。接下来，我们将根据您的建议，抓住"互联网+"的重要机遇，进一步推动自主创新。

我们希望汇丰进一步推动广东当前的转型升级。因为现在讲广东的转型升级，一定要重视广东一个特有的优势，就是毗邻港澳，粤港澳的一体化发展、经济的深度融合，过去是我们开放发展一个非常重要的优势，也是未来我们转型发展一个非常重要的优势。希望在原来支持我们、和广东长期合作的基础上，能够在转型期的关键阶段，能够得到汇丰更多的支持，也能够推动汇丰与我们更紧密的合作，谋划一些新的合作项目，契合当前转型发展的需要，具体我有几个建议，实际上我们也就这些方面的合作事项、合作意愿也都交换过意见。

第一点建议就是希望汇丰能够带头参与广东自贸区的金融创新。自贸区主要的任务是改革和创新，在自贸区形成一个跟国际接轨的经济贸易规则、一套与国际接轨的好的运行机制。另外，我们希望各个领域的创新也能够在自贸区先行先试，这当中非常重要的是金融领域的创新。比如说跨境人民币业务的创新，包括粤港澳金融的深度合作，包括在自贸区先行先试建议一套与国际规则接轨的金融服务体系。这些方面，汇丰有自己独特的优势，你们不缺乏这方面的实力、经验、国际资源。如果这些要素都能够集聚到自贸区来，对自贸区的金融创新特别是国际金融创新，会起到非常积极的促进作用。

第二点建议，您专门在咨询报告中提到的"互联网+"，我们考虑"互联网+"如何在金融和创新的结合中发挥作用，希望汇丰能给我们带来一些全球的先进经验，带来一些好的比较成功的模式。我们现在在广东金融高新区，建设"互联网+"众创金融示范区。自主创新我们还是特别强调它的大众化，国家讲的是大众创业、万众创新。现在众创的发展非常快，起到非常重要的前孵化器的作用，各类的众创空间吸引了大批的青年才俊，包括粤港澳合作的众创空间，比如在前海、南沙，接下来在横琴，都会有一批青年人的创客空间的建立。众创成为推动创新的一个非常重要的推动器。众创的发展如果能够借助"互联网+"，就可能产生一种倍增的效应。在这个方面希望汇丰能够给我们更多的支持。"互联网+"众创可以分解为"互联网+"众创、+众扶、+众包、+众筹，与金融都有密切的联系。接下来，请金融办与你们联系，就我们以金融高新区为核心建设"互联网+"众创金融示范区的规划向你们做完整的介绍，盼望汇丰利用自己的专长优势在最关键环节给予我们最有力的支持，需要对接，在哪些方面能够找到合作的机会，我们希望在高端层面发挥汇丰的作用，包括利用汇丰的优质资源、国际资源。

第三点建议，希望汇丰加大对创新型企业的金融支持力度。汇丰成立英国企业发展基金的做法，希望能够有更直接的对接，能够学习借鉴经验，借助汇丰的支持，怎么能够形成一个新的平台和体系，支持我们面向战略性新兴产业的企业创新，发展更多的创新型企业。关键是"三链"的融合，产业链、创新链、资金链，实际上就是产业、科技和金融的融合，也采取了一系列的措施，运作的方式、模式正处在逐步培育，逐步走向成熟的过程中，汇丰有很多现成、成熟、成功的经验，怎么面向创新型企业提供更好的金融服务、金融支撑，加强与汇丰的合作。总之，我们原来有的合作项目，进一步巩固和拓展，发挥它的作用。另外像您咨询报告所提的，带有前沿性、前瞻性的运用当今全球最新技术的金融创新领域，形成新的合作具体的项目，形成新的合作切入点，推动广东的创新驱动发展，经济的转型升级。

金融方面基础性工作就是人才素质的提升，非常希望加强与汇丰在培训方面的合作，高层次金融人才的培训。这方面汇丰有很强的力量，推动我们人才的培养培训，提高我们金融专业队伍的素质。非常感谢冬胜总监多年对我们的关心支持，作为老朋友再次参加咨询会，再次给我们很多很好的咨询建议，本身反映汇丰多年和广东合作、非同一般的关系，希望以这次咨询会、您再一次担任经济顾问为新的契机，进一步提升与汇丰的合作层次，进一步放大合作的成效。非常的感谢。

王冬胜：谢谢省长。各位领导，我也向省长讲一讲新的想法。就是刚刚我们讲的培训人才的想法，我们目前在广东有 1.2 万名员工，未来 3～4 年增加 3000～4000 名员工。我们刚刚与前海金融办合作证券金融公司，申请已经送到证监去批了，第一个有历史性的：外资拿 51% 的证券公司。

另一个新的想法，在深圳或者前海筹建一个拥有一定规模的汇丰大学。目前汇丰在全世界两个地方——伦敦、迪拜——建立了汇丰大学，第三个地方就是在深圳。培训大学差不多有 1 万名员工进去过。汇丰大学需要省长的支持，在深圳或者前海需要地，不单是培训汇丰员工，如果广东省政府金融培训都可以协助。投资规模很大（最低 5 亿美元）。

还有一个就是创新中心，在广东省已经有一个软件发展中心，这个要更先进一点，就是看未来科技的发展。创新中心已经跟腾讯、微信、中国联通搞一些合作，看看怎么去发展"互联网+"金融科技，这些都在进行。我们在英国支持中小企业发展基金，我们回去研究，其中很大的一个需要是怎么去找中小企业资料。这个项目本身风险较高，需要有一个好的资料库才能顺利发展。希望明年 3 月在广东省内发汇丰信用卡，都会跟互联网、金融产品连在一起。

现在我们已帮广东有 2 家大的国企到香港发债。人民币国际化，汇丰在亚太区所有的人民币能够做的产品都做了，我们跟每一个亚太区国家，与他们政府有很密切的联系。亚太区国家政府对人民币国际化不太清楚，怎么做？但是我们有经验，比如马来西亚，第一笔人民币贸易结算（中海油），都是我们帮它做的。现在澳大利亚怎么做贸易结算，这些我们都会做。所有广东省的国企、公司想去国外,或者国外公司引进广东,我们都会做。

朱小丹:非常感谢。咨询报告之外,准备了一套非常完整地支持广东,在广东发展的计划,我们听了都非常振奋。如果汇丰大学能够在深圳成立的话,对我们刚才讲的借助汇丰加强金融人才的培训,会有非常大的促进,与深圳市政府对接,涉及土地、政府审批的项目,省有关部门、省政府全力支持。

王冬胜:我们现在会把创新中心深圳银行总部搬到前海。

朱小丹:我们全力支持。创新中心是未来合作的重中之重。借助汇丰推动创新驱动发展,创新中心是合作重点,已经与一些企业建立了合作关系,需要政府给予哪些方面的支持,我们全力配合。这当中需要我们提供相应的数据,我们会找政府有关部门积极提供数据,特别是创新型企业的资料库,积极做准备,争取提供汇丰满意的资料的汇总。也非常感谢您准备在广东发行信用卡,支持国有企业在境外发债,更多的企业"走出去"特别是借助一带一路,现在已经有很多的项目,除了具体的投资项目外还有成片开发的项目,比如深水港建、临港产业区、经济开发区、产业园区的建设,与海上丝绸之路沿线国家都谈开了,有些项目还比较大,将来企业"走出去"没有金融支撑,还是比较困难的。借助汇丰成为支撑点,能够帮助更多的企业顺利"走出去"。刚才听到您的这席话,感到特别振奋。

你们考虑的都是广东当前急需的东西,相信这些合作项目能够落地的话,会是汇丰对广东新一轮的贡献,会在更高层次上取得更加丰富的成果。在这个过程中希望形成互利共赢的局面。汇丰在广东的业务,包括帮助广东企业"走出去"、海上丝绸之路、人民币国际化,都是汇丰新的发展机会;借助汇丰,加快我们创新发展的步伐,加快产业转型包括企业"走出去"的步伐。

十、建设研究型大学,促进创新生态系统建设

朱小丹省长会见卡内基梅隆大学校长苏布拉·苏雷什教授

时间:2015 年 11 月 18 日

地点:广州市东方宾馆

中方参加人员:

    朱小丹 广东省委副书记、省长

    罗 俊 中山大学校长

    李 锋 广东省政府秘书长、办公厅主任

何宁卡　　广东省发展和改革委员会主任
傅　朗　　广东省外事办公室主任
王　创　　广东省教育厅副厅长
彭聪恩　　顺德区代区长

外方参加人员：

苏布拉·苏雷什　　卡内基梅隆大学校长
夏　焜　　卡内基梅隆大学国际项目及策略副教务长
凯茜·莱特　　卡内基梅隆大学校长办公室主任

朱小丹：尊敬的苏雷什教授、卡内基梅隆大学尊贵的客人，今天非常高兴我们有机会再次当面交流。我们一直有这个心愿，希望教授阁下您能够担任我们的国际经济顾问，这次承蒙您的支持，您作为我们的经济顾问第一次参加我们的国际咨询会，我们感到特别的荣幸，也特别的振奋。您能担任我们的国际顾问，我相信对于接下来推动卡内基梅隆大学和中山大学之间的合作，推动卡内基梅隆大学和广东的合作一定会产生非常积极的促进作用。卡内基梅隆大学今年是第三次担任省长经济顾问机构，这确实体现了卡内基梅隆大学对于加强和广东合作的真诚意愿，也体现了您们对接下来的合作发展所给予的全力支持。

两年前上一次的国际咨询会，我和柯亨教授进行了很好的交流，当时他为我们的咨询会提供了一份非常出色的咨询报告。他专门在咨询报告当中提出了营造良好的创新环境，推动管理型人才和投资者的合作以及促进大学的技术研究成果产业化等非常重要的、富有建设性的建议和意见。他的这些建议这两年都在积极地采纳，而且在实际工作中加以运用。可以这么说，现在我们在创新环境的营造上，在推动管理型人才和投资者的合作上，在大学的技术研究成果推动运用都做了不少工作，也取得一些初步的成效，我们也特别高兴地看到卡内基梅隆大学和广东的这种紧密的合作，推进地非常顺利，这包括中山大学和卡内基梅隆大学的联合工程学院、广东顺德中山大学－卡内基梅隆大学国际联合研究院这方面的合作的应该说进展顺利，成果也是非常丰富的。另外，卡内基梅隆大学和中山大学协同创新研究中心也在两年前在卡内基梅隆大学成立，我想对于我们在创新领域的合作是一个非常重要的支撑、一个非常重要的平台。另外，就是在我们刚刚确定的、我们省的珠江人才计划引进的第五批创新创业团队中，卡内基梅隆大学的终身教授朱建刚先生所领军的可穿戴医疗传感网研发团队成功入选。应该说这是卡内基梅隆大学和我们广东在人才领域合作的一个非常突出的成果。

这次您参加我们的咨询会，为咨询会精心准备了一份分量很重、非常精彩的咨询报告，在这份研究报告当中，您和我们分享了高通、谷歌、赛门铁克公司受益于国家科学基金支持的成功案例，阐述了研究型大学对于促进创新生态系统建设所起的巨大推动作用，您强调了基础研究、小型创新的重要作用，认为创新将呈现全球投资和研究的变迁、全球研究队伍的人口特征也将发生深刻变化这两大趋势。您的这些理念、这些观点对我们都有很深刻的启迪作用，我们接下来在推进我们的基础研究，推进我们的科技成果产业化的过程当中予以积极采纳。今天，中山大学的罗校长也来参加我们的见面，我想借这个机会就加强我们双方的合作再谈我的想法。

第一，我非常希望能够继续深化中山大学和卡内基梅隆大学的合作。现在中山大学和卡内基梅隆大学的联合工程学院建设都非常顺利，我们的想法是从我们现在推动创新发展、推动产业的高端化发展实际需要出发，希望这种合作在教学和科研两个方面都能够取得更突出的成果。一方面我们希望借助卡内基梅隆大学在全球领先的实力，借助你们的高端人才集聚的优势，借助你们的成功经验，不断地合作办学，提高我们的教学水平。

另外一方面，我们也非常希望能够通过接下来的合作进一步形成在研发领域的合作实体，希望在研发方面能够取得更多的成果，直接服务于广东的产业升级。我们非常希望中山大学和卡内基梅隆大学的合作能够为我们打造培养高端人才的高地，也能够为我们打造核心技术创新的高地。

第二，非常希望依托卡内基梅隆大学帮助广东引进更多的国际一流的创新科研团队，朱建刚带领的研发团队成功地入选"珠江人才计划"，这是一个非常好的开端，实际上，我想卡内基梅隆大学在帮助引进国际人才还可以发挥更大的作用，我们希望借助今后的合作，能够通过卡内基梅隆大学引进更多全球的优秀创新团队和领军人才。

第三，我们非常希望卡内基梅隆大学除了和我们推进联合办学，也能面向广东的发展，推动重点领域的研发合作。最近，国家正式批准设立"珠三角国家自主创新示范区"，这是国家对广东创新发展的有力支撑，在这个示范区中，集中了广州、深圳和珠三角其他7个城市的所有的国家级高新区，我们非常希望卡内基梅隆大学能够立足珠三角国家自主创新示范区，也立足我们的高新园区以及珠三角各个城市，专门为国际合作建立的国际创新园区，直接来指导和推动这些园区的建设，包括推动卡内基梅隆大学的研究力量和我们的产业园区进行紧密型的合作，来开展核心和关键技术的攻关，来进一步提高我们的研发能力。

最后一点，希望卡内基梅隆大学能够积极参与我们一些重点创新平台的建设。现在我们正在向国家申请国家的大科学中心,建立国家大科学中心的基础是我们广东现在已经集中了若干个国际的大科学装置,包括现在很快就要建成的在东莞的国家散裂中子源,也包括现在完全交给中山大学来经营和运作的国家超算中心,我们接下来会努力地争取国家支持,围绕国家一批大科学装置建立若干个国家重点实验室,也包括国际实验中心、工程中心和技术中心,等等,这些平台的建设,我们也希望走一个国际合作的路子。我想将来我们可以把我们建设的平台、国家级的研发平台列出一个清单,看卡内基梅隆大学适合在哪一类平台上首先启动跟我们之间的合作。这样逐步地通过推进这些合作使我们这些重大的创新研究平台的建设能够更快地跟国际接轨。

苏雷什:在短短不到两年时间内,这是我们第四次见面,所以我非常高兴能够在广东再次与您见面。在今年 6 月份的时候,我们在卡内基梅隆大学很有幸地接待了罗校长,并且现在我的同事也在积极地致力于中山大学和卡内基梅隆大学联合工程学院和在顺德的合作项目以及在招募人才方面的合作,今年我们在接收来自全球的大学生申请的时候,正如您刚才提到的,进一步加强国际合作方面,我们在接收的今年的学生申请数量是创下了历史记录。让我给您分享一个例子,就是今年我们新招收的学生里有超过两千名学生是来自中国的留学生,并且我们也创下了一个历史记录,就是在大学一年级的学生里边,来自中国的留学生的数量超过了来自宾夕法尼亚州的学生总数。这些来自中国的留学生,他们的学习都非常勤奋,因为双方开展的双向的合作不仅与中山大学的合作以及我们与中国的合作,在这方面都做出了很多成就,也进一步支持了我们在科技方面的发展,也为双方在多领域的合作创造了更多新的机会。正如您刚才所提到,要加强卡内基梅隆大学与中山大学的合作,您提出了 4 点建议,我相信在很多领域,我们都能够有很多机会进一步增强卡内基梅隆大学与广东在各方面的联系。

那么接下来,我想与您分享我们在学校发展方面的几个例子。例如在今年的 6 月份,我们为创客们创业家们建立了一个叫 ×× CENTER 这样的一个创业中心,这个中心的建立是得益于我们现在在加州硅谷的一个校友,他事业上的成功,为我们校友提供了更多机会,这样就可以发展更多全球伙伴的合作,并且更快地加速科技成果的产业化。今年由我们校友创建的新兴企业数量也是创历史记录的,今年的数量达到了 40 家企业。在过去的 8 个月中,我们与世界知名的一些企业开展了合作项目。例如波音公司今年就在我们卡大设立了一个项目,还有像打车软件 Uber、通用电气,以及来自印度的塔塔咨询公司。三个月前,他在我们卡内基梅隆大学建立了他们在世界上所有大学里边合作最大的一个项目。当然塔塔咨询公司在中国也设有它的分公司，在世界其他国家也有好多子公司。广东省在中国众多的省份里边是将科技和创新的技术成果产业化程度最高的一个省份，所以我们也非常荣幸能够在您刚才提到的4个领域加强与广东、与中山大学的合作。

朱小丹：非常感谢！在我们所有的省长经济顾问当中，您是全球学术地位最高的，我知道全美国只有17个人同时兼任美国国家科学院、美国国家工程院和美国国家医学院院士，所以我们非常期待借助您的智慧、学识、影响力推动卡内基梅隆大学与中山大学、与广东的紧密合作，甚至是借助您的支持，能够推动美国和广东在各领域的合作。现在我们特别渴求的就是和卡内基梅隆大学的合作当中，能够为当前所提倡的大众创业、万众创新搭建高端的服务平台。您刚才所讲到的卡内基梅隆大学毕业的学生创业的成功案例，接下来，我们也非常希望在类似的创客空间的发展、各类创业建设中心的建设当中得到卡内基梅隆大学的支持。另外，我特别感谢你们为我们提供了第五批科技创新团队的领军人才。

十一、加强创业教育，创建科学特区，提升经济软实力

朱小丹省长会见联合国教科文组织总干事特别顾问汉斯·道维勒博士

时间：2015年11月18日
地点：广州市东方宾馆
中方参加人员：

  朱小丹 广东省委副书记、省长
  李　锋 广东省政府秘书长、办公厅主任
  何宁卡 广东省发展和改革委员会主任
  黄宁生 广东省科技厅厅长
  方健宏 广东省文化厅厅长
  傅　朗 广东省外事办公室主任
  魏中林 广东省教育厅副厅长

外方参加人员：

  汉斯·道维勒 联合国教科文组织总干事特别顾问

朱小丹：尊敬的道维勒博士，我们感到非常的荣幸，您能欣然接受我们的邀请，担任我们的国际经济顾问，并在百忙之中专门抽出时间参加我们国际咨询会。应该说在我们国际经济顾问这个团队中，增加您这样一位代表联合国教科文组织的顾问，会使我们这个团队的层次和水平都得到提升。实际上，我们改革开

放之后，联合国教科文组织对广东的建设和发展，尤其是文化遗产的传承，科技、教育、文化的发展给予关注，同时也支持我们例如像申遗工作，推动开展联合国教科文组织教育信息化创新项目等这些方面给予我们支持。

广东有很高的开放程度，应该说我们的经济越来越紧密地和全球接轨。广东越来越广泛，越来越深入地参加到国际合作和国际竞争当中。在这个过程当中，我们既需要不断增强广东经济的硬实力，而且要不断增强广东的文化软实力。而就目前广东的状况而言，我们的软实力的建设还是相对滞后的。所以，我们非常希望借着你担任我们的国际经济顾问这个难得的机会，能够得到联合国教科文组织在文化、科技、教育等领域更多更直接的支持。

我非常感谢您对我们这次国际咨询会的重视，特别感谢您为国际咨询会准备了非常出色的咨询报告。这个咨询报告对软实力建设提出了非常深刻的见解。同时您还提出了调整教育系统和课程设计，推动高校建立强大的科学基础设施，创建科学特区，将艺术纳入城市发展政策等很具体但是也非常具有建设性的意见和建议。我们非常感谢您这份分量很重的咨询报告，也会把报告当中的所有这些富有建设性的意见和建议采纳到我们今后的实际工作中去。而我们采纳您的意见和建议，推动工作取得的具体的进展，我们会在下一次咨询会的时候，专门向您作出报告。

下面我想借这个难得的机会，谈谈希望联合国教科文组织给予我们重点支持的工作。

第一，我们非常希望加强和联合国教科文组织在创业教育方面的合作。我知道联合国教科文组织对创业教育的发展是给予高度重视而且积极推动的，已经成立了中国创业教育联盟。我们非常希望能够在广东建立联合国教科文组织中国创业教育联盟的分支机构，或者请联合国教科文组织中国创业教育联盟把广东作为一个实验的基地。现在我们政府正在全力地推进"大众创业、万众创新"，应该说创业教育在我们这里有非常迫切的需求。我们希望通过与联合国教科文组织中国创业教育联盟的合作，能够动员我们的有关的学校、有关的企业、有关的文化机构和科研机构一同参与到创业教育的行列中来。这是我的第一点建议。

第二，我也非常希望联合国教科文组织能够积极推动广东和国际社会在科技领域的合作。前不久国家正式批准珠三角建立国家自主创新示范区，应该说这给未来广东的创新驱动发展带来了特别重要的新的机遇。这个国家级的自主创新示范区覆盖了整个珠三角城市群，包括广州、深圳和其他7个地级市，我们非常希望借助联合国教科文组织在国际上的资源和你们的联系，能够动员更多的国际科研机构参与到我们这个自主创新示范区的合作建设上来。我们希望借助您的支持，能够在珠三角自主创新的示范区搭建起一个国际性的协同创新的一个高端的平台。一方面可以推动我们自主创新能力的进一步提升；另一方面也可以借助这个平台，来促进联合国教科文组织现在策划的重点项目的开展和推广。

第三，我们非常希望联合国教科文组织能够加大对广东历史文化资源的推介力度。我们国家已经明确地提出了"一带一路"的战略性的倡议，而且现在得到了"一带一路"沿线国家普遍地、积极的响应，我们希望联合国教科文组织能够指导和支持我们广东的海上丝绸之路的申遗工作。我们也非常希望借助您的支持，借助联合国教科文组织的支持，能够加快推动我们国际文化交流和我们的文化产业的发展。我们在深圳已经举办了多次国际文化产业博览会，我们也希望通过您的支持，通过联合国教科文组织的具体的支持，能够让更多国家的文化创意企业能够参与到这个展会中来，借这个展会的平台来谋求和我们在文化创业产业方面的合作。

总之我们感到非常的荣幸，您能够欣然接受我们邀请，担任我们的国际经济顾问，接下来我们会有科技、教育、文化方面很多具体的合作事宜要向您请教，并且希望能够更多地获得您的支持。

汉斯·道维勒：首先感谢朱省长您邀请我担任省长经济顾问，感谢您邀请我此次来到广东，为广东的发展贡献我的绵薄之力。当您提到广东希望同世界加强国际合作的时候，我第一时间想到广东也被称作"Canton"，广东因广交会已为世界人民所知道。那么我想您的政府和您的人民一定是已经具有先锋的精神，这可能是我们这些人都没有可能达到的。

我想我们现在是处在一个十字路口，这个十字路口的意义在于中国准备开始实施第十三个五年规划，而联合国也开始实施其下一个15年可持续发展计划。那么如今广东作为国际化程度非常高的一个省份，在你们的第十三个五年规划中，我想会融入更多国际的元素。这些国际的元素也会帮助广东进一步融入全球经济的发展。

我也很高兴您提到软实力的重要性，提到了教育和文化在当今这个全球化的时代能够发挥的作用。这也是我本人这几年来一直所推崇的，我相信，在当今这个全球化的时代，软实力将是真正能发挥作用的最有力的一股力量。

我们经常说教育是解决方案，那我想说教育是所有领域的解决方案。比如说在我们解决气候问题的领域，那么我们怎么教育我们的下一代减少碳足迹，怎么样教育他们从小开始就注意到气候环境的变化和影响。

另外就是我们如何把科学跟教育结合起来,那就是要把科学当成一门基础设施来培育。希望广东省能够成为科学发展的桥头堡。

那么您提到了创业教育问题,目前已经越来越多地纳入教育课程的设计当中。那么我个人也会向联合国教科文组织反映广东省的需求,反映你们需要更多国际的资源来支撑创业教育以及创业教育联盟在广东的需求。但是我想您也知道,跟所有的体制内企业一样,反映问题都有一个时间的需求,联合国教科文组织也不例外,它也有一套程序要走。所以当前借助"互联网+"这个有利的环境,我想广东也应该更好地利用互联网课程,这些课程是在网络公开的,所以它能够帮助我们年轻人,有创业教育需求的年轻人及时获得这些支持,开展他们自行的创业行动。

那么我本人也和广州跟深圳的一些公司和企业开展过密切的合作。我也参加过两次在深圳举办的文化产业博览会。那我个人的感觉是这个创意经济不仅是广东省的未来发展的蓝图趋向,也是世界未来发展的蓝图趋向。目前创意经济所创造的产值已经占到世界GDP的7%~10%,而且这个比例将会持续上升,所以我相信创意经济在未来不管是国家层面的发展还是地方政府层面的发展都将发挥越来越大的作用。

目前,联合国教科文组织跟深圳开展的合作比较密切。深圳已经被设立为创意设计城市;同时深圳也向联合国教科文组织输送了许多的企业家,尤其是创意产业方面的企业家。您如此重视文化在未来软实力的发展以及经济的发展中发挥的作用,那么我也想向您表达我的敬意。

广州市作为海上丝绸之路的一个起点,尤其是在当前中央政府开展"一带一路"战略的过程中,广州不仅仅作为历史文化一个的枢纽,它还应该作为一些新的基础设施发展的一个枢纽,这些新的基础设施的建设也将使广东永久受益。当副省长许瑞生还是广州市领导的时候,我就跟他见过面,当时他就已经跟我介绍过这个海上丝绸之路的起点以及广州作为海上丝绸之路起点的重要性。他当时也跟我推荐说,南越王墓也应该作为联合国教科文组织的一项重要遗产。但是这个申遗的过程是个复杂的过程,首先它得由中国的中央政府向联合国教科文组织提出申请,然后由21个成员国组成的委员会来决定是否将这一项景观或者遗产纳入世界文化遗产,所以这是一个非常冗长的过程,但是我相信所有的事情都应当要去尝试,我想您也可以绝对放心,有我的支持这个进程会尽可能加快。

我想向您再次表示感谢，我也非常敬佩广东省取得的成就，也非常感谢广东对于中国的发展，对于全世界的发展所作出的贡献。

朱小丹：非常感谢您刚才所谈的，给我们很多启发。我想接下来围绕着广东的软实力建设，我们可以多向您请教，也可以多通过您争取联合国教科文组织对我们更具体的支持。今天我们的科技厅黄宁生厅长、教育厅魏中林副厅长、文化厅方健宏厅长，我们几位政府部门的主要负责人，也来参加和您的会见。我很希望我们这些部门，希望这几位部门的主要负责人能够跟您建立起更密切的联系。您刚才提到的创业教育，尤其是创业教育的网络化即远程教育，也包括您提到的创意经济、创意设计等这些领域希望接下来也能够加强联系，也感谢您对我们申遗工作所表示的支持，当然首先要把自己的功课做好。我们的开平碉楼已经是申遗成功，这离不开联合国教科文组织的支持。而中国古代海上丝绸之路的申遗对我们当前一带一路建设也有很重要的现实意义。我们特别高兴的是您实际上已经跟广东有很多具体的联系，这是我们谋求今后新的合作的非常好的基础，希望您今后能够经常到广东走一走，看一看，经常就联合国教科文组织正在推进的一些重点的实验和广东进行对接，希望联合国教科文组织推进的一些重点项目能够更多地在广东落地。

十二、中国制造 2025 对接德国工业 4.0

朱小丹省长会见鲁道夫沙尔平战略咨询交流有限责任公司董事长鲁道夫·沙尔平先生

时间：2015 年 11 月 20 日
地点：广州市东方宾馆
中方参加人员：
  朱小丹 广东省委副书记、省长
  李　锋 广东省政府秘书长、办公厅主任
  何宁卡 广东省发展和改革委员会主任
  傅　朗 广东省外事办公室主任
  刘文通 广东省金融办主任
  房永斌 广东保监局局长
  陈　东 揭阳市市长

外方参加人员：
　　鲁道夫·沙尔平　鲁道夫沙尔平战略咨询交流有限责任公司董事长

朱小丹：尊敬的沙尔平先生，感谢您作为我们省长顾问，在百忙之中抽时间参加国际咨询会。实际上，我们的交流不局限于国际咨询会这个场合，我们已经多次见面，已经是老朋友了。您亲力亲为，为推动中德之间的合作，特别是广东企业与德国之间的合作做了大量的工作，倾注了非常多的心血，也结出了丰硕的果实，对此我们感到非常钦佩，也非常感谢您作出的这一切。

我想我还要特别感谢您作为中德金属生态城的开拓者和奠基人为这个项目的推进作出的特殊重要的贡献。现在中德金属生态城建设和推进的整个局面是非常喜人的，我们可以完全预期到这个项目今后成功的远景。这个项目已经成为中德之间进一步深化合作的非常重要的平台，这个平台的建设已经得到国家层面的高度关注和全力的支持。先进的德国金属表面处理技术已经在这个园区当中进入实际运行的阶段，解决了多年困扰我们的金属表面加工的问题。在园区中的中德合作项目，依托德国企业投资的项目已经达到 19 个，总投资超过 100 亿元。而且中德揭阳中小企业合作区也获得了国家的批准，未来将是中德中小企业之间交流和合作的新平台。

中德中小企业论坛也成功的举办，经过我们共同的努力，中德中小企业之间的交流合作开始实施 4 个 100 的计划，就是 100 家中德企业的对接、100 名德国专家担任顾问、100 项高新科技成果的转化，主要是德国的高新科技成果，还有就是设立 100 亿的中德合作基金。

另外，中德合作建设应用科技大学这个计划也在顺利实施。最近我到这个园区去，有一个新的提议，建议在那里建立德国先进技术转移中心，另外建立德国先进技术在中国本土国产化的核心基地，这得到了德方的支持，也得到国家政府的支持。

这次您精心准备了一份很有分量、很有建设性的咨询报告，这个报告给了我们很多新的建议，这些建议对我们有很强的启发意义。您具体提出了加强中德双方在研发方面，在高校和专科学校、职业教育、专家互访、培训等方面的合作；另外建议定期举办中德专家论坛，以加强工业领域的合作交流。这些建议是非常务实的，非常具有可操作性。现在您领导的机构已经是我们中德合作，尤其是中德企业之间，包括中小企业之间合作的重要桥梁。我想接下来能更好地发挥桥梁的作用，进一步促进广东与德国企业界，特别是中小企业的合作，对广东制造业转型升级具有非常积极的意义。我们希望借助沙尔平先生您的影响力，借助您的机构所发挥的这种桥梁的作用,能够在您的支持下,进一步推动广东与德国在制造业方面的合作。我们也希望您的机构能够成为中国制造 2025 和德国工业 4.0 对接的桥梁。我们争取采取更多样的方式、更多的渠道,来推动制造业方面有关专家、企业家和行业商协会之间的交流。

另外,您在咨询报告中再次提到建议由广东省和德国轮流举办一年一度的中德专家论坛,我们对这个建议予以积极的响应。我们可以共同策划,能不能站在一个比较高的起点上,来筹办中德技术合作论坛,让更多高层次专家参与其中。这个论坛我想应该把立足点放在创新上,放在以技术进步和技术创新推动广东制造业转型升级上,尤其是广东制造业的智能化发展。

另外,我也非常希望沙尔平先生您本人和您的机构能够发挥你们特有的优势和已经掌握的关系、资源等优越条件,促进广东和德国在教育领域,特别是高等教育领域和职业教育领域的合作。当然如果像揭阳那样能够进一步推动德国优秀的大学或者是优秀的职业教育机构,和我们广东的大学和职业教育机构建立新的合作办学的项目,这是我们更加欢迎的。当然,我更希望您能关注即将诞生的在揭阳的中德应用科技大学的建设和发展。

去年我们李克强总理访问德国期间,中德双方发表了中德合作行动纲要,在纲要框架之下,我想我们可以找到接下来广东和德国中小企业之间合作的更大平台和空间。我们非常感谢您今年 5 月份来参加了首届中德中小企业合作交流会,我想您对推动中德中小企业合作一直不遗余力,付出了很多心血,我希望今后您通过您的机构能够引导更多德国中小企业到广东来寻求合作或者在广东投资。我们希望这种合作不仅仅是中小企业在生产经营、产品方面的合作,我们更希望到广东投资发展的中小企业能够把广东制造业转型发展所需要的核心技术、新技术带到广东。现在我们与德国的合作不断地拓宽领域,形成了越来越多的综合性合作项目,在这个过程当中,希望沙尔平先生和您的机构能够关注这些平台建设的发展,在平台建设过程当中,对我们给予具体的指导和支持。

沙尔平:首先非常感谢省长您刚才的讲解。我有三点内容想跟您汇报:第一个是揭阳项目的发展,第二个是一个具体项目的情况,第三个是关于我们公司自己。我想先从第三点也就是我们公司情况开始阐述,因为另外两点可以相对比较快地说到。

关于我们公司,我们公司将会于近期由有限责任公司转型成为股份制公司,进行转变后,我们不仅会提供专业咨询服务,还会参与一定的项目投资。作为一个对项目投资的公司,我们非常关注先进的技术,先进材料方面的工业发展,包括大学间的合作、大学和机构间的合作，等等。所以我也想向您汇报这一点，今后的一些项目合作过程中，我们将会发挥除了咨询之外更为重要的作用。

　　回到第一点，关于揭阳的项目，我们也感到非常骄傲和自豪，能够与陈东市长等揭阳市领导一起，从项目开始阶段打下金属生态城项目发展的基石。对于像揭阳市这个相对偏远的广东城市，能够吸引到三个德国联邦政府的关注，不是一件寻常的事。我也是在过去这一段时间，经常与德国联邦经济部、德国联邦教育研究部保持密切联系，经常给他们一些关于揭阳的信息，包括项目现在的进展情况，也非常乐意与这些机构和政府部门保持对揭阳项目的关注。关于揭阳当地企业的发展，我们一直以来给予高度的关注，比如德国夫劳恩霍夫研究会同揭阳当地企业签署一份合作备忘录，这也是在德国默克尔总理到访合肥时，在默克尔总理见证下签署的。昨天我也同揭阳市陈东市长进行了一次会面，我们商定明年一月份再次在揭阳会面，就揭阳项目后续发展进行具体商谈。关于您刚才提到的一些议题，包括职业教育合作、高校间的合作、成立技术转化中心等，我们都会给予高度关注，并提供我们力所能及的协助，当然也会有一些新的议题，比如搭建电子商务平台、电子商务村等。

　　最后，关于广东省的发展，我也在我的咨询报告中提到了一些建议，想向您阐述一下这些建议的提出背景。首先非常感谢省长，关于德国安联保险集团，我们于2014年11月份跟安联集团的全球董事包括大中华区的董事长跟您在广州会面，今年广州恒大足球队和拜仁队比赛时也很高兴能够跟你见了面，安联集团对在广东省的发展，以及从省政府得到的帮助表示非常高兴和满意，所以我们也非常感谢您。

　　我想跟您介绍一下我们从中总结到的一条经验。这条经验是我们在帮助一家浙江宁波的公司时得到的，这家公司自2014年10月份开始跟德国一家企业进行商务谈判，之前这家企业在所在领域包括技术领域和其他领域都排在世界第二，在跟德国企业长期谈判后，将德国领先的企业收购了，收购后，不管从营业额还是技术质量方面都能排到世界第一位。当时谈判是非常复杂的，从整个过程中沙尔平先生获得了一条中德合作方面经验，那就是说中国和德国合作，不管是收购并购方面，还是技术转移方面，还是其他任何合作形式方面，今后的合作会越来越紧密。需求是非常多的，但阻碍也会存在。包括我们两国之间有不同的文化、不同的语言，以及对于对方社会以及其他领域认知的缺乏等。基于这样一个背景，我们正在德国跟不同企业进行商谈，相互沟通以什么样的形式搭建一个平台，在平台之上对一些高素质年轻人才进行培训，使他们能够在财务方面，在收购并购专业方面或其他领域获得一个专业的国际化的认知,得到专业的国际化培训,目前搭建这个平台的机会我们也会考虑是否放在广东省。在培训方面,我们具体在与德国一些大学和高校进行对接,在企业方面,包括像最开始跟您提到的安联集团,还有德国 SAP,是世界非常有名的做商业软件的公司,还有西门子公司等其他一些企业,我们都跟他们做了前期的交流。如果省长您同意的话,我们也非常乐意将平台搭建的一些信息和进展及时告诉给您和广东省的各位领导。

另外回到企业技术升级方面,我们现在也非常关注德国和中国企业在技术升级方面的合作,包括研究和发展方面。同德国夫劳恩霍夫研究会的合作,是我们一直以来非常推崇的合作,包括在揭阳项目中,我们也介绍了夫劳恩霍夫研究会同揭阳相应项目进行合作;另外包括德国史太白基金会,他是专门针对德国中小型企业技术转移、技术升级的基金会。与类似基金会、研究会的合作,对中国中小企业的技术升级具有非常重要的意义。

另外第三点,我们将会在明年 5 月底或 6 月初,在德国以大会形式举办一次活动,德国副总理加布里尔先生也将到会,在大会上,我们设想的目标是德国和中国企业和代表能够相互交流双方的合作经验,这相当于搭建了一个平台,中国的城市也能通过这样一次大会上展示自己和推广自己。

刚才所讲到的我们 RSBK 公司现在正在筹备的活动和想法,我们也非常乐意以频繁的信息交流形式转交到省政府这边,我们建议在明年年初寻找一次机会,具体讨论广东省以什么形式和如何意愿促成这些项目。

朱小丹:非常感谢沙尔平先生,刚才您又谈到很多促进广东与德国各方面合作非常具体的构想和建议,我们听了之后都非常受到鼓舞。我想对您提出的下来的合作项目,我们可以一项一项加以对接,最后明确我们跟进的政府部门,和您的机构一起,共同推进这些项目的落地。我非常期待在明年年初时能就一些具体合作项目,包括您刚才涉及的比较大的构想,能够有一个更为具体细致的对接。无论是您关于接下来揭阳项目发展当中具体合作项目的建议,还是搭建层次比较高的培训平台来面对中德之间企业界的合作,也包括利用德国的知名协会和基金来促进中德企业之间的合作,同时包括进一步加强中德企业交流的具体活动安排,我们都会全力给予支持,也希望在接下来的对接当中,尽快把这些合作项目落到实处。

另外就是您的机构进行了股份制的改造,接下来机构的功能进行了进一步的拓展,特别是未来会在先进技术、新材料、大学合作等方面提供投资的支持,这让我们感到特别的高兴。我们也希望在今后的对接当中,能在您谈到的这些方面形成新的合作项目，能够拓展我们的合作领域。

十三、统筹规划物流基础设施，建设智慧物流

朱小丹省长会见马士基集团执行委员会成员韩明森先生
时间：2015 年 11 月 18 日
地点：广州市东方宾馆
中方参加人员：
  朱小丹 广东省委副书记、省长
  李　锋 广东省政府秘书长、办公厅主任
  何宁卡 广东省发展和改革委员会主任
  曾兆庚 广东省交通运输厅厅长
  傅　朗 广东省外事办公室主任
  陈　东 揭阳市市长
  高仕强 粤电集团副总经理
外方参加人员：
  韩明森 马士基集团执行委员会成员
  施敏夫 马士基（中国）有限公司董事长
  卜安蓝 马士基拖轮亚洲有限公司总裁
  丁泽娟 马士基航运华南区总裁
  李劲红 马士基码头公司广州代表、南沙港集装箱码头副总经理
  喻　静 马士基（中国）有限公司政府关系和公共事务总经理

朱小丹：尊敬的韩明森先生、尊敬的马士基集团的各位朋友，非常高兴我们再次在广州相聚。您是第二次参加国际咨询会，是我们的老朋友了。这次您能拨冗前来并为我们提供非常精彩的咨询报告，我们感到非常高兴，向您表示衷心感谢。上一次国际咨询会，您为我们提供了一个击中要害的建议，就是借鉴香港模式约束船舶的排放行为。我们积极采纳您的建议，这两年在绿色港口建设行动中采取了一系列新措施，包括"油改电"、"燃油转换"、"油改气"、"船舶岸电"建设等综合性措施。对于您建议的船舶排放问题，我们取得了一个良好开端，当然这只是起步阶段，接下来希望更多得到您的具体指导。马士基和广东有非常紧密的合作关系，这些年我们之间的合作不断取得新的成果，对我们航运事业发展以及广东经济建设发展产生积极的促进作用，这要感谢您和马士基集团。

跟上次一样,您为国际咨询会精心准备了一份高质量的咨询报告。这次您将关注的焦点放在智慧物流的发展上,同样给了我们很多的启发。您和我们一起分享了鹿特丹、洛杉矶等国际知名港口智慧物流应用的成功案例,同时帮我们分析了一个非常学术的问题就是物流的木锯效应影响。在这个基础上,您提出了统筹规划物流基础设施,建设智慧物流的数据、系统和政策支撑等非常有针对性和建设性的建议。我们也会像上次那样积极采纳您的建议,推动广东物流业的转型发展,推进广东智慧物流建设。我想,在目前马士基与广东友好合作的坚实基础上,以及取得双方满意成果的前提下,未来的合作应该进一步向纵深发展。受您的启发,我也对今后合作谈一些个人的想法。

第一,围绕您咨询报告的主题,希望和马士基加强在智慧物流方面的合作。因为你们是智慧物流的引领力量,非常希望借助马士基在智慧物流领域的独特优势,通过合作帮助我们利用物品编码标准、云计算、数据挖掘等关键技术,尽快建设智能物流信息平台,形成多功能一体的物流信息服务中心。

第二,非常希望通过未来的合作共同开拓国际航运市场。您一定清楚中国提出一带一路的倡议,这得到了一带一路沿线国家的热烈反响。在历史上,广东是古代海上丝绸之路的始发地,在 21 世纪海上丝绸之路建设中,广东具有独特的优势。我们处在特别重要的枢纽位置,希望发挥枢纽在一带一路特别是海上丝绸之路建设中的积极作用。现在我们已经制定了参与一带一路建设的总体规划,其中推动互联互通是规划的重点内容。互联互通包括陆、海、空,而在海上联通方面广东的独特优势是不言而喻的,这也是马士基非常清楚的。现在,我们正在策划与 21 世纪海上丝绸之路沿线国家建立港口联盟,促进各国港口的互联互通,并合作建设深水港和临港产业园区。9 月份我访问了马来西亚,广东和马六甲州结为友好省州,这是马来西亚第一个对外结好的州,而且当年郑和下西洋曾经 6 次驻扎在马六甲。现在广东在马六甲有一个深水港建设规划,并希望通过友好省州合作推动规划落地。所以,通过建立港口联盟,开辟更多的国际航线,是未来我们参与一带一路建设的重要任务。在这个过程中,我们希望密切与马士基合作,在开拓国际市场中借助马士基的影响和实力,加大加快开拓的力度和进度。

最后,和我们马上签订的合作协议直接相关,就是希望加快落实合资建设的拖轮项目。马士基拖轮公司与广东粤电航运有限公司、揭阳市惠来县政府即将签订协议,推动拖轮业务的合作。我们希望这个项目早日落地,并在省政府工作层面对项目给予全力支持。

韩明森:非常感谢朱省长对我们的称赞,也非常荣幸继 2013 年之后再次回到广州参加咨询会。我很高兴看到广东 2014 年 GDP 增长达到 7.8%，祝贺广东取得如此不俗的成绩。GDP 的重要性不言而喻，广东的 GDP 几乎是除英国、法国、意大利外欧洲国家 GDP 的总和，广东对于马士基具有相当重要的地位。而且不像其他国家，广东的 GDP 在不断增长，这种趋势在其他国家是看不到的。古老的丝绸之路已离我们远去，但我们的合作可以回溯到 90 年以前，而且当前面临很多新的机会可以探索。我们在广东一直感到宾至如归，而且合作非常愉快，这给予我们更多灵感去寻求更多合作。在做报告前，首先感谢广东港口的支持，他们非常开明，总是有办法解决问题以达到我们的要求。我们写报告时选择广东省和广州港，因为有信心看到广东省以及广州港未来在智慧物流领域能够发挥更大作用。

2015 年对于我们是非常具有挑战性的一年，货量在相当长一段时间内首次出现下降，特别是进口货量，并且其他方面发展相当迟缓。我们看到的亮点除了一带一路倡议，还有高效的码头建设和物流解决方案。同时，我还有除智慧物流之外的两个观点和您分享。一是关于海铁联运，一旦发展好，可以更好与内陆连接起来，更好地实现互联互通。二是随着广东自贸区设立，如果能够允许自贸区内的港口进行沿海捎带，这将更有效率。我们完全尊重中国对内陆运输和沿海捎带的要求，同时也看到相当多的货物通过新加坡、中国香港、马来西亚等地港口进行中转，操作效率不高，如果广东港口能够操作沿海捎带将有效节省资源。

下面简要回复您的一些问题，现在我们在广州港运输超过 100 万标准箱的货物，作为领先的船舶公司，我们有能力帮助广州港研究提升智慧物流平台。在报告中我们分享了一些国际港口的经验，但这不是一个容易的工作，这涉及很多船舶公司和基建公司，建议成立工作小组研究工作方案。

刚才您也提到互联互通，我们的分支机构丹马士公司已经成为广东第五大空运供应商，这个消息本来可以在 2 年前告诉您，现在我们发展得更好了。除了海上合作外，我们可以在陆路和空运方面开展合作。

关于一带一路，我们非常重视相关国家的信息，并大力发展港口设施和交通设施建设，非常愿意寻求机会在一带一路沿线国家开展合作。

最后，关于马士基拖轮公司在惠来成立合资公司，希望以此为起点继续在拖轮业务上寻求更多的合作机会。

朱小丹： 非常感谢！刚才您谈到我们未来合作的重点方向，我都非常赞成。实际上智慧物流、海铁联运、沿海捎带都是我们在转型发展中迫切需要的。南沙是最大的自贸区片区，希望在南沙围绕南沙港的建设发展，形成与国际接轨的现代化航运服务体系。未来我们与马士基的合作将是多领域、开创性和突破性的。

十四、创建透明度高、职业化、法制化的监管环境

朱小丹省长会见美国全国商会常务副会长兼国际事务总裁薄迈伦先生

时间：2015 年 11 月 19 日
地点：广州市东方宾馆
中方参加人员：

- 朱小丹　　广东省委副书记、省长
- 李　锋　　广东省政府秘书长、办公厅主任
- 何宁卡　　广东省发展和改革委员会主任
- 郭元强　　广东省商务厅厅长
- 傅　朗　　广东省外事办公室主任
- 陈秋彦　　广东省贸促会会长

外方参加人员：

- 薄迈伦　　美国全国商会常务副会长兼国际事务总裁
- 金立刚　　美国奥尔布赖特石桥集团合伙人兼美国全国商会驻华首席代表
- 陈清照　　美国全国商会中国事务高级总监
- 赵　治　　美国奥尔布赖特石桥集团高级总监兼美国全国商会驻华代表

朱小丹：尊敬的薄迈伦先生、尊敬的美国商会的各位朋友，非常高兴我们能够再一次有面对面交流的机会。首先非常感谢您再一次以我们省的国际经济顾问的身份在百忙当中不远万里来参加我们国际咨询会。我记得在上一次咨询会当中，您给我们提了非常好的建议，这些建议主要集中在知识产权的保护方面。我在今天也都讲到，我们是将创新驱动发展作为我们推动整个广东经济社会转型发展的一个核心战略。那么在推动这个战略的时候，知识产权的保护和应用是最基础性的一个保证。应该说，两年前的咨询会之后，我们加强知识产权的保护和应用方面做了不少工作。在我们的工作当中，也积极采纳您的非常具有建设性的意见和建议。就在这两年当中，时间虽然不长，但是我们在这个领域做了不少关系长远的工作，包括全国的专利审查协作中心已经落户广州，区域性的广州知识产权法院也都在广州建立，同时我们将国际级的专利信息服务中心和信息传播利用基地也设立在广州，同时国家已经批准我们珠海横琴建立知识产权金融服务创新试点。

您这次咨询会又给我们提供了非常精彩的咨询报告，您在报告中的提议也是当前我们改革当中重点攻坚的内容，这包括了减少市场准入的障碍，发挥市场的决定性作用，包括进一步开放投资和信息技术领域，包括鼓励研发活动的商业化，以及创建透明度高、职业化、法制化的监管环境。这些实际上是我们当前在全面深化改革的过程当中，重点的改革攻坚项目。涉及这方面的改革主要有这么几个主要的着力点：第一是政府审批制度的改革，第二是商事登记制度改革，第三是监管体制的改革。审批制度的改革就是改变我们过去重审批轻监管的这样一种政府的行政运作模式，我们全面地降低了企业的准入门槛，大幅地减少和转移了政府的审批项目。我们在商事制度改革方面，主要是全面地简化了企业的工商注册的环节，提高了这方面的政府办事的效率；现在我们也在投资领域，制定了投资领域的负面清单，鼓励民间投资进入过去有所限制的投资领域。所以说这些改革已经见到了非常明显的成效，也就是这两年，我们新登记注册的企业的数量和注册资本金的总额有了非常大幅度的增长。同时我们也在着力地建设我们的信用体系，特别是企业的信用记录的完善，另外加强我们的综合执法，依靠法律来维护市场秩序。总之我觉得，这次您的咨询报告是一份非常专业也是非常有分量的咨询报告，接下来我们在深化这些重要的改革当中，我们都可以积极地采纳，进一步推进我们各项改革。

您是美国最大商会的领袖，我上次和您见面交流的时候也讲过，我们和国外的这种交流不应仅仅局限在政府层面或者是企业的层面，我们希望有更多的社会组织能够加入其中，所以接下来我们非常希望能够借助美国商会独特的优势，来推动美国商会与广东之间的合作。我们非常希望您领导的商会能够更多地在美国商界介绍当前广东转型发展的一些新的需求，新的投资的机会和合作的机会；也希望多介绍，在接下来一带一路建设当中，广东将要扮演的特殊重要的角色。

另外，我们非常希望在广东刚刚建立起的自由贸易示范区中，能够吸引美国更多的投资，而这一点，我们希望美国商会也能够帮我们做一些推介工作，引荐更多的美国企业能够到我们自由贸易示范区考察，在条件成熟的时候，我们也希望有更多的美国企业能够直接参与到我们自由贸易示范区的建设当中来，尤其是在国际金融创新方面，能够加强与美国相关的企业和机构的合作，特别是跨境人民币的创新业务和外币的离岸业务，以及双向跨境投融资等这些方面的金融合作。另外，我们在自贸区建设当中，突出了高端服务业的集聚，包括了航运，也包括了我刚刚讲的金融，同时也包括了物流和商贸，我们希望在这些方面能够形成中美合作的一个新的格局。我们的自贸区有三个片区，包括广州的南沙、深圳的前海和蛇口、珠海的横琴，在这个自贸区当中，有三个非常重要的港口，我们希望加强自贸区和港口和美国港口的合作。当然我们也非常希望加强在专业服务方面的合作，比如说国际商事仲裁。

我还有一点建议，希望通过美国全国商会能够更多地和我们广东的各类行业协会和商会直接地交流和对接，也能够在这当中形成双方都感觉有必要，双方都有共识的合作项目。也就是说我们希望美国全国商会能够扮演在我们新的发展阶段当中引进来和走出去的一个桥梁和纽带作用，这包括了我们今后的产业调整和转型升级能够引入更多的优质资源和创新资源，也包括让我们这些有实力有条件的企业走出去，包括到美国去投资。同时我们还希望能够通过美国全国商会，加强在知识产权方面的合作，通过你们能够引进更多的美国知识产权保护和利用方面的先进经验。总之我想直到今天，社会组织、行业协会和商会之间国际性的交流和合作仍然是非常有潜力的，仍然是有待进一步拓展的非常宽阔的领域。我希望美国全国商会能够在这个领域的与我们国家，与广东的合作当中能够扮演领头羊的角色。谢谢。

薄迈伦：我非常感谢您和您的同事的招待，也非常钦佩你们在这两天的会议中所表现出来的智慧和意见。尤其是看到您对所有顾问的报告都有所回应，而且也看到您的团队对我们的报告都有认真地阅读，并且我们有一个非常有成效的讨论。我非常荣幸能够作为省长的经济顾问，其实您的很多的经济顾问都是我们商会的成员，比如说您刚刚见过的西门子公司就是我们会员之一，我也希望您能够从我们今天所讨论的以及我们上交的咨询报告中得到有益的启示。我本人致力于推动中美关系大概有 20 年了，我能告诉您的是，对于您开放的态度，以及对我们这些意见的吸纳程度并觉得非常富有成效，我们自己也觉得非常受鼓舞。

我们确实意识到了广东省在保护知识产权所做的努力，对知识产权的重视是一个双赢的过程，一方面广东省将吸引更多来自国外的投资；另一方面您也可以通过对知识产权的重视从而完善广东的创新体系，并且鼓励更多的创业。美国商会也在广东进行了一些保护知识产权保护方面的项目。

我们第二个比较感重视兴趣的领域是医疗领域。在 2014 年 APEC 在北京的峰会上，我和一些公司的 CEO 开了一个会，我们当时谈到了一些不会传染的疾病，比如说过度肥胖症，我想这种病在美国以及一些发达的国家都比较常见。这个疾病同时发生在发达国家和发展中国家，但是在中国它将越来越明显。技术当然是解决问题的一个重要性手段，但是融资也是一个解决问题的重要渠道。世界上可能不仅仅是中国政府，其他的政府也没有对这个领域都足够的重视。所以我在这个方面，提醒更多的广东企业重视起来，与我们的商会开展更多的合作。

第三点我比较感兴趣的是香港与珠三角地区进一步的联合。那么，我们知道美国的香港商会一直扮演着非常重要的作用，他们的许多会员在广东有非常巨大的投资，所以我们希望在这一方面我们能够加强联系。我们知道香港与广东一直都有非常密切的合作，也经常合办一些论坛，不仅是在广东省举办，也有一些在美国举办。那么我们希望能够进一步提高密切广东与香港合作的意识，尤其是在金融领域。我们非常有兴趣知道广东省在跨境业务方面目前有什么样的举措。我们知道广东省一直致力于希望能够作为珠三角的一个枢纽，同时也是作为一带一路建设上的一个枢纽，那么我想美国商会是广东宣传它重要地位的一个很好的平台，这个过程中投资是与之息息相关的。我们在中国一直在讨论的话题就是投资，我们的一些会员在很久之前就来到中国投资，我们当然希望能够与当地政府合作为他们进一步营造一个好的投资环境，当然我们也会进一步鼓励美国更多的投资，投资到广东省来，但是对于广东省来说，更加兴奋的是美国也有很多的投资机会，我们也希望能够帮助更多的广东企业"走出去"，到美国去投资，我们也已经印发了一些刊物帮助需要"走出去"的企业来了解美国的法制和规则，同时帮助他们了解美国及各州政府政策的不同。

朱小丹：你所关注的合作的重点也是我们所重视的合作的方面，我想我们需要两年的时间才能开一次国际咨询会，而美国商会在座的有你们在中国的代表，能不能通过中国的代表机构或者中国代表机构的负责人能够建立一个日常的联系的这样一个工作机制，能够就我们共同关心的相关的合作项目进行更多的探讨。

我们可以对双方需要了解的基本的资料建立起一个交换机制。比如说，希望了解我们自贸区的情况，我们自贸区有关的规划、有关的文件、有关的政策，以及我们各个自贸片区不同的定位和他们的发展重点，我们已经都有比较完备的资料，我们可以通过这个渠道来进行互换。而且我们广东自贸区的办公室就建立在商务厅，甚至可以直接和我们自贸办联系。至于我们同香港的美国商会之间的联系，我们也可以通过你们驻中国的机构来起一个穿针引线的作用。关于吸引美国的投资和推动广东的有实力的企业到美国去投资这个事情，确实需要我们有更具体的对接，就是我们都希望了解双方投资的方向、了解投资的重点、双方都需要互换这方面的资料。另外我想一个特别能起到作用的方式，就是我们能不能组织一些双向的有交流性质的企业家的互访。比如说请美国的一些企业家到我们广东来考察，我们也有一些企业家能够有目的地到美国去考察。

薄迈伦：那么对您这个建议，我想做一点回应，我觉得这个企业家的互访，应该是某一个具体的领域的企业家去，比如说这一次完全是一个生物科学的领域的企业家互访，或者下一次就是一个基础领域的，我想这样的访问才更有成效，更有针对性。

朱小丹：我也赞成。总之实际上我们已经谈到了很多的合作意向，但是要把这些意向转化为实际的合作项目，转化为具体的行动，还需要很多的策划。这中间需要更密切的交流跟沟通，我们应该建立一个比较便捷的、更加高效的、立足于常态的交流沟通机制。最好就是我们固定的政府部门和你们在中国的代表机构建立一个日常联系的渠道。

十五、营造创新环境和开放的市场准入环境

朱小丹省长会见诺华集团执行委员会成员理查德·弗朗西斯先生

时间：2015 年 11 月 19 日
地点：广州市东方宾馆
中方参加人员：

朱小丹	广东省委副书记、省长
李　锋	广东省政府秘书长、办公厅主任
何宁卡	广东省发展和改革委员会主任
傅　朗	广东省外事办公室主任
段宇飞	广东省食品药品监管局局长
陈良贤	中山市市长
江效东	广东省卫生计生委副主任

外方参加人员：

理查德·弗朗西斯	执行委员会成员
张　炜	山德士中国总裁
徐海瑛	诺华中国总裁
陈　波	山德士中国副总裁
赵　伦	诺华中国政府事务副总监

朱小丹：尊敬的弗朗西斯先生、尊敬的诺华的各位老朋友，今天我们能够面对面地进行交流是一个特别难得的机会，我们感到特别高兴，首先感谢您在百忙当中以我们顾问的身份出席这次国际咨询会，而且给了我们非常好的咨询报告和

非常好的意见建议。

诺华已经是第五次作为我们省的国际经济顾问机构了，这也反映出诺华和我们特别紧密的合作关系，您是首次担任我们的经济顾问，我想以这个作为新的起点，相信我们之间的合作又能够向前迈出更大的步伐。

您这次在咨询报告当中提的这些意见建议给我们很多启发，我想这些意见建议对于深化我们之间的合作也有很强的针对性，您提出为生物类似药的研发和注册营造创新环境、营造开放的市场准入环境等建议恐怕都直接点到了我们政府所要做的工作，我们应该为你们在我们国内特别是广东的发展创造更好的条件，创造更好的环境。我访问诺华一眨眼也有4年时间了，这个时间过得很快，但是在这4年当中，应该说诺华和我们广东的合作，和江门的合作应该说进展非常的顺利，这个我们非常高兴，我想现在应该是我们进一步深化我们之间合作、推动我们之间合作的一个特别好的时机，我想就接下来我们的合作再谈一些我个人的建议，能够当面和您做一个交流。

第一个方面，我们非常希望借助诺华的基础优势，尤其是借助诺华强大的研发能力，能够加强我们在医药领域核心技术和新产品的研发的合作。您在咨询报告当中提到的生物类似药，如果我们围绕生物类似药能够建立诺华在广东的研发中心的话，这个对于推动这一类医药产品在广东的生产和发展一定会有很大的帮助。

第二个方面，我们非常希望诺华能够加大对广东在生物医药领域的智力支持，尤其在人才培训方面的支持。生物医药产业是我们重点发展的八大战略性新兴产业之一，这一战略性新兴产业的发展我们现在最缺乏的是人才，我们非常希望诺华能够发挥你们已有高端的国际资源，拥有非常广泛的国际影响，利用这种优势，能够帮助我们引进更多的研发创新团队和领军人才，同时也希望在教育和培训方面，帮助我们培养本土的高端人才。

第三个方面，我希望诺华现在已经在广东医药领域展开的这些合作项目能够得到进一步的推进和拓展，包括希望诺华能够加强和广东的新药研发机构，有关医院和专家之间的交流和沟通，同时继续深化和中山市、广东省人民医院以及中山大学在新药研究、医师培训、公立医院科研能力建设、慢性病管理体系等方面已经展开的合作。

第四个方面，我们非常希望能够借助诺华对我们的支持，能够在广东营造一个更加良好的医药领域创新环境。这当中呢，主要是希望诺华能够更多地和我们广东、和我们广东的同行能够分享创新药品领域当中关于研发生产、准入标准和监管规范等方面的专业知识和你们的成功经验，帮助广东进一步提升药品生产和安全监管的整体水平，今天我们药监局的局长也来了，所以我们在加强药品监管方面也希望学习瑞士、学习诺华的成功经验。

弗朗西斯： 首先我要感谢省长先生，我非常有幸能够今天参加这一次的咨询会。关于您提到的一些建议，我觉得这些建议对于我们之间建立合作伙伴关系、对于广东省的未来发展都是非常重要的事项。所以，下面我要花一些时间一条一条地来回应您刚才的提议。

首先，您谈到关于研发和创新方面的提议，对于一个药物公司来说，在生物制药行业，特别是像生物类似药这样的药品，我们必须把创新放在核心，否则我们的生命期非常的短。那么创新非常重要，但是创新其实它的模式，一个创新能够维持的时间非常的短，我们每年都要花费大量的精力投入在研发之中，我们觉得要找到合适的合作伙伴，包括和大学机构进行合作是非常重要的，只有这样我们才能加快创新的速度，所以合作伙伴是我们的信条，也是我们的做法，我们会继续去寻找合适的合作伙伴，包括和广东省进一步加强我们的合作伙伴关系。

再来谈一下生物类似药，我觉得生物类似药是一个非常令人振奋的主题，有两点原因，第一个原因，在任何一个快速发展的经济体里面，人都是最重要的因素，我们要确保人能够生活得健康，生活得具有生产能力，所以在医药、医保方面我们必须十分注重药品的安全和质量。我们在广东省的中山市已经建立了我们的制药基地，我们希望给广东省提供的不仅仅是药物的供应，而且也能在这里进行药物的生产，我们觉得这一点非常重要，一方面是我们提供的这些药物能够保持人们的身体健康，第二方面我们也有助于为当地打造一个具有创新性的制造业，同时保证生产出来的产品具有高质量。我们相信这两点诉求和广东省现在的战略是不谋而合的。

那么您还谈到了对于人才培养的支持，我们也非常同意这一点，那么诺华一直也是对人力资源的投入非常大的，包括我们在研发方面，在制造方面都把人才的培养放在重中之重，我们觉得机器和设备是可以随处移动的，但是人才的获取和保留却没有那么容易，所以，我们也开展了很多合作项目，和当地的大学、学术机构进行人才培养的合作。

您也谈到了我们要回馈社会。回馈社会的方式包括培养本地的人才，培养本地的医生、护士等医疗人士，那么我们觉得诺华在这方面确实是负有责任的，我们所做的不仅仅是生产产品、销售产品，我们还要在教育上来回馈社会，我觉得我们诺华在教育方面的投入在中国已经是有一些年头了。我们和医生进行合作，给他们提供培训，也把更广泛的医疗行业的利益相关者纳入进来，这些培训的内容有很多跟我们销售的产品毫无关系，完全是公益性质的培训。

您也谈到了诺华可以和广东省在医药产业、医药行业进行合作，比如说在医院方面的合作，把医院纳入到我们的网络之中，我们也确实这样，其实最近我们诺华对这方面的合作已经不是那么关注于具体的药物，我们更加关注的是结果好不好，我们推行的是以结果、以效果为基础的合作，我们觉得这是我们的责任。我们要确保病人能够拥有健康的身体，那么这样，药物的价值才能真正地体现出来，我们把这个价值创造放在维护人口的健康、社会的和谐上面，这样才能创造长期的价值。那么，为了能保证有效地实行我们的战略，我们也在广东省、在中国进行了很多药物的临床实验，希望能够缓解患者的病症，帮他们治疗疾病，也能够在财务上帮他们减轻负担，让这个药物的性价比更高，所以我相信无论是对于广东省希望降低药价，还是对于我们公司的科研创新来说，这都是一个双赢的事项。

那么对于您最后一个提议，就是说，我们也非常愿意在医药卫生行业的监管和市场准入方面分享我们的经验，那我们诺华在全世界 108 个国家都有我们的业务部署，所以我们对各个国家的医药系统也有着自己的了解，我们也希望能够给广东省提供这方面的建议，帮助你们来建立一个适合自己的医药卫生的管理体系。要实现这样的目标，我们就必须在制造、标准、质量方面来更加地严格实行更为严格的标准和质量要求，这一贯以来都是诺华为之奋斗的目标，那么我们觉得在各行各业质量当然都非常重要，对于制药行业，尤为如此。我们也听说了制药行业在过去 5 年来在质量上也出过一些事情，所以为什么诺华才对质量这么的重视，我们花了很多的投资来提高我们的销售产品的质量，因为我们是身处在制药行业，我们的目的是能够让人们生活得越来越健康，那么要实现这样的目的，我们有责任来为业界提供高质量的药品。

最后呢，我还有一个小小的想法，您也提到质量非常的重要，像诺华这样这么重视质量的公司，也许这可以让我们公司在众多的制药公司同时参加广东省的药品招标的时候，让我们显得脱颖而出，这样的话，我们就可以把更多的产品组合，因为我们诺华有非常多的药品产品组合带给广东省，以更快的速度带给他们，可以让更多的人受益。

朱小丹：非常感谢您对于我刚才提出的一些想法给了这么积极和具体的回应。应该说我们在推进诺华和广东的合作方面实际上一直都有很多共识，我们有共同的目标。而且在您刚才所讲的、所表达的这些观点当中，体现了一份非常厚重的社会责任感,我想我们将来的合作会在一个非常高尚的价值观基础上的合作,这个才是可以持续地,可以面向长远的合作。我们非常愿意尽我们最大的努力在广东为诺华寻找到将来在广东发展的医药领域研发事业的、你们满意的合作伙伴。同时,我们也是希望诺华真正能够把广东作为你们在中国大陆的重要基地,这个基地不光是把它的市场建立在中国大陆的范围之内,而且我希望能够借助"一带一路"能够覆盖更大的市场范围。

我们也愿意动员更多的医疗机构、更多的科研机构,包括更多的企业能够加入到和诺华合作的行列当中来,我们也愿意为诺华的优质产品打开市场,做我们政府能够做的事情,我刚才已经在前面谈到的我的想法当中提及,我们把生物医药产业作为我们重点发展的战略性新兴产业之一,那么在另外一个大的领域,就是在现代服务业当中,我们又把健康服务业、现代健康服务业作为我们重点发展的一个领域。因为我们广东是一个有一亿多人口的大省,人民的健康是我们政府最为关注的,而且我们现在正在加快进入老龄化社会的步伐,不然不会有国家对我们计划生育政策的调整,所以越是在这样的时候,应该说,我们广东的人民需要更为健全的现代健康服务,包括面向老龄社会的健康服务。所以我想我们跟诺华之间的合作,会实现两个方面的效益,一个是推动我们的产业转型升级的、经济方面的效益,再一个是满足社会新的需求的社会效益。刚才已经讲到,以您担任我们的顾问作为新的起点,我们希望我们能够把和诺华之间非常密切友好的合作尽快推上一个新的台阶!

十六、推进消费者、政府、学术机构、产业界一体化协同创新

朱小丹省长会见日立集团会长兼首席执行官中西宏明先生

时间:2015 年 11 月 18 日

地点:广州市东方宾馆

中方参加人员:

  朱小丹 广东省委副书记、省长

  李 锋 广东省政府秘书长、办公厅主任

  何宁卡 广东省发展和改革委员会主任

  郭元强 广东省商务厅厅长

  傅 朗 广东省外事办公室主任

外方参加人员：
　　中西宏明　　日立集团会长兼首席执行官
　　小久保宪一　日立集团执行役常务兼中国总代表
　　水本真治　　日立（中国）有限公司总经理
　　多田亮一　　日立集团地域战略本部中国部部长
　　刘　勇　　　日立（中国）有限公司广州分公司总经理

朱小丹：尊敬的中西宏明会长、尊敬的日立集团的各位朋友，今天我们非常高兴能够在广州会面交流。首先我衷心感谢会长阁下接受我们的邀请担任广东经济顾问，亲自拨冗参加本次咨询会。日立已经是第五次作为咨询机构参加会议，应该说这既是我们紧密合作的象征，也体现了会长阁下对未来继续合作的热情。我们非常高兴地看到，作为最早进入广东市场的日本跨国公司之一，日立集团在广东取得了很好的发展。现在日立在广东投资设立了33家企业，年度销售额占到中国市场的一半以上。近几年，日立汽车零部件生产及研发基地在广州增城设立，日立计算机软件研发、技术咨询和技术服务公司的设立，都标志着日立和广东的合作进入一个新阶段。

会长阁下对这次咨询会高度重视并给予大力支持，您用很多心血为我们提供了一份非常精彩的咨询报告。特别是在报告中，您分享了日立在与客户协创和扩大IT技术应用方面的成功经验，提出了通过协创推进创新的建议，并提出推进消费者、政府、学术机构、产业界一体化协同创新的相关举措，另外对扩大IT技术应用进一步发展战略性新兴产业也提出了很好的建议。所有建议紧扣本次咨询会关于创新驱动发展的主题，完全契合当前广东在创新发展方面的现实需求。我们将会积极采纳您富有建设性的意见和建议，同时在这些方面力求扩大和日立的合作。借这个难得的机会，我也想谈谈个人对未来广东加强与日立合作的一些想法。

第一，希望加强研发领域合作。日立拥有非常强的技术研发实力，而我们现在正着力推进企业自主创新，希望尽快形成自主研发体系。我们希望在条件许可的情况下，日立在广东设立面向广东产业转型升级的研发中心，在智能电网、物联网、新能源、交通基础设施现代化、信息化等领域开展研发合作。研发中心将面对广东新一轮转型发展的现实需求，支撑未来的发展重点，使研究成果第一时间转化成为广东各领域的现实生产力。

第二，希望借鉴日立协创理念，加强产学研协同创新方面的合作。尤其是面对未来产业高端化发展的方向，通过与日立合作建立产业技术创新联盟，整合产学研各方面要素，形成协同创新机制。希望日立能够在这类产业技术创新联盟中扮演龙头角色，我们会从政府角度组织更多的企业、院校和科研机构等创新资源，围绕龙头形成协同创新的共同体。

第三，建议加强机械制造领域合作。日立集团在机械制造特别是高端制造、控制系统、信息电子等诸多领域拥有世界先进技术和丰富经验。现在我们已经形成了推动中国制造2025的具体规划，重点在于发展广东的智能制造。希望在机械制造领域开展合作，突出制造业和信息化融合，使传统广东制造走向数字化和智能化轨道，提高市场竞争力。

第四，建议重点加强节能环保领域合作。我们相信日立集团在该领域具有优势。未来在产业结构调整过程中，我们会将环保、节能产业作为推动绿色低碳发展的重点产业，同时作为经济发展的新增长点。接下来我们可以在资源循环利用技术和装备、城市垃圾智能化、无害化处理、二氧化碳综合利用成套设备方面开展合作，推动这些产业发展，希望得到日立强有力的支持。

总之，现在广东产业结构调整和经济转型升级，将着力使处于全球价值链中低端水平的传统产业提高到中高端水平。这个过程需要我们自身努力，也离不开更加密切的国际合作。而和日立这样实力强大的跨国公司合作，一直是我们看重的重点，我们希望通过合作推动广东产业高端化发展。接下来，我想当面聆听会长阁下关于未来加强合作的高见。

中西宏明：感谢您的激励，非常荣幸能够成为本年度广东经济顾问，很高兴能与您和广东省各位领导会面。我们高度重视与中国的合作，并且合作关系紧密。日立全球销售规模为5000亿元，中国市场销售额为600亿元，如您所说，其中有一半以上在广东实现。一直以来日立在广东开展各种各样的事业，得到广东各方面的支持和帮助，借此机会表示衷心的感谢。日立高度重视中国当前面临的转型升级。日立在广东有2个重要的事业分别是电梯和汽车零部件事业，属于高端制造业。最近，我们在医疗领域与惠州开展合作，为癌症治疗中心提供支持服务。日立新事业的开展得到广东的支持，在此表示衷心感谢。

您刚才提到的几个合作领域我们认为非常重要。一是在中国制造2025领域，我们会积极努力推动高端化发展。二是关于研发领域，我们已经开展合作，特别是在电梯和汽车零部件方面具有相当规模。未来合作的方向将发生调整，之前研发主要是基础开发，今后将向复杂化、高端化发展，这需要与合作伙伴共同推动。4月份以来，日立在研发领域通过CSI模式加强与客户的共同研发。具体来说，就是与客户进行密切对话，找准客户需求后进行研发。之前都是由研发人员直接进行开发，而现在需要首先与客户对话了解客户的真正需求。这与您所讲的协创、信息化、产学研融合是一致的。日立的研发将涉及环保、节能以及循环经济领域，因为在产业结构升级中，不仅仅要生产好的产品，更重要的是贡献社会。今后我们将朝着这个方向转变，并将这些理念贯彻到今后的企业活动中。目前日立的高端技术主要从日本迁移过来，今后我们将针对中国产业升级方向，加强本土化研发，希望与广东的优秀人才和企业合作，共同推动产业转型升级发展。非常感谢！

朱小丹：非常感谢会长阁下，我们很受启发和鼓舞。刚才，您专门谈到日立在广东开展的研发事业将更加突出市场化和需求导向，这正是我们迫切需要的。接下来，省政府将通过专业部门组织更多的企业需求和日立研发机构对接。我们希望日立在广东的研究成果不仅仅为日立自身产品服务，同时能够带动广东本土产品升级。这不仅将有力促进广东产业转型和中高端发展，而且将进一步打开日立技术成果的市场。

十七、转变商务模式，培养国际化人才，树立广东品牌

朱小丹省长会见丸红株式会社会长朝田照男先生

时间：2015年11月19日

地点：广州市东方宾馆

中方参加人员：

    朱小丹 广东省委副书记、省长

    李 锋 广东省政府秘书长、办公厅主任

    何宁卡 广东省发展和改革委员会主任

    郭元强 广东省商务厅厅长

    傅 朗 广东省外事办公室主任

外方参加人员：

    朝田照男 丸红株式会社会长

    美甘哲秀 丸红经济研究所所长

    北川宏基 丸红中国副总代表兼丸红香港华南会社社长

    木全真人 丸红广州会社社长

    杠俊彦 丸红株式会社市场业务部中国课课员

    鹿建华 丸红广州会社副社长

朱小丹：尊敬的朝田照男会长阁下、尊敬的丸红的各位朋友，今天我们非常

高兴利用这个难得的机会坐在一起当面交流，首先对会长阁下表示热烈的欢迎，对各位表示衷心的感谢！会长阁下是第二次以省长国际顾问的身份参加国际咨询会，我们对您百忙当中专门抽出时间来参加这次会议感到特别高兴，也非常感动，我想这次跟上次一样，我们也会在面对面的交流当中，取得更多的共识，有利于推进我们之间已经非常紧密的合作。

您在两年前上一次国际咨询会上，给我们提供了非常精彩的咨询报告，也给我们提出了很多很好的建议。其中主要是提出了在供排水领域推进水务项目民营化、公共服务价格市场化的建议。这两年，我们都在积极采纳您的建设性意见，水务项目投资主体的多元化，现在无论是在城市的供排水、污水和垃圾处理等方面，我们都把吸引民间投资作为我们体制改革的重要内容。

丸红是1978年在改革开放初期最早进入广东的外资企业，现在丸红在广东已经有十多家企业，应该说，丸红在广东的投资发展对广东的市场建设、广东的市场培育、广东的市场发展起了非常大的促进作用。我们非常感谢会长阁下对我们这次国际咨询会的高度重视，您付出了很多的心血，为我们准备了非常精彩的咨询报告，像上次一样，这次您也给我们提供了很多对我们来说具有启发意义的建议和意见，这包括转变商务模式、开拓国内外市场、培养国际化人才、树立广东品牌。在这些方面，您都给了我们很多很好的建议。

应该说我们市场体系的培育建设和完善现在还处在进行时，虽然30多年的改革开放对我们市场化的发展起了非常大的推动作用，但是现在我们要建设一个和国际接轨的法制化、国际化的市场体系，还需要付出很大的努力，在这方面需要我们进一步深化改革，打破原来旧体制的市场束缚，更好地发挥市场配置资源的决定性作用，同时也需要在市场建设方面更多地采用新的业态、新的商业模式、新的高端技术。在这方面，我们要进一步借鉴和学习像丸红这样有强大实力的跨国公司的成功经验，也要借助我们之间的合作，借这个宝贵的时间，我也想就下一步加强我们双方的合作，提一些个人的想法。

第一，我们非常希望进一步加强和丸红在国际市场开拓方面的合作。"一带一路"战略的提出，为广东进一步促进国际投资和国际贸易提供了新的机遇，开拓新的国际市场也是我们当前各类产业发展的主攻方向。所以，我们非常希望通过和丸红的合作能够共同开拓国际市场，带动更多的广东企业"走出去"；同时，也能够通过这种合作，形成我们更多更为高端的面向国际的市场平台。这是我的一点建议。

第二，我们非常希望借鉴丸红综合风险管理的理念，通过合作帮助广东的企业提高资产组合管理水平。企业的风险防控是我们的企业普遍面对的突出课题，在解决这个问题方面，我们很希望能借鉴国际上的先进经验，包括丸红综合风险管理的经验。会长也知道，国内的企业包括广东的企业都面临着比较大的经济下行的压力，在这个时候，如何去预防、如何去控制、如何去化解企业面对的各类风险，来保证企业的健康发展，也保证我们经济的稳定增长，这个是我们面临的重大课题。所以，我们非常希望通过和丸红在综合风险管理方面的合作来提高我们企业内部的风险防控能力，同时也能够使我们整体产业的资产经营管理水平有一个大的提升。

第三，我们建议加强国际化人才培养的合作。我们可以形成一个长期管用的合作机制，运用丸红的成功经验，运用丸红人才方面的优势，能够借助丸红来帮助我们推进国际化的高端人才的培养。

我们注意到在会长阁下的咨询报告当中，对广东的品牌建设也高度地关注，所以第四点，我也很希望在品牌建设方面加强和丸红的合作。在这方面，既可以更为充分地学习和借鉴丸红在打造优秀品牌方面的成功做法和经验，同时也希望丸红可以跟我们一些有实力的大型跨国企业形成实质性的合作，能够使我们这些企业的品牌建设加快步伐。我们希望通过这方面的合作能够进一步提高广东制造的高品质形象。

总之，我们之间合作的前景是非常广阔的，由于我们的合作源远流长，为今后合作的发展已经提供了非常好的基础，创造了非常好的条件，相信这次国际咨询会会成为一个新的契机，使我们之间的合作很快地上了一个新的台阶，下面我想当面聆听会长阁下您对下来促进我们之间合作的想法和高见。

朝田照男：谢谢省长的发言，这次承蒙广东省省长邀请我作为经济顾问，我感到非常高兴。自从广东国际经济咨询会创建以来，丸红是唯一一家日本企业各届都参与并担任顾问，我感到这是一件非常名誉的事情。我自从2013年第一次参加顾问会以后，一直盼望着能够与省长阁下及各位省领导再见，聆听宝贵的意见并交换看法。本次会议的议题定为"加强国际合作，实现创新驱动和共赢发展"，这是一个非常难的问题，也是贵省发展的一个关键议题。

广东省是最早改革开放，带动了整个中国的改革开放，我认为，实现高度经济发展以后，加强国际合作，将再一次带动中国经济取得巨大发展。现在，广东省在中国以及世界上都是一个非常有名、非常强的一个省，不管在贸易量还是经济总量上。但是不可否认地说，在中国有其他的省，在东南亚有其他的国家，他们的发展也是非常快，对广东省也带来非常巨大的挑战。像综合商社这种企业形式，是世界上没有先例的一种形式，经过了长期的发展，像丸红1858年成立以后，已经将近160年的历程，其中也经过了曲折的发展。在这里，很多人也指出综合商社这种形式已经达到顶点，没有存在的意义了。像丸红就是一直探索和时代相适应的发展模式，再重新审阅自己的经济发展模式，这样存续下来。

在这里，我总结出4点，希望对贵省的发展有所帮助。在这4点里边，重要的一点是开拓国外市场，综合商社的一个特点就是可以从事一些大型的基础设施建设，比如电力、铁路，还有港湾建设，这是综合商社的一个巨大特点，丸红在之前的大型项目有过很多和中国公司、中国企业合作的经验，比如在越南曾经和中国公司一起建燃煤发电厂、氧化铝厂，在土耳其、俄罗斯建水泥厂，以及哈萨克斯坦进行炼油厂的现代化改造，还有肯尼亚的地热发电厂，都是和中国公司进行合作。丸红在全球取得的经验，对今后和广东省的企业一起走向海外非常有参考价值。在国外展开工作，刚刚提出的风险管理、风险控制的问题，我认为是一个很大的问题，特别在新兴国家，有一些比如金融的风险、政策的风险，像这些丸红都有一些经验，和广东省一起"走出去"的话会有很大的帮助。日本企业像丸红走向海外的时候，为什么说融资非常重要，一是它把日本国际协力银行作为一种武器来使用，有强大的财政支援、金钱支援的话，在国外可以进行大的基础设施项目。在和中国企业走出海外的话，也会有同样的问题，有了中国政府金融机构和日本政府金融机构的支持，就可以组成强大的组织从事大型项目。

在不远的将来，我们和广东省大的企业一起"走出去"的时候，也希望能够得到广东省政府省长及有关人士在这些方面的协调支持，这将很大地提高成功率。在发展中，像日本也经历了很大的泡沫破碎，从1990年一直到2000年后段，日本一直是非常困难的时期，感觉到一种重生再生的感觉，能够生存下来，靠的是综合的风险控制。以前，我们对风险的把握、管理和所需回报的理解不深，通过具体地把风险及风险管理所需的回报定量化，并贯彻到整个公司，从而做到正确判断经营资源的投入方向及从经营不善的投资企业的撤出时机，使事业的选择与集中成为可能。我觉得就此交换意见对双方都有益。

第三点，培养人才。丸红对人才有三个评价条件，一是经验，在过去工作中的经验；二是培训，要有培训计划；三是基于对其成果公平评价的待遇。还有一个是和国外进行人才交流，这一点非常重要。我们一直和中国的一些组织有人才交流，比如2010年以来和中华全国青年联合会以及2014年以来和长春市青年联合会，每年都进行交流。在今年7月份，我们又邀请中华全国青年联合会来日，其中有一个咱们广东省广州市养老服务产业协会的会长也参加，在他们回去以后，我们还一直保持着密切的联系，一起共同来发掘一些新的项目进行交流，我希望，广东省能和丸红构建一个我们之间的独自的培训机制。

最后一点是品牌建设。广东省有很多有竞争力的IT、家电、汽车企业，但要维持竞争力的话，就要不断地进行研究开发，在这次的提议里，就有一个开放创新的提议，不局限于公司内部，而是要把其他公司好的部分引进来一块开发。我们知道，世界知名的一个休闲服装的设计、制衣、销售企业——优衣库，在广州也有优衣库，他们在中国的规模也非常大，它其中80%的东西都在中国生产，这些服装的线是用其他企业创新开发的，这样便取得了爆发性的增长，如果它一个公司的话是做不到的。也就是说，开放创新的话，企业对企业、企业对大学（知识界）、企业对官方都应该合作起来一起来进行开发，这样的话，利用丸红在世界上的网络可以做得更好。不管怎么样，丸红一直关注广东省的发展，持续地进行投资，对广东省的发展作出我们的贡献。

朱小丹：非常感谢！刚才您所谈到的，包括我们事先看到的您咨询报告的这一系列建议，我们会在今后推动相关领域工作的时候积极地予以采纳，另外，在30多年紧密合作的基础上，我们非常希望以这次国际咨询会为新的契机，翻开和丸红合作的新篇章，希望丸红在广东有更大的投资，有更大的发展，也希望这种合作发展是一个互利共赢的格局。丸红已经是第十次担任我们的顾问机构，我希望在未来十年，丸红能够继续发挥顾问机构的作用，能够继续密切和广东的合作。

十八、加强轨道交通装备合作，推动消费电子改造升级

朱小丹省长会见西门子股份公司管理委员会成员博乐仁博士

时间：2015年11月19日
地点：广州市东方宾馆
中方参加人员：
  朱小丹 广东省委副书记、省长
  李 锋 广东省政府秘书长、办公厅主任
  毛荣楷 江门市委书记
  何宁卡 广东省发展和改革委员会主任
  林应武 广东省人力资源和社会保障厅厅长
  傅 朗 广东省外事办公室主任

刘　佳　　珠海市委常委、横琴新区党委书记

外方参加人员：

博乐仁　　西门子股份公司管理委员会成员

肖　松　　西门子能源管理集团亚洲区总裁

王海滨　　西门子（中国）有限公司执行副总裁兼数字化工厂集团总经理

雅祺山　　西门子（中国）有限公司执行副总裁兼交通集团总经理

商慧杰　　西门子（中国）有限公司副总裁兼广东省总经理

叶　庆　　西门子物流自动化系统（北京）有限公司首席执行官

朱小丹：尊敬的博乐仁博士、尊敬的西门子的各位新老朋友，非常高兴我们能够借助此次国际咨询会的时间进行面对面的交流。您是首次担任我们政府的顾问，这次在百忙中抽出时间来参加国际咨询会，而且准备了非常精彩的咨询报告，今天又作了非常精彩的演讲，使我们收获良多，我们受到很多启发。

西门子已经是第七次作为省长顾问机构来参加广东经济发展国际咨询会，这既体现了西门子对与广东的合作的高度重视，也反映了西门子与广东之间长期的良好合作关系，我们非常高兴也非常受鼓舞。西门子是全球知名的跨国公司，依托西门子的技术优势来推动我省制造业的转型升级是我们一直渴求的，这也使我们这种良好的合作关系拥有更为广阔的发展前景。

您这次专门提出了西门子与广东加强合作的建议，包括在轨道交通装备制造、消费电子行业改造升级、职业教育等方面加强合作，这些也都是我们的心愿。我想开门见山地说说对推进西门子与广东下一步合作的建议和想法。

第一，我们还是希望能加强在轨道交通装备方面的合作。近年来，广东的轨道交通建设应该说是取得了很大的进展，包括高铁、地铁、珠三角城际轨道交通网络以及其他轨道交通项目，我们在江门也建立了自己的轨道交通装备产业基地。在筹建和推动江门基地建设过程中，我们一直在推动与西门子的合作。因为，我们知道在轨道交通领域，西门子拥有全球领先的技术，我们希望依托西门子技术上的优势，使我们轨道交通装备产业具有一个较高的起点。未来，江门轨道交通装备基地可以生产高铁、城际动车组和地铁，在多种类型的轨道交通装备中，如果能够吸收西门子的先进技术，将对我们的产品竞争力起到重要的支撑。我们希望与西门子分两步推进轨道交通装备合作，一是希望部分西门子掌握核心技术的关键总成和部件能够国产化；下一步是希望在条件成熟的时候，通过一个双方都认可的路径，引进、消化、吸收西门子的技术，促进这些技术自主化。

第二，我们非常希望在传统制造业升级改造方面加强与西门子的合作。我今

天在记者招待会上也提到广东的制造业转型升级是以智能制造作为主攻方向的,要推动传统制造转向智能制造。而西门子拥有全球领先的智能制造技术,我们希望借助西门子这方面的优势,在制造业智能化方面加强与西门子的合作。我们建议西门子在接下来的这段时间里,对我省制造业转型现状有一个更加深入的考察,主要是看能不能找到广东在转型升级过程中急需,而西门子又具备优势的一些新技术、新装备、新材料、新工艺和新标准,这样我们就能够有一个更准确的对接。尤其是在智能化方面,从数控设备到智能机器人都是我们转型升级急需的,所以我们希望在这些方面能够找到合作的切入点,明确具体的合作项目。

第三,是加强在智能基础设施领域的合作。广东已经确定在广州、佛山、云浮等多个城市开展智慧城市建设试点,整个珠三角我们也希望建成我国首个智慧城市群,所以我们非常希望在智慧城市方面,从智能基础设施领域开始能够吸收西门子的先进技术,加快我们的进程。当然我们现在比较急迫的是利用信息化的手段把节能和环保纳入到智慧城市建设过程中,我们知道西门子在节能技术方面有非常强的技术优势和非常丰富的工程经验,我们希望能够通过合同能源管理推广先进节能技术。当然,如果我们能在绿色建筑和智能交通方面形成合作的话,这对我们智慧城市的建设将是一个巨大的推动。

今天我们还共同谈到一个话题,就是广东的转型升级更重要的是依靠人,要加强劳动者素质的提升和高层次人才的培养。而德国经验表明,德国作为一个在欧洲市场经济波动中发展最稳的发达国家,突出优势在于高端人才。所以我们非常希望学习借鉴甚至移植德国在培养高技能人才方面的经验,能够和西门子加强在高技能人才方面的合作,我希望这种合作不仅仅是考虑眼前的权宜之计,而是一个长期的可持续的战略合作。总之,我们与西门子的合作已经有一个很好的基础,现在正是因为我们有这样一种转型升级内在的需求,这为我们的合作提供了更加宽广的舞台,未来的合作前景,我们也更加有信心。您作为省长经济顾问参加此次咨询会,我们希望以此为起点,使广东与西门子的合作能够再上新的台阶。我想待会签订的横琴德国城项目就是我们面向未来合作新起点的标志,我们见证这个项目的签约,并将尽全力来支持这个项目建设,谢谢!

博乐仁:尊敬的朱省长,非常感谢您在这个咨询会后还专门抽时间来会见我们,这是我们第三次见面,我感觉每次见面以后我们的关系也更进一步,而且这不仅仅是我们个人关系之间的亲近,也是西门子与广东省之间的合作关系随着我们每一次见面不断地加深,我也相信这种关系也将不断地深化。我首先祝贺省长今天的咨询会召开十分成功,这是我作为顾问第一次参加广东经济发展国际咨询会，对我来说也是一次学习的机会，我深受启发。

从您和其他经济顾问的谈话中，我也得到了很多想法，让我特别感到振奋的是西门子在广东的发展非常好，而且我们也看到广东对未来的发展定位非常清晰，在未来的发展过程中，西门子的角色和作用也非常凸显，所以我也觉得西门子确实应该在广东加大业务，大展拳脚。您刚才所提到的广东在未来转型升级和可持续发展过程中所面临的重要命题，对于西门子来说都是一些重要的战略性领域，而在这些领域我们具有技术上的优势。无论您提到的基础设施、能源、智慧、智能制造、教育培训等，西门子都可以跟广东加大合作，我也很期待地看到我们一起携手在上述领域合作取得更大的发展。我也想按照朱省长刚才的建议予以一一回应，希望可以达到共识。

第一个方面就是您刚才所提到轨道交通。我在世界上很多地方旅行，都可以感觉到对于广东省来说轨道交通是可以发展的一个重点领域，无论是高铁、城际轨道还是地铁，在这个方面西门子非常愿意加强与广东的合作。同时我也同意您刚才所说的在一些轨道交通设备领域加快一些技术的消化、吸收和本地化，我们希望借此次与江门市政府签订合作备忘录的机会，进一步推动部分技术在广东本地化应用及本地化改造。我觉得在这个领域，我们的合作可以不断深入，一方面需求已经在那里了；另一方面我们已有良好的合作基础，通过我们的智能制造技术以及制造业的本地化，我们希望能引入一些核心技术，来提升广东的本地化制造能力。同时，随着我们合作的加深，可以进一步促进相关技术研发，这将对我们开发下一代产品和技术打下一个良好的基础。

第二点您提到的是传统制造业的升级改造。在这个方面西门子是世界上的技术领导者，我们在数字化、自动化领域有着非常强劲的技术力量，在自动化方面也有顶尖的产品，我们很愿意在这方面为广东作出我们的贡献。具体而言，广东的工业基础非常雄厚，所以我们具体在哪些方面开展工作，怎么样推进与广东的合作来加快这些工作，这些需要我们下一阶段一起来研究。

西门子有先进的技术可以为广东所用，但是具体到哪个行业或者哪个企业，就需要对这些行业、企业有更多的了解，尤其是深入了解行业技术流程，这里面包括我们所讲到的家用电器、消费电子或者其他产品。在这个方面有两个瓶颈需要我们努力去克服，第一个我们正在努力去解决，也就是加强培训，或者说是职业技术人才的培训，通过对机电一体化人员的实训，我们为广东提供了许多人才培养的机会，同时我们与人社厅签署的合作备忘录，也能更好地让我们在这个方面加快推进；第二个瓶颈是西门子在不同的产品技术流程上有各自的经验和核心技术，在合作的过程中，如何更好地针对具体的行业和企业引入这些技术，需要我们合作去考虑。我讲的这两个瓶颈，归根到底都是人的问题，一是我们需要有专门的工程师，他们需要对某一具体行业的技术流程和相关知识非常了解；另一类是需要可以从事一线工作的技术工人，这一类需要通过职业培训来提升他们的工作技能。对于第一类人才，我们可以引入西门子的技术和人才，与广东省一起对某一行业的人才加大培训力度，来帮助广东培训这方面的专门技术人才，这些对于西门子和广东来说是双赢的局面，对于广东可以为下一步工业4.0的转型升级夯实基础，并加快广东的发展。当然这只是我的一个想法，我愿意把我的想法交给我的团队以及广东的同事，一起去深入思考。

肖松： 刚才博乐仁博士讲了两点，我在这里说明一下，他所提到的两个瓶颈，其中一个瓶颈我们已经开始解决了，也就是和人社厅合作，就是高级技工培训；还有一个瓶颈就是工业4.0，由于每个行业的技术流程不同，我们需要对这个行业有一个深入的技术认识。我们西门子可以和广东省共同组织一个团队，共同选择一个行业来进行试点，这样的话就可以一步步地往前推进。

博乐仁： 第三点您提到的智慧城市建设或者说是智能基础设施，其核心是智能交通。在这个方面西门子在广东已经有一个试点项目，目前运行非常良好，得到了很好的解决方案，这些是可以在其他城市推广应用的。我们希望能看到更多的本地化创新，如果还有广东省的其他城市愿意与我们合作的话，我们也愿意在其他城市去复制我们在珠海的成功经验。当然在智能基础设施方面，需要有更多的节能环保技术在这方面进行推广应用，我们在广东也开展了大量的这方面的工作，例如在商用楼宇的能效方面，我们成功地通过了广交会会馆的节能改造，而且这个工程获得了节能环保领域的金奖。

中国将在2018年进一步放开能源市场，深圳是其中的一个试点城市，相信随着政府的推进，我们也可以在其中发挥作用。例如在能效发展方面，一旦政府进一步开放能源市场，我们可以参与一些中小型的电网建设，同时我们也可以通过我们的技术进一步提高楼宇能效，也能够提供一些能源体系和模型，来满足2018年以后中国能源市场开放以后的需求。我想在这个方面不仅仅是能源存储或者可再生能源使用等技术问题，也同时需要我们有新的商业模式。

肖松： 我们在珠海推进智能交通试点，目前项目进展顺利。第二是博乐仁博士谈到的节能环保发展问题，我们从与中国政府的合作中了解到，中国的发电和配电领域将会进一步地开放。而节能环保领域有一个重要方向就是分布式发电，它包含了太阳能、风电，是全球能源发展的趋势，这不仅仅是一种新的技术，同时它还是一个新的应用模式。我们听说深圳将作为试点城市，因此希望加强在这个领域的合作。

博乐仁： 最后一点也是关于智能基础设施领域，目前广东正在建设广州新白云机场二号航站楼。在机场行李分拣设备领域，西门子公司拥有最为可靠、最为尖端的技术，2013年，我们的机场行李分拣设备获得了全球的大奖。而且在中国的机场，西门子是唯一一个提供这种技术的企业，我们在这种设备集成方面拥有先进的经验。我们很愿意支持广东打造亚太国际航空枢纽。

朱小丹： 非常感谢，听到您刚才讲到的我们下一步开展合作的想法，我感到非常振奋。我想就两个重点做一个回应。涉及利用西门子的技术优势来推动我省传统制造业主要行业整体的转型改造方面，我想由省经信委和王海滨先生商量组成一个考察的团队，对我们当前迫切需要推进技术改造、需要转型升级的重点行业进行考察。我希望最好是不仅仅针对单个企业的改造，当然试点可以由单个企业开始，我希望能够形成一个全行业整体推进的合作方式。譬如说，我们最近也在和德国合作，在揭阳金属生态城推广应用德国的金属表面处理技术，建立统一的金属表面处理中心，几十家企业同时进去，利用德国技术一次性解决了整个行业的金属表面处理问题。

第二个重点是关于我们的智能交通，我们这边由交通厅负责，也请西门子与我们进行对接，看看如何扩大试点。而且我们这里也有许多网络新技术的突破，是可以直接建立智能交通专网的，就是我们的超高速无线局域网，我们国家标准的牵头单位已经实现了核心芯片的突破，交通部也在推广这个技术的应用，接下来也计划开展试点，这样可以把我们的技术与西门子的技术结合在一起。至于能源方面，推进能效方面的合作，发改委可以直接跟西门子衔接，在节能方面加强合作。至于国家一旦放开能源的建设和经营的话，特别是放开分布式电源建设的话，我们可以第一时间提供给西门子试点的区域。

第三篇　问计"洋顾问"，汇聚"金点子"

> 这是广东省政府举办的第十次国际咨询会。在社会各界的关注和支持下，经过不懈努力，国际咨询会已成为广东省政府加强国际合作、听取省长顾问意见、吸纳国际经济发展先进经验的重要渠道和知名品牌，在促进我省提高科学决策水平、提升国际影响力及促进跨国企业、国际机构与广东合作等方面发挥了重要作用。
>
> 在本次国际咨询会开幕式上，朱小丹省长首先对上次咨询会上顾问所提出的建议进行了归纳总结，并就广东省对这些建议的采纳情况作了工作报告，将国际顾问咨询会的成果落到了实处，体现了广东省与顾问机构"携手共进，务实合作"的精神。

第十一章　顾问建议落地广东

在 2013 年的国际咨询会上，各位顾问围绕"拓展开放领域，提升国际竞争力"的主题，提交了 18 篇咨询报告，提出了 66 项具体建议，对广东省提高开放型经济水平、提升国际竞争力具有重要的借鉴意义。省政府对此高度重视，组织专门力量进行梳理、研究和评估，制定印发 2013 广东经济发展国际咨询会采纳顾问建议和合作项目落实工作方案，切实将顾问们的意见建议吸纳到广东有关规划、政策和项目中，为广东省经济发展注入新的动力和活力。

一、促进我省经济转型发展

积极采纳 ABB 公司柯睿思顾问、浦项制铁公司张仁焕顾问关于推广智能技术、建设机器人应用中心、促进产业升级和高端化、构建产业平台的建议，出台了支持先进装备制造业、生产性服务业发展的若干意见，组织实施工业转型升级攻坚战三年行动计划、"互联网+"行动计划等，积极发展智能制造，建设全国智能制造示范点，支持企业应用工业机器人，启动建设珠江西岸先进装备制造产业带，为我省加快产业转型升级注入了新的动力。

积极采纳艾默生公司孟瑟顾问、马士基集团韩明森顾问、丸红株式会社朝田照男顾问、法电集团亨利·普格里奥顾问关于更多地考虑环境因素制约、大力发展绿色经济、推动能源开发和节能减排的建议，努力完善空间开发格局，全面实施主体功能区规划，促进土地节约集约利用，加大力度淘汰落后产能，推进实施新一轮绿化广东大行动，有序开展碳排放权交易、排污权交易，加快发展核电、太阳能、风电等清洁低碳能源。

2014 年，全省单位 GDP 能耗下降 3.56%，非化石能源占能源消费总量比重提高到 18%；珠三角地区 PM2.5 下降 10.6%、PM10 下降 11.4%，全省平均灰霾天数下降 2.8 天，总天数为 2003 年以来最少。

二、推动我省创新驱动发展

积极采纳 BP 公司思文凯顾问、卡内基梅隆大学杰瑞德·柯亨顾问、日立集团川村隆顾问关于营造良好创新环境、推动创新发展的建议，将创新驱动发展作为推动经济结构战略性调整和产业转型升级的核心战略与总抓手，作出全面建设创新驱动发展先行省的重大决策及一系列政策措施，深化科技体制改革，大力营造有利于创新发展的机制和环境。

2014 年，全省 R&D 经费支出占 GDP 比重达 2.4%，技术自给率达 70%，接近创新型国家和地区水平。

积极采纳乔治·华盛顿大学斐里德·穆拉德顾问关于广东建立适合中小生物科技公司发展的企业孵化器的建议，组织召开全省推进科技企业孵化器建设现场会，制定出台支持科技企业孵化器建设的配套政策，建立孵化器财政资金补助制度和孵化器风险补偿制度，推进科技企业孵化育成体系不断完善。

目前，全省科技企业孵化器超过 300 家，在孵企业超过 2 万家，累计毕业企业超过 5000 家。积极采纳忠利公司巴比诺特顾问关于鼓励创意和设计研发产业发展、支持企业创业的建议，鼓励研发机构和政府、企业、大学合作，打造工业设计公共平台，举办"省长杯"工业设计大赛，促进工业设计与产业升级相融合。目前，全省共有国家级工业设计中心 6 家、创业产业园 46 个、省级工业设计示范基地 53 个、省小企业创业基地 101 家。

三、力促我省改善营商环境

积极采纳 UPS 公司吉姆·巴伯尔顾问关于提高通关效率的建议，加快通关模式改革，全面推广"三个一"、"三互"通关模式，广州市、深圳市国际贸易"单一窗口"已上线运行，企业通关效率提高 50% 以上。

积极采纳汇丰公司王冬胜顾问、MS&AD 保险公司江头敏明顾问关于进一步加强与香港在金融核心领域合作、推进金融创新的建议，以建设广东自由贸易试验区为契机，进一步加强与香港资本市场和金融机构合作，推动建立与国际接轨的经济规则体系。目前，粤港跨境人民币贷款、跨境缴费通等业务顺利开展，银联卡境外受理商户的人民币清算业务率先在香港开设试点，证券基金保险等业务进一步互联互通。

积极采纳美国全国商会薄迈伦顾问、大众公司海兹曼顾问关于加强知识产权保护的建议，制定实施《广东省深入实施知识产权战略推动创新驱动发展行动计划》，开展专利行政执法"护航"行动和电子商务领域执法专项行动，加大展会知识产权保护力度，严厉查处假冒专利行为，公正处理专利纠纷，大力营造保护知识产权的法治环境。

四、推进我省人才引进工作

积极采纳鲁道夫沙尔平公司鲁道夫·沙尔平顾问等关于加强企业内培训与职业教育结合、引进海外人才的建议，积极借鉴引进德国"双元制"技工教育新模式，深入实施"珠江人才计划"，设立留学生创业园，建立海外人才工作站，组织开展"海外专家南粤行"等活动，大力引进集聚海外人才，加快建设人才高地。近几年全省共引进 3 万多名海外人才，去年在粤工作的外国专家达 13.5 万人次，居全国首位。

五、推进我省社区建设

积极采纳星桥公司黄根成顾问关于完善社区建设、构建宜居社区及和谐劳动关系的建议，加快构建社区服务机制，推动政府依法治理、社会自我调节与居民自治的有效衔接和良性互动。目前全省城市和农村社区公共服务站覆盖率分别达 77%、42%；新建 1011 个家庭服务中心，为居民提供"一站式"公共服务；建成社区、厂企等和谐劳动关系工程示范点 916 个。

六、促成一批重大项目成功实施

广东与各顾问机构积极谋划、密切配合，促成了一批重大项目成功实施。

（1）ABB 公司在广州市建立 ABB 轨道交通系统综合研发中心，在深圳市组建中国电动汽车充电系统研发实验室，在珠海市成立 ABB 机器人（珠海）有限公司。

（2）BP 公司与我省签署战略合作协议，总投资 6.3 亿美元、设计产能 125 万吨的珠海 PTA 三期项目已于近期顺利竣工投产；一汽大众佛山工厂二期按照预期计划稳步推进。

（3）艾默生公司深圳全球研发中心启用，珠海艾默生热敏碟项目建成投产。

（4）德国欧绿保集团、德国保库、德国艾萨医疗器械有限公司等19家总投资超过100亿元的中德合作项目成功落户中德（揭阳）金属生态城，中德应用科技大学筹建工作按计划实施。

（5）MS&AD保险集团广东分公司正式开展交强险业务。

（6）诺华公司与我省医疗领域合作进展顺利。

（7）卡内基梅隆大学与我省合作共建广东集成芯片研发与产业培育中心积极推进。

这些重大项目的顺利实施，为加快广东产业转型升级发挥了重要作用。

第十二章 顾问机构背景介绍

ABB 集团

ABB 是全球电力和自动化技术领域的领导企业，致力于帮助电力、工业、交通和基础设施等领域客户提高业绩，同时降低对环境的影响。ABB 集团位列全球 500 强，总部位于瑞士苏黎世，业务遍布全球近 100 个国家，拥有 14 万名员工，2014 年销售收入约为 400 亿美元。

ABB 于 1979 年在北京设立办事处，并于 1995 年正式注册了投资性控股公司——ABB（中国）有限公司。经过多年的快速发展，ABB 迄今在中国拥有研发、制造、销售和工程服务等全方位的业务活动，员工 1.9 万名，拥有 39 家本地企业和遍布全国 126 个城市的销售与服务网络。2014 年 ABB 在中国的销售收入超过 58 亿美元，保持 ABB 集团全球第二大市场的地位。ABB 在中国参与了众多国家重点工程的建设，比如西电东送、南水北调、京沪高铁、北京奥运场馆项目、北京 APEC、首都国际机场改扩建项目以及上海世博会等。

广东省是 ABB 在华的重要业务基地之一。目前，ABB 在广东拥有超过 2400 名员工及完整的销售服务网络，设立了 7 家生产开关柜、控制系统、变压器、牵引设备、互感器、避雷器、光伏逆变器和电动汽车充电设施等产品的本地企业。ABB 还在广州、深圳、东莞、佛山和中山等地设有 5 家分公司，并在广州设有一个综合服务中心。此外，重庆 ABB 江津涡轮增压系统有限公司在广州设有维修服务站。

BP 公司

BP 是世界领先的石油和天然气企业之一，总部位于伦敦，在全球约 80 个国家从事生产和经营活动，其业务领域包括：石油、天然气勘探开发、炼油、市场营销和石油化工，润滑油，新能源。BP 在全球拥有一支超过 8 万人的员工队伍，公司的股票在伦敦和纽约证交所挂牌交易。

BP 自 20 世纪 70 年代初开始在中国开展业务，截至 2014 年 6 月，在华聘用直接雇员约 1400 人，合资企业员工约 4000 人，目前在华业务的累计商业投资约 45 亿美元，是国内油气行业领先的外商投资企业之一。BP 在华的商业活动包括石化产品的合资生产和销售、航空燃油供应、成品油和润滑油零售、天然气接收站和输气管线以及化工技术许可。

截至 2014 年底，BP 在广东累计投资已达 25 亿美元，占在华累计投资的 55%。BP 是广东大鹏液化天然气接收站项目唯一的外方合作伙伴，每年为珠三角地区提供数百万吨液化天然气，并在珠海运行着世界上最大的 PTA 生产基地之一。此外，BP 与中石油的合资企业在广东运营着超过 450 家双品牌加油站，BP 的润滑油与航空燃油业务在广东省也得到长足发展。

卡内基梅隆大学 Carnegie Mellon University

卡内基梅隆大学（Carnegie Mellon University，缩写 CMU），是一所由美国著名实业家、慈善家安德鲁·卡内基（Andrew Carnegie）出资建立的学校。1900 年，卡内基技术学校在宾夕法尼亚州匹兹堡市成立；1912 年，更名为卡内基理工学院，开始授予学士学位；1967 年与梅隆研究院合并并正式更名为卡内基梅隆大学。著名材料科学家和机械工程师苏布拉·苏雷什博士（Dr. Subra Suresh）是现任校长。

卡内基梅隆大学教职员工在教育和科研方面的成绩斐然，使该大学一跃成为享誉全球的顶尖学府。其教职员工和校友中共有 18 位诺贝尔奖获得者、46 位美国国家科学院成员、10 位图灵奖（计算机科学领域的最高荣誉）获得者。美国国家工程院院士、中国科学院院士、中国桥梁专家茅以升是该校的第一位博士。

卡内基梅隆大学自创立以来一直是创新的摇篮。该校是美国航空航天局科研任务的主要承制单位之一；不仅在机器人技术方面全球领先，也是世界上规模最大、参与人数最多的机器人足球比赛"RoboCup"（机器人足球世界杯）的创始者和主要赞助方之一，被公认为是机器人应用于教育的先驱者。其跨学科合作文化也是闻名遐迩，过去十年，在全球不断扩展学位项目，在卡塔尔多哈设立了一个本科校区，在澳大利亚、日本、印度、中国和卢旺达开设了研究生项目并进行合作。

美国杜邦公司

美国杜邦公司创立于 1802 年，总部设在特拉华州威明顿。杜邦公司的业务遍及全球 90 多个国家和地区，以广泛的创新产品和服务涉及农业与食品、楼宇与建筑、通讯和交通等众多领域，2014 年，公司实现销售额 350 亿美元。

杜邦公司致力于创造可持续的解决方案，在创造社会价值的同时，减少经营活动给环境留下的"印迹"。其核心价值观是"安全与健康、保护环境、职业操守、尊重他人与平等待人"。杜邦公司是一家基于科学创新的企业，2013 年研发投入约 22 亿美元，拥有逾万名科学家和技术人员，以及全球 150 多家研发设施。目前，杜邦公司在全世界拥有 21000 多项有效专利，以及超过 15000 项专利应用。

杜邦与中国的合作最早始于清朝（1863）。1984 年，杜邦公司在北京设立办事处，成为最早开展对华投资的世界 500 强企业之一，并于 1988 年在深圳注册成立"杜邦中国集团有限公司"，成为中国政府批准的首家外商独资投资性公司。杜邦公司目前在中国大陆共有约 40 家独资及合资企业，杜邦公司在广东的广州、深圳、东莞、佛山等地均设有独资或合资企业，拥有企业员工约 6300 名，产品和服务涉及化工、农业、食品与营养、电子、纺织、汽车等多个行业。

法国电力集团

法国电力集团成立于 1946 年，总部设在巴黎，是一家能源生产与经营上下业务一体化的企业，涵盖发电、输电、配电、能源交易、能源服务和能效管理等各个环节。该集团拥有 60 多年电力开发经验，在世界各地拥有员工 16 万人，为全球 3930 万客户提供能源和相关服务。2014 年销售额达 729 亿欧元，经营净利润为 49 亿欧元，在 2014 年《财富》杂志全球 500 强公司排名中居第 70 位。

法国电力集团是欧洲能源市场的引领者和全球最大的核电运营商，也是世界上电力装机最大、单位发电碳排放比例最低的电力生产商。截至 2014 年底，该集团全球总装机容量为 13620 万千瓦（136.2 GW），其中核电 7290 万千瓦（54%）、火电 3500 万千瓦（25%）、水电和其他可再生能源 2830 万千瓦（20%）。该集团在法国共运行 58 台压水堆核电机组，在英国和美国分别拥有和运行 15 台和 5 台核电机组，在法国和中国正分别建设 1 台和 2 台 EPR 核电机组。

该集团着眼全球发展战略，在欧洲、亚洲、美洲和非洲拥有 1070 万海外客户，是全球最大的供电服务商之一。

1984 年，法国电力集团担任大亚湾核电站加深的技术总负责，帮助设计、建设和运行了中国第一个大型民用核电站。其后参加了岭澳核电站一期和二期项目的建设和运行，与中国广核集团共同投资建设并将运营中国第一个 EPR 核电项目——台山核电站，为红沿河核电站、秦山核电站一期和二期、田湾核电站提供了技术支持。该集团是中国最大的外国电力投资商，除台山 EPR 项目外，还持有 3 家燃煤发电公司的股份，项目总装机容量为 6320 兆瓦。

美国艾默生电气公司

美国艾默生电气公司成立于 1890 年，总部设在美国密苏里州圣路易斯市，拥有 60 多家子公司，在 150 多个国家设有 235 家生产设施。艾默生通过网络能源、过程管理、工业自动化、环境优化技术及商住解决方案五大业务，为全球工业、商业及消费者市场的客户提供创新性的解决方案。2012 财年销售额达到 244 亿美元。同年，获汤森路透评选的"2012 年全球创新企业 100 强"殊荣。

中国是艾默生在全球业务发展最快的地区之一，自 2002 财年已成为艾默生仅次于美国的第二大市场。20 世纪 70 年代末，艾默生通过首个技术转让项目与中国发展业务。1992 年，在中国成立第一家独资企业。1993 年，在上海成立艾默生电气（中国）投资有限公司，这是第一家将投资性公司总部设在上海的美国公司，并于 2004 年被商务部认定为地区总部。目前，艾默生在中国设立了 40 多家企业和 21 家研发中心，与中国多所知名大学合作设立了 MBA 奖学金、博士生研究论文赞助项目以及实习生项目。

广东是艾默生在华投资重点地区之一，它不仅是艾默生在华最早投资的地方，也是艾默生在华投资额最高的省份，以及拥有员工人数最多的地区。至今共成立近十家生产企业，分布于深圳、江门和中山等地。艾默生在深圳设有艾默生电气（中国）投资有限公司深圳分公司和艾默生贸易（上海）有限公司深圳分公司——亚太区供应链管理组织（APSCO），加强本地采购，以支持艾默生在华业务的发展。

爱立信公司

爱立信于1876年创立,总部设在瑞典斯德哥尔摩,在全球180个国家拥有超过11万名员工,其中包含超过64000名专业服务人员及超过25000名研发人员。

爱立信是网络社会的驱动力量。作为全球领先的通信技术与服务提供商,爱立信推动着移动性、宽带和云这三大力量的发展,携手电信运营商和其他行业客户共同塑造可持续发展的未来世界。爱立信提供的网络承载着全球40%以上的移动业务,为运营商提供支持的网络正在为超过25亿用户提供服务,为运营商管理的网络正在为超过10亿用户提供服务。爱立信还拥有业内最强大的专利组合,包括37000项获批专利,是全球第五大软件公司。

爱立信与中国的合作有超越百年的悠久历史。123年来,爱立信以卓越的产品和技术为中国经济发展和通信产业的快速崛起作出了积极贡献,在中国电信发展史上创造了诸多的首次和第一,也与广东结下不解之缘,从1987年在广州开通了全国第一套移动电话系统,到今天继续为三大运营商提供最优良4G网络,为"互联网+"行动计划夯实网络基础。

爱立信在中国不断强化"核心中国"发展战略,目前在中国拥有大约11000名员工。爱立信在中国建立了爱立信全球最大的供应和生产中枢和除瑞典外全球最大的研发基地,并带动一、二、三级供应商构成的供应链体系在中国建立生产基地,其中众多全球知名厂家在广东落户。自1989年在广州设立联络处,爱立信不断加大在广东的投入,目前广东是爱立信生产、研发和服务重要基地之一,广州也成为爱立信在中国大陆四大市场区之一的南方区总部所在地。

日立集团

日立集团是全球最大的综合跨国集团之一,也是日本最大的综合电气、电子产品公司。自创业至今的100多年来,日立一直致力于发展支撑社会和生活的基础设施建设事业。日立有着非常广泛的事业领域,从电力·基础设施系统、信息·通信系统、建筑机械到高性能材料、汽车系统、医疗健康等在内的社会创新事业。日立在全球各地区开展着业务,包括亚洲、北美、欧洲在内,日立旗下共有

995家公司，员工总数约333000人。2014年度（2014年4月至2015年3月），日立实现销售额约887亿美元。在2015年全球财富500强的营业收入排名中列第89位。

中国在日立的全球事业中占据着极其重要的位置。自从1981年首次在福建设立中国第一家外资企业"福建日立电视机有限公司"以来，截至2015年3月底，日立集团在中国总共拥有182家控股子公司，员工约49600名，开展的业务全面涵盖了上述领域。2014年度在中国市场的销售额达到105亿美元，占日立集团全球整体销售额的12%。日立希望与中国消费者携手打造美好生活，并通过致力于加强研究开发力量，发展节能环保事业，推动人才培养战略，开展各种社会公益活动，为中国社会的发展做出积极贡献。

日立集团自20世纪90年代开始在广东投资建厂，截至2014年底，在广东省共投资设立了33家企业。投资额累计超5亿美元，投资领域涵盖了机电、电子、信息通讯、高性能材料、物流、贸易等，比较有影响力的产品有电梯、汽车零部件、电动工具以及自动存取款设备等；2013年度销售额约54亿美元，员工超过21000人。

汇丰控股有限公司 HSBC 汇丰

汇丰控股有限公司是汇丰集团的控股公司，总部设于英国伦敦，是世界规模最大的银行及金融服务机构之一，在欧洲、亚太地区、中东及北非、北美及拉丁美洲约72个国家和地区拥有约6100间附属机构，通过环球零售银行及财富管理业务、环球工商金融业务、环球银行及资本市场、环球私人银行四种环球业务，为超过5000万名客户提供全面金融服务。其在2015年《财富》杂志全球500强公司排名中位居第81位。

香港上海汇丰银行有限公司于1865年在香港和上海成立，是汇丰集团的创始成员和集团在亚太区的旗舰，也是香港特别行政区三家发钞银行之一。

在中国内地，汇丰是投资最多的外资银行之一，在投资自身发展的同时，也入股内地中资金融机构，其中包括入股交通银行19%的股份。2007年4月2日，汇丰银行（中国）有限公司成立，是香港上海汇丰银行有限公司全资拥有的外商独资银行。目前，汇丰（中国）已在全国57个城市设立超过170个网点，拥有中国内地最大的外资银行服务网络。

汇丰银行是最早进入广东的外资银行之一，早在1982年就在深圳设立了代表处。1983年在广州设立代表处。2007年，在东莞设立第三家分行。长期以来，汇丰一直将广东作为业务拓展的战略重点区域之一，目前已在 21 个地级市设立了 64 个服务网点，是广东省内网点最多、覆盖范围最广的外资银行。此外，汇丰已先后在广东设立了汇丰村镇银行、汇丰环球客户服务（广东）有限公司、汇丰软件开发（广东）有限公司等其他机构。

IBM 公司

国际商业机器公司（IBM）是由托马斯·沃森于 1911 年创立的，总部设在美国纽约州阿蒙克市，是全球最大的信息技术和业务解决方案公司，拥有全球雇员 30 多万人，业务遍及 160 多个国家和地区。自创立伊始，IBM 一直致力于行业前瞻洞察力与技术创新的融合荟萃，其营运与发展目标一直是国际化的。通过整合信息技术和业务流程的深度知识，IBM 为客户提供价值服务并且解决其业务问题。IBM 的解决方案通常能通过降低客户营运成本来创造价值，或者通过促发客户的新能力来增加客户营业收入。这些解决方案萃取于 IBM 公司在众多行业领先客户群的咨询、交付和执行的广泛服务经验，以及 IBM 在企业软件、系统、基础研究以及相关的融资服务经验。

随着市场和经济环境的持续变化，IBM 的商业模式亦紧跟着不断适应而变化。IBM 公司持续在包括业务分析、智慧地球和云计算等更高价值细分市场领域进行战略有机的投资和并购，经过多年的发展，IBM 自身已经转型成全球整合企业（GIE），作为全球整合企业，IBM 不仅能提高了自身的整体生产力，也在全球成长最快的市场里不断增加投资并扩大业务参与度。

IBM 与中国的业务关系源远流长，早在 1934 年，IBM 公司就为北京协和医院安装了第一台商用处理机。随着改革开放的深入，IBM 在华业务日益扩大，业务渗透到 300 多个城市，办事机构遍布包括广东的广州、深圳等 33 个城市。IBM 在中国的应用服务外包已经达到国际最先进水平。

马士基集团简介

马士基集团成立于 1904 年，总部位于丹麦，是一家涉及航运、物流、能源、海上救助和拖轮服务、集装箱制造等领域的全球化企业集团。旗下拥有全球最大的集装箱航运公司——马士基航运，全球第三大集装箱码头运营公司——APM 码头公司，以及世界领先的物流服务供应商——丹马士。在全球 130 个国家设有办事机构，员工总数超过 8.9 万人，2014 年集团营收为 475 亿美元。

马士基服务于中国已逾 90 年历史，在中国大陆和香港设有 123 个办事机构，员工超过 1.4 万人。中国是其在全球最重要、业务量最大的市场。马士基是中国大陆制造的远洋货轮和海运设备的主要采购商，迄今，已从中国船厂订购 138 艘新船，总价值逾 50 亿美元；2014 年集团在中国采购的包括生活消费品、原材料、码头及航运服务相关设备等商品价值达 26 亿美元。

1924 年马士基集团散货船首靠中国广东港口，并在 1983 年参与投资了广州花园酒店，开启了与广东合作的历程。自 1983 年起，马士基航运先后在广州、深圳等 7 个地区设立了分公司。1999 年，马士基物流（现更名为丹马士）先后在广州和深圳等 4 个地区设立办事机构，马士基和中国铁道部合资的铁洋多式联运公司在广州设办事机构。2004 年，马士基集装箱制造在东莞成立集装箱制造厂。2006 年 APM 码头公司投资广州南沙海港集装箱码头有限公司，马士基拖轮公司在中国成立三家拖轮合资公司。2013 年开始，丹马士开始在珠海进行包机服务。截至目前，马士基在广船国际订购了 32 艘大型远洋运输船，总造价超过 10 亿美元，是广东省订购新船的最大外国客户；马士基集团从广东的集装箱制造厂购买的集装箱总金额超过 30 亿美元（由于受经济负面影响，2014 年购买金额仅为 3.41 亿美元）。

丸红株式会社 Marubeni CORPORATION

丸红株式会社是日本具有代表性的大型综合商社之一，自 1858 年创立以来，已有近 160 年的历史。业务内容十分广泛，并继续在拓展新领域。通过分布在全球 66 个国家和地区的 120 个海外分支机构以及 452 家会计并表企业、关联公司，运用该全球性网络，从事各种商品，包括技术、服务的贸易。在国内外还提供融资，进行各种项目投资。集团旗下现有员工约 39000 名。

公司的业务领域涉及广泛，覆盖粮油食品、纺织服装、材料、纸浆纸张、化工、能源、金属、矿产资源、钢铁产品和运输机械、电力项目、基础设施、成套设备、船舶、工业机械、房地产开发建设、金融、物流和信息等领域。在《财富》"2015 全球 500 强"中排名 125 位。截至 2015 年 3 月 31 日的 2014 财年的成交额为 1160 亿美元。

中国一直是本公司优先发展的最重要市场之一，已开展了各种贸易和投资事业。为响应自 1978 年以来的中国改革开放政策，丸红不断拓展业务领域，并在中国积累了丰富的业务经验。迄今为止本公司在中国的主要城市共开设了 16 个分支机构和80多家投资企业,丸红集团与中国的业务成交总额在2014财年达到了150多亿美元。

广东省是本公司在中国的最重要商务伙伴地区之一,早在1978年本公司就在广州设立了分支机构,先后成立了9家投资企业,包括丸红(广州)贸易有限公司。今后将继续推展业务活动,与广东省建立双赢的战略合作关系。

MS&AD 保险集团控股公司

MS&AD保险集团是三井住友海上集团、爱和谊财产保险公司、日生同和财产保险公司于2010年4月进行经营整合后成立的集团,总部设在东京,业务涵盖财产保险、人寿保险、风险管理咨询以及金融投资等领域。该集团在全世界40个国家和地区构建了庞大的服务网络,通过长年开展国际业务积累的丰富经验,始终从客户角度出发,为世界各地的客户提供多样化的产品和优质的服务。整合之后的MS&AD保险集团成为日本第一、世界第七的财产保险集团,在2015年《财富》杂志全球500强公司排名中位居第256位。2013财务年度集团总资产为168781亿日元,净保费收入为28116亿日元。

MS&AD保险集团把中国当作最有成长潜力和广阔前景的海外市场之一。旗下核心企业三井住友海上火灾保险公司于1981年在北京设立第一家代表处;并于2001年5月设立了上海分公司,2007年9月正式改建为"三井住友海上火灾保险(中国)有限公司";2008年9月,在广东省设立了三井住友海上火灾保险(中国)有限公司广东分公司,成为首家在广东省开业的日资保险经营机构;2010年设立了北京分公司;2011年设立了江苏分公司、深圳营销服务部和苏州营销服务部;2013年设立了上海营业部,网点规模不断扩大。

瑞士诺华公司

瑞士诺华公司是全球最具创新能力的医药保健公司之一,创立于1996年,由瑞士两家拥有百年历史的公司——瑞士汽巴嘉基(Ciba-Geigy)公司和山德士(Sandoz Laboratories)公司合并而成,总部位于瑞士巴塞尔。瑞士诺华公司业务遍及全球140多个国家和地区,拥有约12万名员工,是全球制药和消费者保健行业居领先位置的跨国公司。

Novartis的中文名称——诺华,取意承诺中华,在中国的业务涵盖了专利药、消费者保健品、眼睛护理、动物保健和原料药等公司所有业务领域。诺华与中国的合作可以追溯至百余年前。广东地区是诺华公司在中国最重要的战略市场之一,早在1993年诺华公司的前身之一汽巴嘉基公司就在广东建立了办事处,1996年合并成立诺华公司以后,公司相关业务领域相继在广东设立了办事处。诺华集团旗下山德士公司于2007年正式开展中国服务,其生产基地位于中山市国家健康科技产业基地。

鲁道夫沙尔平战略咨询交流有限责任公司 RSBK

鲁道夫沙尔平战略咨询交流有限责任公司(RSBK GmbH)成立于2004年,总部位于德国法兰克福,是一个以公共管理、国内及国际战略咨询为重点的企业咨询公司,拥有在中国北京、上海和迪拜的合作公司及控股公司。一直以来,RSBK为各种股份公司、大型家族性企业、专利持有者、公司成立人以及公共机构等提供专业咨询服务,目前,已经与欧洲商业学校、法兰克福大众日报社以及其他著名企业等机构达成合作。

在与中国合作方面,RSBK在北京设立了鲁道夫沙尔平咨询顾问(北京)有限公司。该公司是一家国际战略咨询公司,专为中国与欧洲企业和机构间的合作搭建桥梁,协助建立在生产、技术、资金、渠道及其他层面的合作伙伴关系,为企业进入未知领域铺平道路。在中德有关合作项目上,提供从客户出发的广泛咨询顾问服务,包括研究调查、研讨会、建立以及促成与公司或机构高层、执行层和管理层领导的对接。目前已同中国政府机构、协会组织、科学机构等高层进行过紧密沟通,作为经济咨询顾问的鲁道夫沙尔平本人,已经与大批德国与中国公司进行过合作,也为中国很多省市政府部门提供了专业的咨询和服务。

西门子股份公司 SIEMENS

西门子股份公司是全球领先的技术企业,创立于1847年,业务遍及全球200多个国家,专注于电气化、自动化和数字化领域。作为世界最大的高效能源和资源节约型技术供应商之一,西门子在海上风机建设、联合循环发电涡轮机、输电解决方案、基础设施解决方案、工业自动化、驱动和软件解决方案,以及医疗成像设备和实验室诊断等领域占据领先地位。西门子自1872年进入中国,140余年来以创新的技术、卓越的解决方案和产品坚持不懈地对中国的发展提供全面支持,并以出众的品质和令人信赖的可靠性、领先的技术成就、不懈的创新追求，在业界独树一帜。2014 财年（2013 年 10 月 1 日至 2014 年 9 月 30 日），西门子在中国的总营收达到 64.4 亿欧元，拥有超过 32000 名员工。西门子已经发展成为中国社会和经济不可分割的一部分，并竭诚与中国携手合作，共同致力于实现可持续发展。

联合国教育、科学及文化组织

联合国教育、科学及文化组织（United Nations Educational, Scientific and Cultural Organization）是联合国（UN）旗下专门机构之一，简称联合国教科文组织（UNESCO）。总部设在法国巴黎丰特努瓦广场。其宗旨是促进教育、科学及文化方面的国际合作，以利于各国人民之间的相互了解，维护世界和平。

1945 年 11 月 1 日—16 日，根据盟国教育部长会议的提议，在伦敦举行了旨在成立一个教育及文化组织的联合国会议（ECO/CONF）。约 40 个国家的代表出席了这次会议，会议代表决定成立一个以建立真正和平文化为宗旨的组织。按照他们的设想，这个新的组织应建立"人类智力上和道义上的团结"，从而防止爆发新的世界大战。会议结束时，37 个国家签署了《组织法》，联合国教育、科学及文化组织（UNESCO）从此诞生。

截至 2011 年 11 月 23 日，联合国教科文组织有成员国 195 个，另外有 9 个准成员，共计 204 个国家和地区，中国是联合国教科文组织创始国之一。

UPS 公司

UPS（United Parcel Service, Inc. 美国联合包裹运送服务公司）成立于 1907 年，总部设在美国佐治亚州亚特兰大市，是全球领先的物流企业；服务范围遍及全球 220 多个国家和地区，拥有 39.9 万名员工。2012 年 UPS 营业额达到 541 亿美元，在 2013 年《财富》杂志全球 500 强公司排名中位居第 179 位。

自 1988 年进入中国以来，UPS 致力于为各类客户提供全方位的物流服务。目前，在中国拥有 6000 多名员工，服务范围超过 330 个商业中心和主要城市，每周连接中国和美国、欧洲以及亚洲其他国家和地区的航班达 208 个班次。伴随其上海国际转运中心和深圳亚太转运中心等的相继建立，UPS 进一步拓展在中国的网络并使客户从中受益。2011 年成功开通成都航线，成为成都首家国际快递运营商；2012 年新设郑州口岸，加快河南通往亚洲和欧洲地区主要市场以及连通美国的速度；2013 年，在成都和上海开设两家合同物流仓储中心，这是 UPS 继 2012 年宣布开设上海医疗设备仓储中心和杭州医疗保健仓储中心之后的又一重大举措。

在与广东合作方面，自 1994 年在广州建立代表处起，UPS 在广东持续投资，业务快速发展。2004 年 12 月，UPS 直接掌控广州的国际快递业务。2010 年 5 月，位于深圳的 UPS 亚洲航空转运中心正式启用，加速了亚太地区快递和大宗货运的处理效率，加强了中国与 UPS 全球空运网络之间的联系，目前该中心每周航空起降班次 104 班。除此之外，UPS 还为广东客户提供一系列的供应链解决方案，包括仓储配送及备件物流服务。

美国全国商会

美国全国商会（U. S. Chamber of Commerce）成立于 1912 年，是世界上最大的商业联盟，也是华盛顿最大的游说组织。美国全国商会代表 300 多万家企业以及 3000 多个州和地方商会。此外，美国全国商会团体会员中还包括 850 个各类商业和行业组织以及注册在各主要城市的 87 个海外美国商会。自成立以来，美国全国商会始终坚持通过自由企业制度促进公共利益发展的宗旨。商会拥有由 450 名游说专家、沟通专家、律师以及国内外政策专家组成的专业队伍，在医疗、税收、贸易、法规、资本市场、能源等广泛议题上，致力于推进有利于自由企业制度和自由市场发展的解决方案。哈里斯互动调研公司于 2010 年把美国全国商会评为华盛顿最具知名度、最备受尊敬的五大机构之一。

美国全国商会在促进美国对华经贸关系方面，特别是在美国对华政策方面有着重要的影响力。商会始终以建设性的姿态，积极促进中美两国政府和商界在经贸及投资、知识产权保护和市场开发等方面的高层往来和交流，以期通过合作和对话帮助繁荣快速发展的中国经济更好地融入全球经济体系，同时也帮助美国企业更好地开拓和服务于中国市场。自 2011 年以来，美国全国商会和中国国际经济交流中心共同成功建立了中美工商领袖和前高管对话机制，为促进中美间的投资与合作，改善中美关系提供了一个除政府层面的战略与经济对话外、非官方的民间和企业间对话平台。在 2015 年 9 月份刚刚结束的第七轮对话中，商会代表团受到习近平主席的接见。美国全国商会作为众多卓越企业的代表，将继续在促进中美关系方面发挥无可替代的作用。

大众汽车集团

大众汽车集团成立于 1938 年，总部设在德国沃尔夫斯堡市，是欧洲最大汽车企业。2014 年全球汽车销量 1014 万辆，营业收入 2025 亿欧元，营业利润 127 亿欧元，员工总数超过 59 万人；截至 2014 年在 27 个国家建有 107 家生产企业，销售与服务遍及 153 个国家和地区。

大众汽车集团旗下拥有 12 个机动车品牌，包括大众汽车、奥迪、兰博基尼、宾利、布加迪、西雅特、斯柯达、保时捷 8 个乘用车品牌，大众汽车商用车、MAN、斯堪尼亚等 3 个商用车品牌，以及 1 个摩托车品牌杜加迪。每个品牌均有鲜明个性，并作为独立企业运营。同时，大众汽车集团业务还包括金融服务，以及大型工业设备的研发、生产与销售。

大众汽车集团是中国最大最成功的汽车行业国际合作伙伴之一，20 世纪 80 年代以来先后建立了上海大众汽车有限公司和一汽大众汽车有限公司两大整车合资企业，实现了大众汽车、奥迪和斯柯达三大品牌的国产。2014 年大众汽车集团在中国大陆及香港地区，国产和进口新车的销量总计 368 万辆。一汽大众、上海大众位居国内乘用车企业销量冠亚军。

从 1984 年至今，大众汽车在中国累计投资 157 亿欧元，包括合资企业在内，在华员工总数超过 8 万人。其中一汽大众在广东佛山建立的华南生产基地产能达到 60 万台，是目前世界上最为先进的汽车生产企业。大众汽车集团计划到 2019 年在中国继续投资 220 亿欧元。

第四篇　聚光灯下的咨询会

——媒体公开

2015广东经济发展国际咨询会2015年11月19日在广州举行，会议以"加强国际合作，实现创新驱动与共赢发展"为主题，广东省省长朱小丹与省长经济顾问们交流国际创新发展的先进理念和经验做法，以求在更高层次、更广范围和更宽领域加强广东和顾问机构在创新领域的合作。会上，广东和5家顾问机构共签订了7个项目的合作协议，并且与顾问机构达成了多项合作的新意向。

会议召开前夕，为了增进公众对本次咨询会的了解，扩大咨询会的社会影响力，广东省政府新闻办召开专门的新闻发布会，邀请省政府有关领导和省发展和改革委员会的相关负责人介绍本次咨询会主题以及筹备情况。咨询会结束当天，朱小丹省长携诸位洋顾问出席记者招待会，通过媒体向社会各界通报本次咨询会成果，并与各与会媒体互动沟通。在咨询会召开过程中，众多媒体积极参与和热情报道，他们结合广东经济发展的现实，从不同的角度和视角剖析和审视咨询会的成果，正是在他们的推动之下，本次咨询会才得以真正在广东大地落地生根，进入每一位关心广东经济发展的读者、观众或听众的视野。

第十三章　2015 广东经济发展国际咨询会新闻发布会

2015 广东经济发展国际咨询会（下面简称"国咨会"）于 11 月 19 日到 20 日在广州举行。为了及时向社会通报本次国咨会筹备工作情况，广东省政府新闻办于 11 月 5 日上午 10：00 在广东大厦召开新闻发布会，邀请省政府有关领导和省发展和改革委员会、省外办负责领导介绍 2015 广东经济发展国际咨询会筹备工作情况，并回答记者提问。

主题：加强国际合作，实现创新驱动与共赢发展

时间：2015 年 11 月 5 日

出席领导：广东省政府副秘书长　陈世庆

　　　　　广东省发展和改革委员会副主任　钟明

　　　　　广东省外事办公室副主任　李政华

　　　　　广东省政府新闻办副主任　张知干

提问媒体：广东广播电视台、《南方日报》、南方英文网、中国国际广播电台

【陈世庆通报本次国咨会筹备情况】

陈世庆：女士们、先生们、各位记者朋友们，下午好！欢迎各位参加 2015 广东经济发展国际咨询会新闻发布会。在此，受徐少华常务副省长的委托，我谨代表广东省人民政府对大家长期以来对国际咨询会的关心和支持表示感谢！

本次咨询会将于 11 月 19 日在广州东方宾馆举行。这是广东省政府举办的第十次国际咨询会。在社会各界的关注和支持下，经过不懈努力，国际咨询会已成为广东省政府加强国际合作、听取省长顾问意见、吸纳国际经济发展先进经验的重要渠道和知名品牌，在促进我省提高科学决策水平、提升国际影响力及促进跨国企业、国际机构与广东合作等方面发挥了重要作用。

刚刚胜利闭幕的党的十八届五中全会强调，"必须把创新摆在国家发展全局的核心位置"，全会提出的五大发展理念中，创新发展居于首位。目前，广东正处于产业转型升级的关键时期，实施创新发展战略作为省委、省政府的重要决策，是当前省委、省政府的中心工作。在全省上下深入贯彻落实十八届五中全会

之际，借助本次国际咨询会，我省将吸收和借鉴顾问机构先进的创新经验，更好地发挥我省在国际合作方面的优势，推动全省产业转型升级。同时，借助国际咨询会的平台，促进顾问机构在广东的发展。省委、省政府对此次会议高度重视，省政府领导多次就会议筹备工作作出部署，朱小丹省长和各位副省长将出席会议。

为办好此次会议，省政府组建了会议筹备办公室。省发改委、省府办公厅、省委宣传部、省外办、省委警卫局、省经信委、省科技厅、省财政厅、省信息中心、广州市人民政府等10个单位派员参加了筹备工作，分别成立了7个工作小组，负责联络协调、接待翻译、新闻宣传、文件起草、后勤财务、安全保卫、会场布置等工作。目前，各项筹备工作正在积极推进当中。

下面，我向大家介绍一下本届国际咨询会的有关情况：

1. 会议主题

本次国际咨询会的主题是：加强国际合作，实现创新驱动与共赢发展。

改革开放30多年来，广东充分发挥先行一步的政策优势和毗邻港澳的区位优势，积极参与国际经济分工与竞争，实现了经济和社会的跨越式发展，成为中国最具经济实力、最有活力的地区之一。在国际分工进一步深化的时代背景下，广东必须迎头而上，继续加强与跨国企业和国际机构的合作，大力实施创新驱动战略。"加强国际合作，实现创新驱动与共赢发展"是契合时代要求、符合广东发展实际的重要课题。

围绕大会主题，我们设立了三个分议题，分别是："实现广东智造"、"拥抱'互联网+'"和"营造创新环境"。我们希望顾问机构在推进高端制造业、互联网利用、营造创新环境等方面畅所欲言，献计献策，开拓广东的发展思路。

2. 会议主要议程

本次国际咨询会的主要议程包括：大会开幕式、闭门会议和记者招待会。朱小丹省长将向10名新任省长经济顾问颁发聘书，并作工作报告。徐少华常务副省长将主持大会开幕式。闭门会议主要围绕三个分议题展开，朱小丹省长作主题发言，分管相关工作的副省长将作引导发言。朱小丹省长和顾问还将共同出席记者招待会。

会议期间，省委领导将会见全体顾问，并与顾问们合影留念。朱小丹省长将分别会见顾问，探讨顾问机构在广东合作发展事宜。分管相关工作的副省长也将与部分顾问进行工作会晤。

大会开幕式、省委领导会见全体顾问、记者招待会等议程将对媒体开放。欢迎各位记者朋友根据大会安排前往报道，及时向社会各界介绍会议情况。

3. 顾问情况

本次国际咨询会共聘请顾问 20 名，他们都是各领域的翘楚。在聘请顾问时，我们充分考虑了地域的广泛性和行业分布的代表性。其中，先进制造业 10 家，来自电气机械、能源和电子信息等领域；现代服务业 10 家，来自金融、保险、贸易、物流和咨询等领域。

在先进制造业方面，有 2014 年世界 500 强中排名第 6 位的 BP 集团，世界领先的信息技术服务跨国企业 IBM 公司，欧洲能源市场的引领者和全球最大的核电运营商法国电力集团，世界著名的医药公司诺华集团，全球电力和自动化技术领域的领先企业瑞士 ABB 集团，世界第二大石化公司杜邦公司，欧洲最大的汽车制造商德国大众汽车集团，日本最大的综合电气、电子产品公司日立集团。

在现代服务业方面，有世界最大的包裹运送服务公司 UPS 公司，世界最大的商业联盟、代表 300 多万家企业和 3000 多个地方商会的美国全国商会，日本第一、世界第七的财产保险公司 MS&AD 保险控股集团，在机器人技术方面全球领先、计算机科学研究居全美第一的卡内基梅隆大学。

为积极参与"一带一路"建设，这次会议还特别邀请了全球航运业巨擘马士基集团。马士基集团旗下的马士基航运是全球最大的集装箱航运公司、APM 码头公司是全球第三大集装箱码头运营公司，这些公司均与广东开展了合作。

各位新闻界的朋友们，本次国际咨询会的成功举办，离不开你们的大力支持。国际咨询会所取得的丰硕成果能够及时传递到社会各界，更离不开你们的辛勤努力。我们将尽力配合各位记者朋友在会议期间的采访活动，为大家提供更好的便利和服务。

【记者提问】

广东广播电视台记者：陈世庆秘书长您好，此次国咨会设置了三个分议题，这是出于一个什么样的考虑？谢谢。

陈世庆：大会的主题是"加强国际合作，实现创新驱动与共赢发展"，在此主题下我们设置了三个分议题，一是实现"广东智造"，二是拥抱"互联网+"，三是营造创新环境。

第一，实现"广东智造"。制造业智能化是新一轮工业革命的技术核心，通过这次国咨会，借鉴顾问机构所在的思路和经验，可以打造制造业的升级版，推动广东的经济发展转型升级。这方面我觉得非常重要，广东现在的转型升级也处在很关键的时期，所以这个议题非常重要。

第二，拥抱"互联网+"。"互联网+"是将互联网与传统行业相结合，是促进经济社会发展一个非常重要的方面。"互联网+"不仅推动以用户创新、开放创新、大众创新协同创新，还会催生新兴产业的蓬勃发展，通过这次咨询会，借鉴所在顾问机构的思路，来提升广东的产业能力非常重要，对促进广东的实体经济持续发展将很有好处。

第三，营造创新环境。这方面有利于创新营商环境，关系到我省是否有效实施开放创新、促进国际合作，并在全球经济技术竞争的大环境中能够获胜的关键因素，我们能够通过借鉴这次咨询会顾问所在机构的思路和经验，可以更好地把创新的政策引入我们省的各个领域和各个环节，推动科技成果，现在特别是要开放创新，所以营造一个创新环境特别重要。三个分议题的设置主要是基于以上三个方面的考虑，谢谢。

《南方日报》记者：国咨会举办到今年是第十次了，今年会议的安排跟往年相比有些什么特点？谢谢。

钟明：广东国际咨询会从1999年到现在已经是第16年，第十次了。今年有三个比较鲜明的特点：一是主题突出，紧扣中心任务。"十三五"时期，必须把创新摆在国家发展全局的核心位置，我们这次会议的主题就是加强国际合作，推动创新驱动和合作共赢。我们省正在处在产业转型升级的关键阶段，创新驱动发展战略是省委、省政府的一个中心工作，所以这次咨询会的主题确定在这个方面。为了确定这个主题，之前我们在各种咨询机构、研究室、科技厅相关厅局以及社会各界广泛征求了意见，围绕省委、省政府的中心工作确定了这个主题。

二是突出咨询，强化交流。这次有20家顾问机构参加咨询会，都是国际上知名领先企业和著名学者或者是咨询机构。为了让各位顾问代表更好地发表自己的真知灼见，我们在会议的氛围营造上做了更进一步的努力。一是事先把会议相关主题发给顾问，让顾问们有更多时间撰写报告，同时也跟顾问公司做了相关的沟通，确保报告更有针对性、建设性。顾问机构也对会议非常重视，专门派人提前来做准备工作。还有，就是把20个顾问公司的Logo放在背景板上，让他们一到会场就有一个亲切感以及发言的动力。另外，在欢迎宴会、领导见会面等，我们会考虑顾问公司的需求和特点，让他们在更轻松的氛围下碰撞出智慧的火花。

三是虚实结合，讲求实效。在会议的安排上，这次既有召开闭门会议，突出主题活动，同时也结合经贸活动，也安排了一些签约活动，这次将有5个项目签约。记者招待会也在原来的基础上做了一些改革和创新，比如今年第一次实行同声传译，更加彰显国际特色，同时也节约时间。在记者招待会上，我们今年会由省长带领几个顾问围绕三个分议题来回答记者的问题，过去是所有的顾问一起参加招待会，这次是代表制，更加凸显主题。过去有一些分论坛，今年为了聚焦主题，我们也取消了一些论坛，同时会议也做了一些简化，使会议更加虚实结合，更加务实高效。谢谢。

南方英文网记者：这次会议在接待方面会有哪些考虑？谢谢。

李政华：国咨会是省委、省政府主办的一次高层次、高水平、高规格的外事活动，这次的接待工作，除了刚才钟主任介绍的一系列的会见、会晤、签约、记者招待会之外，接待工作的任务就是要保证这次咨询会顺利进行，各项活动顺利衔接，以确保会议的效果，树立广东省良好的国际形象，在工作中还要体现节俭、务实、安全、高效的原则。具体来说，我们也总结了一些经验和做法，比如在各个口岸设立贵宾通关制度，在东方宾馆省长代表迎接，为每一个顾问专门配备了一名联络员，保证衔接。同时，东方宾馆也为这次活动做了大量精心的准备和改造，创造良好的舒适的环境。最后，我们还为这次大会组织了一支强大的翻译团队，包括同传、交传、文字翻译，确保会议有良好的交流环境。谢谢。

中国国际广播电台记者：利用这次国咨会的平台，广东省跟咨询机构之间的合作取得了怎样的成果？谢谢。

钟明：国咨会已经办了十次，已经成为广东对外合作一张著名的名片，是一个很好的品牌了，在促进我省与国际合作、提升国际影响力，特别是与跨国企业、跨国机构合作方面都发挥了非常好的作用。在利用这个平台方面，广东省以务实的态度推进与世界上领先企业的合作，实际上大多数的顾问公司都长期跟广东有很好的合作，特别是在制造业、服务业方面跟广东各地、各行业都有良好的合作，也取得了很好的成果，提升了广东国际合作的层次。比如 ABB 公司在广东建立了服务于国内轨道交通的车辆管理系统；比如说 ABB 在深圳建立了电力汽车充电系统研发实验室，把一整套电动汽车系统研发、云运用等项目都引到了广东，还在珠海建立了一个机器人开发公司。

在产业链方面，英国 BP 公司在珠海建立了一个 BPA 一、二、三期项目，尤其是第三期项目投资额都是 6.3 亿美元，年产 120 万吨，为保证经济发展提供了充足的原材料供应，它也是一个很好的节能环保项目。产业布局方面，在揭阳有中德金属生态城，在佛山也建了中欧服务区，等等。在高端服务方面，汇丰银行在广东各地市有 64 个网点，甚至在乡村都有网点，是我们规模最大的一个外资银行，客户服务中心员工就有 8000 多人，三个环球营运公司也都是在广东。再比如 UPS 在深圳建立了亚太航空转运公司，现在成为世界第三大空运枢纽，对仓储、物流、金融等方面都有一定的带动，也提升了我省在亚太地区的物流枢纽作用。谢谢。

第十四章　省长顾问记者招待会

11月19日的2015广东经济发展国际咨询会闭门会议结束后,广东省省长朱小丹与BP公司董事长思文凯、马士基集团执行委员会成员韩明森、丸红株式会社会长朝田照男、鲁道夫沙尔平战略咨询交流有限公司董事长鲁道夫·沙尔平、西门子公司管委会成员博乐仁等顾问代表一起召开记者招待会,介绍会议情况和成果。

朱小丹首先简要向媒体介绍了20位顾问所提到的意见建议,表示此次国际咨询会不仅拓展了国际视野,拓宽了双方合作空间,而且进一步坚定了加强国际合作、加快实施创新驱动发展的信心和决心。广东将这些意见建议作为广东今后实施创新驱动发展战略的重要决策参考。随后,朱小丹与5位顾问代表共同回答了记者提问。

2015广东经济发展国际咨询会记者招待会
时间:2015年11月19日18:20—19:00
嘉宾:广东省省长　朱小丹
　　　BP公司董事长　思文凯先生
　　　马士基集团执行委员会成员　韩明森先生
　　　丸红株式会社会长　朝田照男先生
　　　鲁道夫沙尔平战略咨询交流有限责任公司董事长　鲁道夫·沙尔平先生
　　　西门子股份公司管理委员会成员　博乐仁博士
提问媒体:《香港文汇报》、广东广播电视台、《人民日报》、《香港商报》、《北京周报》、《南方日报》、《21世纪经济报道》、中国国际广播电台

【朱小丹通报本次国咨会情况】

朱小丹:各位新闻界的朋友,女士们、先生们,大家下午好!

在2015年广东经济发展国际咨询会闭门会议刚刚结束的时候,我非常高兴能和5位顾问代表和新闻媒体的朋友们见面非常高兴,首先对各位记者朋友前来报道这次国咨会,也对大家长期以来对广东经济社会发展的关心和支持表示衷心的感谢!下面我将这次国际咨询会的一些基本情况给大家做个简要的介绍。

本次国际咨询会,是在中共十八届五中全会胜利闭幕不久的重要时刻召开

的。十八届五中全会将创新发展作为五大发展新理念之首，对坚持创新发展进行了全面的部署。在这样一个背景下，我们将"加强国际合作，实现创新驱动与共赢发展"这样一个题目作为本次咨询会的主题，同时分设了"实现广东智造"、"拥抱'互联网+'"、"营造创新环境"三个分议题，旨在与顾问们充分交流并借鉴国际创新发展的先进理念和经验做法，在更高层次、更广范围和更宽领域加强我们和顾问机构在创新领域的合作。广东方面和顾问机构都对这次会议高度重视，而且做了精心的准备。会议之前，广东省委书记胡春华先生专门会见了全体顾问，与各位顾问交流了看法，我本人也分别和各位顾问当面交流了深化合作的意向，商谈了深化合作的相关事宜，达成了一系列的共识。

这次会议内容丰富、务实高效，参加这次咨询会的顾问机构都是世界著名的跨国公司或者智库，在理念、管理、技术和业态创新方面都有非常突出的优势。20 位顾问长期任职于这些企业或机构，具备世界先进的创新理念和丰富的实践经验。他们围绕加快实现"广东智造"、加快发展"互联网+"、营造良好创新环境等主题，对广东加快实施创新驱动发展战略提出了一系列非常有针对性、建设性和可行性的意见建议。在加快实现"广东智造"方面，顾问们提出推广支柱产业智能制造示范、推广"物、服务与人互联"智能制造、发展智能软硬件基础设施、加快建设以 5G 为核心的数字信息技术基础设施、发展"创新生态系统"等意见建议。在加快发展"互联网+"方面，顾问们提出构建以数据洞察为驱动的新价值网络、参与全价值链合作、提高能效和加强能源数据管理、跨境电子商务发展条件下广东如何进行现代物流革新、建设共同规则制度等意见建议。在营造良好创新环境方面，顾问们提出降低企业准入门槛、优化构建协作与包容性创新环境、强化基础研究和经济价值对接、建设人才服务支撑体系、充分发挥市场配置资源决定性作用、创建法治化监管环境等意见建议。

当然，顾问们提出的意见建议还远不止我简要概括的这些，对这些建议我们已经作了全面的记录，并将认真进行梳理和研究，作为广东今后实施创新驱动发展战略的重要决策参考。在这次国际咨询会上，我们还和 5 家顾问机构共签订了 7 个项目的合作协议，并且与顾问机构达成了多项合作的新的意向。对于已经签订的重大合作项目，我们将加强跟踪服务，加快尽快推动建设；对于达成的合作意向，我们也将密切跟进，积极促成相关的合作。

各位新闻界的朋友，本次国际咨询会在顾问机构和各位顾问的大力支持下，开得非常成功，不仅极大地拓展了我们的国际视野，拓宽了双方的合作空间，而且进一步坚定了我们加强国际合作、加快实施创新驱动发展的信心和决心。在这里，我向贡献杰出智慧的各位顾问表示最诚挚的谢意！同时，也再次感谢在座新闻媒体对这次会议的采访和报道。现在我们欢迎在座的新闻界的朋友提出你们关心的问题，我和各位顾问代表都非常乐意回答大家的提问。

【记者提问】

《香港文汇报》记者：小丹省长您好，现在回归制造业正成为全球发展的新的主题，而广东正在经历同制造大省向制造强省这样一个过程的转变，我想问一下，广东在这样一个过程置于全球视野下还有哪些难点需要广东努力克服？这次国际顾问又为广东提出了哪些建议？谢谢。

朱小丹：大家都知道，改革开放以来广东的制造业有了很大的发展，应该说现在广东已经是我们国家最大的、实力最强的制造业基地之一，同时我们的制造业在20多年的时间支撑了经济总量居于全国第一的地位。当然，正如记者朋友刚才所讲的，现在广东制造业的发展又面临着很多新的挑战，我想这种挑战主要是来自两个方面，一个是发达国家回归制造业的行动，这对我们是一个新的挑战；再一个就是东南亚等发展中国家和地区低成本竞争对我们的挑战。应该说这是双重挑战，对我们来说这是体现在两个方面的挤压。从我们自身发展的现状来看，成本要素价格的普遍上升，包括人口红利的逐步减弱，还有土地资源和环境要素日益趋紧，等等，都成为广东制造业发展的主要的制约因素。

应该说，我们制造业总量很大，但是总体来看质量并不太高，我们在产业结构、创新能力、产品质量、标准和品牌以及信息化水平等方面和国际先进制造业的发展水平相比还有非常大的差距，总体来评价的话，广东的制造业还处于全球产业价值链的中低端。

面对当前日趋激烈的全球化的竞争，特别是我刚才讲到的两方面叠加的挑战，要推进广东从制造大省向制造强省的转变，我想我们应该坚持问题导向，要强基础、补短板、长高端，着力破解产业核心技术缺乏、产业层次偏低、产业链条不完善、全要素生产率不高、绿色低碳循环发展方式不完善等主要的难题。为了破解这些难题，我们已经制定和开始实施"中国制造2025"，我们也制定实施了从广东省情出发的广东工业转型升级攻坚战3年行动计划，制定实施了智能规划发展规划、珠江西岸先进装备制造业产业规划，着力来推动制造业的自主创新和新一轮的技术改造，大力发展先进制造业和战略性新兴产业，积极发展生产性服务业，同时我们也在加快推进"互联网+行动"和制造业的智能化。要以这些措施来进一步加快制造业转型升级的步伐，变广东制造为广东创造，变传统制造为智能制造。

在这次国际咨询会上，各位顾问对广东制造业的发展提出了很多很好的意见，归纳起来主要有这么几个方面：第一，希望广东大力发展智能制造；第二，希望广东积极发展生产性服务业；第三，希望广东加强制造业创新人才的培养和引进；第四，注重制造业创新环境的营造。所有这些建议都非常切合广东的实际，对我们都有很大的启发，有很重要的决策参考价值，我们将会在今后制造业强省建设过程当中认真地采纳顾问们的这些建议，将这些建议转化为我们的工作方案、工作举措和相关的政策，来加快制造业转型升级的步伐。谢谢。

外国记者：我的问题是西门子非常成功地在中国进行了投资，现在中国希望能够提升价值链中的地位，能够更多地注重研发，我想问一下西门子在这方面有些什么样的计划？你们如何打算在中国加大研发的步伐？特别是过去中国有很多的外资企业都在抱怨版权、知识产权的问题，西门子在这方面有些什么样的计划？

博乐仁：其实这对我们而言是一个机会，西门子在中国可以和中国合作伙伴、客户来共同克服的一个问题，我们可以把它变为一个机遇，这样可以进一步促进中国在价值链上的提升，我们可以减少劳动力的使用，节约成本，节约能耗，可以通过技术来解决这些问题，我们把它叫作工业4.0，这里面有很多技术我们打算在中国使用，在不同的垂直领域、不同地区来进行使用，我们会基于这些技术来推动创新，在一些特定的领域来推动技术创新，这包含了很多的工厂、工业、垂直领域的整合，同时我们也会把这些技术部署在基础设施之上，因为基础设施也是未来经济增长的一个重要的因素，因为我们正在打造一个更加智能化的城市，城市化的进程也是一个大环境，所以我觉得这方面的机遇非常多，我们可以把我们的技术部署在更多的领域之上。我们在中国有超过4000个工程师和科学家，他们为中国本地会制造因地制宜的制造方案。谢谢。

广东广播电视台记者：我有一个问题想问BP公司的思文凯先生，BP公司与广东是有着很密切的合作，我知道的是在广州、珠海、梅州、清远都有很多项目，你本人也曾多次参加经济顾问会议，您感觉到今年来广东在经济环境方面有些怎样的变化？谢谢。

思文凯：首先，我每次来广州都觉得非常振奋，印象非常深刻，我每次来广东都发现广东省省长和他的团队对于广东所面对的一些问题非常的清醒，同时也非常积极地致力于去解决这些问题，我想这是一种非常开放的姿态，也是一种引领和欢迎改变的姿态。

讲到我们的物流让商品的跨境流动，飞行、运输、知识产权、基础设施、税收机制、生态环境等这些重点的问题，都在广东经济发展国际咨询会历年来的议题中得到了回应。创新对于广东来说是要能够更好地去打造一个生态系统，这方面政府领导、大学、公司合作，共同开发政策框架这非常重要，而且我也相信一旦广东能打造透明、公正、开放的游戏规则的话，将对广东下一步的创新发展非常有帮助。广东当然也面临着一些挑战，但是广东面对挑战从来不萎缩，这是我印象最深刻的。

《人民日报》记者： 鲁道夫·沙尔平先生您好，我知道您是广东人民的老朋友了，可以谈一谈您对广东这几年来营造创新环境的印象吗？对下一步广东营造更好的创新环境您有哪些建议？谢谢。

鲁道夫·沙尔平： 在创新方面广东做得非常好，我们看到在朱小丹省长的领导下，在广东经济发展国际咨询会的开放的平台上，我们积极地交流思想和经验，来探讨如何能够去提升改进创新的环境，这样一种开放的机制在中国都是很少见的，我觉得在这方面广东堪为表率。

从我个人的角度来讲，从社会的角度来讲，从政治的角度来讲，我们可以去看这样一个问题。在个人的角度来讲，我们应该有思维决策的创新的文化，让每个人更加的活跃，更加地勇于冒险。我在中国社会和中国政治决策层面看到人们的观念发生了变化，而这种观念的变化是必要的。在社会的层面上，我观察到社会也更加鼓励人们创新，政府也有一些政治的项目去支持人们的创新。在中国的教育体制里面，我觉得应该有一些改进，因为中国的教育是比较崇尚成功者，而不喜欢失败，但是我觉得在创新这个方面有时候也要欢迎失败，要能够去庆祝失败，这一点非常重要，这是我对于中国教育体制在创新环境打造方面的建议。

还有，我们要能够为创新的思维营造好的环境和氛围。我在揭阳中德生态城的经验告诉我，我们要升级现有的生产线，升级现有的工厂、企业，让他们变得更加创新。同时，在体制改革，在如何能够去为现有的工厂、公司、企业打造一个更好的环境，这一点也是政府需要考虑的，现在已经开始了这条道路，我相信未来会越走越好。

《香港商报》记者： 韩明森先生您好，我们知道马士基集团和广州南沙港一直有着良好的合作，当前广州市正在打造国际物流城、航运中心和贸易中心，请问马士基集团在未来还有哪些方面的合作预期？谢谢。

韩明森： 谢谢您的问题。是的，我们和南沙港有非常密切的合作，我们现在还在不断地加强这种合作，我们会帮助南沙港不断地去升级，希望能够打造国际物流中心，在这方面我们也有我们自己的利益。广东省从1994年开始就已经有我们的项目和合作,现在我们在广东全省都有我们的项目,帮助广东来推进内陆地区通过海陆来实现互联互通,我们的重点就是要去扩大广东省和世界其他地方的连接,我们也希望能够通过提供更好的物流服务来帮助广东。昨天我们刚刚和一家船务公司签署了一个船务合作谅解备忘录,希望能够更好地在广东提供更好的物流和海运服务。对于南沙方面我们会持久不断地投入,不断地和他们合作。谢谢。

《北京周报》记者:我想问一下丸红株式会社的朝田照男先生,中国现在正在推进绿色经济的发展,您觉得对于丸红株式会社来说,贵公司是日本能源的巨头,对于中国绿色经济的发展丸红株式会社觉得有什么样的机遇?谢谢。

朝田照男:非常感谢您的问题,我们在中国有15年运营的时间,我们在很多业务领域都有参与,在很多方面都是和环境相关的业务,包括可再生能源,还有就是废水的处理,这方面我们在中国有很好的业务。同时,希望能够通过广东省来加快我们在中国的这些业务的推进。对于广东省来说,我觉得广东吸引外资的步伐好像有点放慢,这种来自海外的投资,资本的聚集是非常关键的,因此我觉得在国际化营商环境的打造、私有化进程的推进、降低各种门槛以及精简政府的各种行政手续方面,广东还有一些改进的空间,如果在这方面可以做得更好,比如说推进PPP(公私合作的模式)将更好地吸引海外的投资进入广东省,在一些重点的业务领域,比如说可再生能源、太阳能、风能、离岸潮汐能、废水处理等方面有很多合作的空间和潜力,我们也可以帮助广东更好地去减少碳足迹和排放。

南方+客户端、《南方日报》记者:朱小丹省长您好,这么多年以来广东一直在坚定不移地推进转型升级,您认为当前广东的转型升级处于一个什么样的阶段?比如十八届五中全会强调必须把创新摆在国家发展的核心位置,接下来广东在转型升级中创新将扮演什么样的作用?阻力在哪?

朱小丹:谢谢您的提问。可以说,转型升级是进入新常态之后广东发展的主旋律,广东比较早地进入新常态,同时也比较早地启动了经济结构的战略性挑战和转型升级,应该说这方面努力的成效已经开展逐步地显现。大家都知道,在当前经济下行压力持续加大的情况之下,广东的经济保持了比较平稳的增长,而且增幅是高于全国的平均水平,更可喜的是,在增幅的背后是我们增长质量和效益都呈现出上升的曲线。也就是说转型升级使我们经济发展可持续的能力、抗击周期性波动的能力都在增强。

当然,如果问到我们现在转型升级处在一个什么样的阶段的话,我们要说转型升级会是一个艰难曲折的长过程,到今天为止,广东的转型升级还是处在一个爬坡越坎的关键阶段,还会有阵痛,还会付出代价。还是那句老话"逆水行舟,不进则退",在现在这个时候,尤其是经济下行压力加大,我们发展面临各种挑战的时候,最需要坚持的是我们推进转型升级的战略定力。刚才您讲到国家把创新驱动发展放在特别重要的位置,应该说广东转型升级的核心也就是发展动力的转化,就是要从主要依靠要素和投资的驱动真正转向创新驱动。我们把创新驱动发展作为广东转型升级的核心战略和总抓手,主要以三个方面作为着力点:

第一,抓基础。也就是加快建成广东的开放型区域创新体系,这里包括具有强大极具辐射能力的国家级和区域性的重大创新形态,以企业为主的自主研发体系,产学研协同发展的体系,孵化育成体系,和面向大众创业、万众创新的科技公共服务体系。我们将以珠三角国家自主创新示范中心为引领,力争在"十三五"期间基本建成面向全球、面向未来、面向现代化、具有鲜明广东特色的开放型区域创新体系。

第二,抓关键。建立健全有利于创新驱动发展的体制机制,这要靠全面深化创新领域的改革创新。我们将以全面创新改革试验省建设为契机,在政府职能转变、科技体制改革、创新资源共享、科技成果产业化、知识产权的保护和运用、科技产业、金融三者相结合,促进开放、创新等领域的改革创新中先行先试,力争率先建立与经济转型发展相协调、与市场经济相适应、与产业中高端发展相融合的充满生机活力的创新发展体制机制。

第三,抓根本。创新驱动发展的根本就是人才,我们要坚持把人才作为创新发展第一资源,深入实施人才战略,完善人才政策,培养和引进更多的创新人才,尤其是高端领军人才,以人才高地的建设来支撑创新驱动发展先行省的建设。谢谢。

《21世纪经济报道》记者:博乐仁先生您好,根据我们的了解,西门子是一个专注于智能化和数字化领域的跨国公司,跟广东省也有很多年合作的经历,我的问题是,作为一个外来的跨国公司,跟其他地方相比,广东在投资环境和创新环境方面有哪些优势是吸引贵公司到广东来投资智能化和数字化项目的?谢谢。

博乐仁:有好几个因素。首先,我们觉得广东省有着非常高瞻远瞩的政府班子,包括省长,他们能作出正确的决策,而且不断地改善投资环境和商务环境;第二,这里的产业基础非常好,有很多中小型企业,也有很多的大型企业,这是一个非常良好的出发点;第三,我们也看到广东省政府把广东的经济转型和升级作为工作的重中之重来抓，德国的工业4.0其实就是德国通过使用数码化和自动化的方法来升级制造业，我们还谈到了基础设施，包括城市内交通和城市之间的交通，我们在广东有很多这方面项目的合作，比如说城市交通轨道、城市交通信号控制、城市交通智能化管理，等等，我觉得把珠三角交通连接有很多的空间。广东在能源和创新拥有非常多有活力的环境，比如说可再生能源等，我们也看到基础设施的智能化，这也是我们的合作领域。最后，就是省长先生刚才提到的人，就是人！我们觉得改革转型升级最关键的一点就是如何把人的培训做好，能够让他们具备在新环境下所需要的技能，我们看到广东省有很多大学在进行这方面的工作，大公司在这方面的投资也是超过中国的平均水平的，在德国我们的教育投资也非常多，我们也看到德国把先进的职业教育体系也带到了广东省，我们和广东省有这方面的职业教育项目，通过这些方面，我们可以帮助广东省来建立更加强劲的人才因素。把这些因素统统考虑在一起，以上这些就是我们要在广东省投资的原因。谢谢。

中国国际广播电台记者：鲁道夫·沙尔平先生您好，作为广东省政府的咨询顾问，您认为未来广东和德国合作的重点领域在哪些方面？谢谢。

鲁道夫·沙尔平：刚才省长先生已经谈得比我还好了，关于广东如何开展对外合作。广东是中国的一个制造业中心，从我这个方面来看，我想广东的陶瓷业、家具业都是全国领先的，广东在很多传统产业上都需要转型升级，我们需要帮助广东来让这些传统产业更加具有竞争力、更加高效，因此把创新作为本届国际咨询会的主题是非常适切的，广东的生产基地、制造业中心如果没有创新是很难维系昔日的荣光的，省长和他的团队注重创新是完全正确的。广东，特别是珠三角地区，在实现和欠发达地区的协调发展方式还有很大的空间，就我来看，在朱小丹省长的领导下，广东省政府作出了很正确的决策，在一些边远的地区，包括像揭阳，以及其他一些二、三线城市去推进国际的合作，广东现在所打造的环境是非常利于境外企业的发展，也是非常利于国际人才的集聚的，广东很好地去控制和管理了它未来的风险和挑战。谢谢。

第十五章　媒体报道

两年一度的广东经济发展国际咨询会是广东省政府借力外部智慧,助力本土发展的苦心孤诣,自然也是镁光灯聚集的焦点。媒体的介入及宣传,扩大了咨询会的社会影响,同时也提高了顾问机构的曝光度,实现了广东和顾问机构的双赢。在媒体的推介下,2015 年国际咨询会的主题开始为广东社会所认知。据统计,本次国际咨询会共有中外媒体 300 多名记者参与其中,媒体的报道俨然成为咨询会不可或缺的一个有机组成部分。

除了新华社、人民网、中国新闻社、广东广播电视台、《南方日报》、《广州日报》、《羊城晚报》等传统媒体积极报道外,南方网、中国新闻网、搜狐财经、新浪财经等网络媒体也积极参与,为读者奉上了丰富精彩翔实的咨询会即时信息及评论。

胡春华朱小丹会见全体顾问 20 位"洋顾问"
献计创新驱动共赢发展

广州日报讯(记者:耿旭静、周慧、涂端玉　通讯员:徐林、岳宗)19 日上午,中共中央政治局委员、省委书记胡春华,省长朱小丹在广州会见出席 2015 广东经济发展国际咨询会全体顾问。

胡春华代表省委、省政府对各位顾问来粤出席国际咨询会表示欢迎,对大家给予广东经济社会发展的大力支持表示感谢。他说,国际咨询会 1999 年首次召开,至今已举办 10 次,成为广东与世界交流与合作的重要平台。16 年来,各位顾问以全球视野,紧扣广东实际,提出很多好的意见和建议,对推动广东经济社会发展起到了积极的促进作用。广东已经进入经济发展新常态,有许多重要的问题需要认真研究。希望大家对广东多提宝贵的意见和建议,我们会认真研究吸纳。我们将继续加强与顾问机构的合作,深化科技、产业、人才交流,实现互利共赢。

顾问团团长、法国电力集团董事长兼首席执行官乐维代表各位顾问表示,多年来顾问机构与广东开展了多领域务实合作,展示了双方加强合作的真诚意愿。广东近年来经济社会发展取得很大成就,特别是高度重视创新发展和人才培养,成效明显。在未来的交流交往中,我们将进一步深化与广东在经贸投资、科技创新、人文交流等领域的合作，在实现自身发展的同时，为广东经济社会发展作出积极贡献。

ABB 集团执行委员会成员方秦、BP 公司董事长思文凯、卡内基梅隆大学校长苏布拉·苏雷什、杜邦公司全球高级副总裁兼首席科技官苗思凯、联合国教科文组织总干事特别顾问汉斯·道维勒等简要阐述了对广东发展的意见建议。

省领导徐少华、林木声、招玉芳、邓海光，广州市市长陈建华，深圳市市长许勤等参加会见。

朱小丹：更高层次更广范围更宽领域加强创新合作

南方日报讯（记者：谢思佳、吴哲　通讯员：符信） 19 日下午至 20 日上午，省长朱小丹在广州先后会见了出席 2015 广东经济发展国际咨询会的德国大众汽车集团管理董事会成员海兹曼、德国西门子股份公司管理委员会成员博乐仁、瑞士诺华集团执行委员会成员理查德·弗朗西斯、美国全国商会常务副会长兼国际事务总裁薄迈伦、美国 IBM 公司高级副总裁汤姆·罗萨米利安、日本 MS&AD 保险集团控股公司总裁兼首席执行官柄泽康喜、英国 BP 公司董事长思文凯、德国鲁道夫沙尔平战略咨询交流有限责任公司董事长鲁道夫·沙尔平，深入探讨进一步加强双方交流合作相关事项，达成一系列合作共识。

朱小丹代表省政府对各位顾问出席广东经济发展国际咨询会表示欢迎，对顾问们所在机构积极参与广东经济发展表示感谢。朱小丹指出，在 19 日召开的广东经济发展国际咨询会上，各位顾问为广东创新驱动发展提出了许多宝贵的意见和建议，非常符合我省经济社会发展实际，给广东很多启发，对深化双方合作具有很强的针对性。接下来省政府将认真吸纳采用，尽快将其转化到具体工作方案、工作举措和相关政策中。

朱小丹指出，中共十八届五中全会将创新发展作为五大发展新理念之首，对坚持创新发展进行了全面部署。这次国际咨询会将"加强国际合作，实现创新驱动与共赢发展"作为主题，旨在与顾问们充分交流并借鉴国际创新发展的先进理念和经验做法，在更高层次、更广范围和更宽领域加强创新合作。接下来，希望以此次会议的召开为新起点，进一步拓展双方合作领域、不断提升合作水平，重点推进在战略性新兴产业发展、智能装备制造业发展、传统制造业改造升级、城市基础设施建设、广东自由贸易试验区建设、信息技术、清洁能源、生物制药、绿色低碳发展、传染病防控、科技研发、高端人才引进和高技能人才培训等领域的合作，帮助广东引入转型升级亟须的各种高端资源。

省政府将一如既往为顾问所在机构在粤发展创造更好的环境，逐一对接、一步一个脚印扎实推进双方达成的一系列合作意向和项目。

顾问们表示完全赞同朱小丹的意见。他们认为，此次广东经济发展国际咨询会议题精彩、视野超前、极具启发，通过一整天的交流更加深入了解了广东当前经济发展情况，对广东的战略眼光、创新思维和超前举措表示赞赏。未来希望进一步深化与广东的战略合作，在广东经济转型发展进程中扮演更加积极的角色、发挥更大的作用。

会见期间，朱小丹还与顾问共同见证西门子（中国）有限公司与广东省人力资源和社会保障厅签署"全面教育合作"备忘录，与横琴德国城投资（澳门）有限公司签署"横琴·德国城项目"合作备忘录，与江门市政府签署合作备忘录，广州市番禺区政府、广东中视信息科技有限公司与 IBM 公司签署合作备忘录，广东丰溪现代林业发展有限公司与 BP 亚洲能源私人有限公司签署合作协议。

2015 广东经济发展国际咨询会在广州举行

中国经济网广州 11 月 19 日讯（记者：庞彩霞） 2015 广东经济发展国际咨询会今天在广州举行。本次国际咨询会以"加强国际合作，实现创新驱动与共赢发展"为主题，旨在更好地发挥广东在国际合作方面的优势，推动广东产业转型升级，同时借助国际咨询会的平台，促进顾问机构在广东的发展。会上，广东和 5 家顾问机构共签订了 7 个项目的合作协议，并且与顾问机构达成了多项合作的新意向。

据悉，本次国际咨询会共聘请顾问 20 名，其中，来自电气机械、能源和电子信息等先进制造业领域的顾问 10 名，来自金融、保险、贸易、物流和咨询等现代服务业领域的顾问 10 名。

广东省省长朱小丹在记者招待会上介绍，在今天的咨询会上，顾问们围绕加快实现"广东智造"、加快发展"互联网+"、营造良好创新环境等主题，对广东加快实施创新驱动发展战略提出了一系列非常有针对性、建设性和可行性的意见建议。

在加快实现"广东智造"方面，顾问们提出推广支柱产业智能制造示范、推广"物、服务与人互联"智能制造、发展智能软硬件基础设施、加快建设以 5G 为核心的数字信息技术基础设施、发展"创新生态系统"等意见和建议。

在加快发展"互联网+"方面，顾问们提出构建以数据洞察为驱动的新价值网络、参与全价值链合作、提高能效和加强能源数据管理、跨境电子商务发展条件下广东如何进行现代物流革新、建设共同规则制度等意见和建议。

在营造良好创新环境方面,顾问们提出降低企业准入门槛、优化构建协作与包容性创新环境、强化基础研究和经济价值对接、建设人才服务支撑体系、充分发挥市场配置资源决定性作用、创建法治化监管环境等意见和建议。

据了解,国际咨询会始于 1999 年,是广东省政府举办的高层次国际性咨询会议。目前已有 56 家世界 500 强的跨国公司及世界著名科研机构的逾百名高层人士被聘为省长经济顾问。

"国际咨询会"展示出的引领姿态

南方日报 2015 年 11 月 20 日讯 2015 广东经济发展国际咨询会今天在广州举行。"当下中国经济步入了新常态,虽然调低了总体经济发展速度,但面临更多的转型升级任务。产业新常态是更加关注高品质高质量,注重可持续发展。广东省一直是中国经济的龙头省份,因此也肩负着引领中国的新常态发展的使命。"日本日立集团会长兼首席执行官中西宏明说。

广东是人口第一大省、经济第一大省,更是率先推进改革开放试点的第一大省,是公认的改革试验田和开放前沿阵地,为引领全国改革发展积累了丰富经验、提供了有益借鉴、做出了突出贡献。某种意义上说,先行先试的广东,在经济全球化时代,理所当然会成为首先进入经济新常态的第一大省,也决定了其在新常态面前与时俱进的带头角色和引领使命。

三年前习近平总书记履新后首赴广东调研,不但向海内外宣示了新一届中央领导集体坚持改革开放的坚强决心,而且寄望"广东要努力成为发展中国特色社会主义的排头兵、深化改革开放的先行地、探索科学发展的试验区,为率先全面建成小康社会、率先基本实现社会主义现代化而奋斗"。由此更决定了践行"三个定位、两个率先",引领中国经济发展新常态,广东更加责无旁贷、义不容辞。

最近三年的广东改革开放实践,无疑正是贯彻中央精神,扮演好引领角色,主动适应新常态,当好新一轮深化改革、扩大开放"排头兵",脚踏实地部署和实施四个全面战略布局取得卓越成果的三年,广东经济发展国际咨询会既是引领新常态的重要举措,也不啻是引领新常态的一个缩影,显示出广东在推动创新驱动、转型升级、协调发展等各个层面勇当探路者、拓荒者、先行者,敢作为、善作为、有作为,为全国其他地方适应新常态做出了标杆。

广东经济发展国际咨询会,表面看只是一场主题会议,实际上释放出相当丰富的信息,既表明了广东融入全球化更开明、更彻底的开放姿态,又表现出广东汇聚全球智慧应对新常态、谋求新发展的紧迫感、饥渴感，更清楚地显露出广东实现"广东智造"、加快发展"互联网+"、营造良好创新环境，实现全球范围内加强联合合作、优化资源配置，进而寻求新经济增长点的国际化思维，凸显出进一步做强广东的务实精神和引领全国的责任担当。

海纳百川让"广东智造"弄潮浪尖

南方日报2015年11月20日讯 2015广东经济发展国际咨询会11月19日在广州举行。汇丰控股有限公司常务总监王冬胜认为，广东一直是中国经济改革的龙头，是世界重要的制造基地，现在也在打造中国的硅谷三角洲。在"互联网+"的新趋势下，广东具有明显优势，在中国成为表率并引领中国未来的创新发展。因此，广东应向外界传递一个信息——如果打造高新技术产业高地，广东是理想之地。（《南方日报》，11月20日）

被习近平总书记称为"发展中国特色社会主义的排头兵、深化改革开放的先行地、探索科学发展的试验区"的广东，在三十年余年改革开放中，最先起步、发展最快、进步最大，取得了举世瞩目的成就。但在当下，世界经济下行趋势下，冲于最前列者，也最先迎到"子弹"——最早遇到发展瓶颈，率先进入攻坚期和深水区。不过，当"广东制造"向"广东智造"而今迈步从头越时，也同样让人们看到了一个弄潮浪尖、走向未来的新广东。

改革开放之初，从"一穷二白"中崛起的广东，其开放型、外向型经济，因应历史选择了以人力资源型为主的发展主轴，这使得从"广东制造"到"中国制造"，成了中国经济腾飞的重要标志。虽然，"广东制造"曾是"中国制造"的火车头，"中国制造"也曾是推动世界经济的驱动力，但是，不难看出，这种"一亿双鞋换来一架飞机"的高成本、高能耗、低利润的劳动力驱动型发展模式，在当下农业劳动力供求关系与工资水平的巨变来到——即"刘易斯拐点"直面于广东乃至中国面前时，历史的拐角上，广东若不主动改变，历史就会被动改变广东。因此，广东提出从"广东制造"迈向"广东智造"，这正是操之在我、主动而为地迎接历史挑战的勇者之举。

跨越"中等收入陷阱"，走向全面建成小康之路，首先需要的，就要像习近平总书记三年前在深圳考察时所说："国家的强盛，归根结底必须依靠人才。我国要走创新发展之路，必须高度重视创新人才的聚集，择天下之英才而育之。中国要敞开大门，招四方之才。"而始于1999年的"广东经济发展国际咨询会"，正是广东面向海内外，以开放胸怀海纳百川的典型"标本"。吸取世界先进经验,借助全球智力与英才,这种外向型、开放型的人才观、智力观,正是广东发展后劲十足、一马当先的源泉。

追求"广东智造"的新目标,就要在人才与智力的供给上有充足的源流。今年的广东国际咨询会,其"加强国际合作,实现创新驱动与共赢发展"之主题,正为更好地发挥广东在国际合作方面的优势,推动广东产业转型升级,提供了一个良好的智力平台。国内外专家学者在对广东优化经济结构、转变经济发展方式上的建议与合作,也更具开放性、前瞻性的国际眼光。像专家们提出的推广"物、服务与人互联"的智能制造等"创新生态系统";利用"互联网+",构建以数据洞察为驱动的现代物流革新等,都对广东今后的发展,提供了有益的智力启迪与人才支撑。

广东作为国家"一带一路"上的重要支点,既要依靠传统的"广东制造"打下的良好基础,又要在此之上,实现"广东智造"的新突破,则像经济发展国际咨询会这样的国际智库型平台,显得不可或缺,更应多多益善。改革与开放,这两件广东发展的法宝与大旗,应一直高高举起,以实现人才、智力和经济的海纳百川,才能弄潮于"广东智造"的川流浪奔之上。

柄泽康喜:建议在广东省自贸区率先试水贸易保险

南方日报 2015 年 11 月 20 日讯(记者:郭家轩)时隔两年后,"2015 广东经济发展国际咨询会"如期而至,而此次远道而来的洋顾问又会给省长送上哪些"金点子"呢?日前 MS&AD 保险集团控股公司总裁兼首席执行官柄泽康喜在接受《南方日报》记者专访时透露:"本次咨询会,在借鉴日本经验的基础上,我对促进中小企业创新发展提出了如下建议:完善企业信用信息体系与信用保证制度、采用新的融资方式(利用 ABL、贷款型众筹)、强化区域金融机构职能、在广东省自贸区率先试水贸易保险等"。

"正如广东省政府 2015 年 7 月发布的《广东省人民政府关于创新完善中小微企业投融资机制的若干意见》中提到的,中小企业在国民经济中扮演着极为重要的角色,为了让其健康发展,需要解决目前中小企业面临的融资难和融资贵的课题,"柄泽康喜对记者说,"因此,我们就金融业如何支持中小企业发展进行了建言,希望能对广东乃至中国中小企业发展有所帮助。"

在 2013 年广东经济发展国际咨询会上,时任 MS&AD 保险集团控股公司首席执行官的江头敏明为广东提出了一系列诸如灵活运用外资直接投资和外资投资基金,以及进一步放宽对外资限制的建议。时至今日,经过近两年的发展,柄泽康喜对此有哪些观察呢?

"据我了解,2014年广东省新批设立外商直接投资项目6016个,实际利用外资268.7亿美元,约占全国的22%,同比增长7.7%,这是一个非常好的成果。"柄泽康喜告诉记者,在投资基金方面,2015年2月广州市政府印发了《关于促进广州股权投资市场规范发展暂行办法(修订)》的通知,取消了股权投资类企业的设立条件相关限制,这将有利于外资股权投资基金的设立。"随着广东自贸区的设立,相关市场的准入门槛还会进一步降低,期待广东能够吸引到更多的外商投资。"柄泽康喜表示。

韩明森:推动广东智慧物流发展

南方网2015年11月20日讯 马士基集团执行委员会成员韩明森是第二次参加广东经济发展国际咨询会。在2013年参加上次咨询会时,正是韩明森提出借鉴香港模式约束船舶排放行为的建议,被吸纳到广东省绿色港口行动计划之中。后来广东采取的"油改电"、"油改气"、"船舶岸电"等综合性措施,便与韩明森先生的建设性意见有关。

可设立物流数据交换中心

《南方日报》:您这次参加咨询会,带来了哪些建议?

韩明森:高效的物流和运输服务对于广东成为国际航运、物流和贸易中心有着关键的促进作用。随着城市规模和人口的飞速发展,广东也面临着新的运输和物流挑战,比如分散的物流业导致运输成本过高。我认为,第一,可以通过充分发掘大数据的潜力予以解决,推动广东省的智慧物流发展,建议首先按运输模式分析城市的货运动态,明确所需的基础设施投资;第二,应建立物流交流平台,促进物流链中来自公共和私人领域的利益相关方之间的协作,实现个人无法实现的方案和解决办法;第三,广东可以设立物流数据交换中心,在确保数据安全的前提下帮助和促进物流数据的交换分享;第四,可以促进利益相关方之间的讨论,规范关键要素和数据,确保物流各种模式及环节无缝连接;第五,可以制定评估优化物流环节与减少拥堵的激励措施,例如洛杉矶就在高峰时段征收附加费;第六,通过政府主导推进服务整合及标准化,降低物流成本。

建议开放沿海捎带业务

《南方日报》:今年6月,广东发布了《参与建设"一带一路"的实施方案》,并提出优化沿海的港口布局,建设成为海上丝绸之路的重要支点。马士基是全球最大的集装箱航运企业,您如何看待广东在"一带一路"战略中的作用和地位?

韩明森： 自中国改革开放以来，广东省就一直是中国经济发展的前沿阵地。当前广东拥有数个全世界最大、连接度最广的港口，拥有全球领先的港口设施并提供优质的港口服务。这为广东省在"一带一路"战略中继续起到带头作用打下了坚实的基础。

我认为，广东省应在其省内港口开放从中国出口国际货物的沿海捎带业务，目前外国航运公司只能够在中国大陆之外的港口进行沿海捎带业务。如果沿海捎带业务能够在广东省开放，将有助于帮助广东省的港口成为真正的枢纽港并提高其航运连接度。

《南方日报》： 近年来，马士基集团在广东布局了哪些项目？能否谈一下您对广东经济的前景展望是怎样的？

韩明森： 对于马士基集团而言，广东省具有非常重要的地位。在广东，马士基集团活跃在集装箱航运、物流、集装箱码头运营管理、多式联运、工业制造以及海洋设备维护等产业领域，并在过去的35年里，从广东的造船厂订造了数量可观的船舶。本次国咨会期间，马士基拖轮公司（亚洲）与广东粤电航运有限公司、揭阳市惠来县政府签署了合作框架协议，充分发挥合资三方在企业管理、资本和专业技术与信息等方面的优势，共同投资和管理合资公司。该合资公司经营范围是港口拖轮服务，包括安全值守、船舶消防、拖带和抢险救助等服务。

就我来看，广东省的经济发展充满活力，与国际市场接轨程度高，我们将继续关注相关机会，在广东拓展业务，深化合作。

广东：省长"洋顾问"为经济发展建言献策

新华网广州11月19日电（记者：周强、赖雨晨）在19日开幕的2015广东经济发展国际咨询会上，广东省政府向ABB集团执行委员会成员方秦、卡内基梅隆大学校长苏布拉·苏雷什、IBM全球副总裁汤姆·罗萨米利安、联合国教科文组织总干事特别顾问汉斯·道维勒等10位新任省长经济顾问颁发聘书。

作为广东经济社会发展的高级智库，省长经济顾问提交的一系列报告陆续"落地生根"。在上一次咨询会上，18位省长经济顾问提交的18篇咨询报告，共66项具体建议，已汇编成行动落实方案。

ABB集团执行副总裁兼执行委员会成员柯睿思曾提出在广东建设"机器人应用中心"，东莞、佛山建设的广东省智能机器人研究院、华南智能机器人协同创新研究院已于今年挂牌成立。

当下，广东已率先迈出从要素驱动向创新驱动转变的步伐，把创新驱动作为转型升级的核心战略和总抓手，促进经济发展的"动力转换"，并提出建设创新驱动先行省，重新构建下一轮发展的领先优势。

顾问们表示，将积极参与广东改革创新各项工作，不断加大在粤投资发展力度，将更多资源、经验带到广东，为广东创新驱动发展、经济转型升级作出应有贡献。

从1999年以来，这已是广东问计"外脑"的第十次国际咨询会。

广东省长"洋顾问"支招创新驱动与共赢发展

中新社广州11月19日电（记者：索有为） 2015广东经济发展国际咨询会（下称"国际咨询会"）19日在广州开幕，广东省长的20名"洋顾问"以"加强国际合作，实现创新驱动与共赢发展"为主题，为处于新常态下深度调整的广东"支招献宝"。

国际咨询会始于1999年，是广东省政府举办的高层次国际性咨询会议。目前已有56家世界500强的跨国公司及世界著名科研机构的逾百名高层人士作为省长经济顾问，出席了九次国际咨询会。

开幕式上，广东省省长朱小丹向卡内基梅隆大学苏布拉·苏雷什教授、联合国教科文组织总干事特别顾问汉斯·道维勒等10人颁发省长经济顾问聘书。

朱小丹介绍，广东与各顾问机构谋划配合，此前促成了一批重大项目成功实施。其中，ABB公司在广州市建立ABB轨道交通系统综合研发中心、在深圳市组建中国电动汽车充电系统研发实验室、在珠海市成立ABB机器人（珠海）有限公司。BP公司与广东签署战略合作协议，总投资6.3亿美元、设计产能125万吨的珠海PTA三期项目已于近期顺利竣工投产。

此外，总投资超过100亿元的中德合作项目成功落户中德（揭阳）金属生态城，中德应用科技大学筹建工作按计划实施。卡内基梅隆大学与广东合作共建广东集成芯片研发与产业培育中心积极推进。

"当前，广东经济发展正处于新常态下深度调整和转型攻坚的关键阶段。我们将坚持把创新驱动发展作为核心战略，加快建立开放型区域创新体系，努力建设创新驱动发展先行省。"朱小丹说："我们期待着再一次充分分享各位顾问推动创新发展的先进理念、成功实践和宝贵经验，以推动广东创新驱动发展战略深入实施。"

据悉，19日的闭门会议将就"实现广东智造"、"拥抱'互联网＋'"和"营造创新环境"三个分议题进行讨论。

附　录　省长、顾问简介

朱小丹
广东省人民政府省长

男，汉族，1953 年 1 月生，浙江温州人，1971 年 8 月参加工作，1975 年 12 月加入中国共产党，中央党校研究生院经济管理专业毕业，中央党校研究生学历。1971—1977 年，任广东乐器厂工人、团支部书记，广州市乐器总厂团委副书记；1977—1982 年，任共青团广州市委干部，办公室副主任、主任；1982—1984 年，任共青团广州市委副书记；1984—1987 年，任共青团广州市委代书记、书记（其间：1985 年 9 月—1987 年 9 月在广州宣传函授学院科学社会主义专业学习）；1987—1991 年，任从化县委书记（其间：1990 年 9 月—1991 年 7 月在中央党校中青班学习）；1991 年，任广州市委副秘书长；1991—1996 年，任广州市委常委、宣传部部长；1996—1999 年，任广州市委副书记、宣传部部长（1995 年 9 月—1998 年 7 月在中央党校研究生院在职研究生班经济管理专业学习）；1999—2002 年，任广州市委副书记；2002—2003 年，任广东省委统战部常务副部长、部长；2003 年，任广东省政协副主席，广东省委统战部部长；2003—2004 年，任广东省委常委、宣传部部长，广东省政协副主席；2004—2006 年，任广东省委常委、宣传部部长；2006—2007 年，任广东省委常委，广州市委书记；2007—2010 年，任广东省委常委，广州市委书记、市人大常委会主任；2010—2011 年，任广东省委常委、广东省常务副省长；2011 年，任广东省委副书记、广东省常务副省长；2011—2012 年，任广东省委副书记、广东省代省长；2012 年至今，任广东省委副书记、省长。中共第十七届中央候补委员、中共第十八届中央委员，中共十八大代表，第十一、十二届全国人大代表。

方 秦
ABB 集团 执行委员会成员

1965 年生，意大利国籍。毕业于意大利米兰理工大学。1993—1994 年，法雷奥公司，汽车电动启动马达及发电机业务客户经理；1995—1997 年，ABB 意大利，担任变电站业务多个职务；1997—2000 年，ABB 意大利，输配电服务经理；2000—2002 年，ABB 意大利，高压业务单元销售主管及总经理；2002—2004 年，ABB 集团，电力系统业务部全球服务经理；2004—2009 年，ABB 集团，全球变电站业务单元负责人；2010—2013 年，ABB 北亚区负责人、ABB（中国）有限公司董事长兼总裁；2013 年至今，ABB 集团执行委员会成员、电力系统业务部总裁；方秦先生同时担任 ABB（中国）有限公司董事。

思文凯
BP 公司 董事长

1952 年生，瑞典国籍。拥有瑞典 Linköping 大学理工学院应用物理学理科硕士学位，以及 Uppsala 大学商业管理理科学士学位。还获得了 Luleå 理工大学和 Linköping 大学的荣誉博士学位。1977—1986 年，任职瑞典 ABB 集团；1986—1994 年，任赛科利达集团执行副总裁；1994—2002 年，任 Assa Abloy 集团总裁兼首席执行官；2003—2009 年，任爱立信集团总裁兼首席执行官，以及索尼爱立信移动通讯公司董事长；2009 年至今，任 BP 公司董事长；2012 年至今，任沃尔沃公司董事长，担任哥伦比亚大学地球学院外部顾问委员会委员、哈佛大学肯尼迪政治学院顾问委员会委员等外部职务。鉴于他对瑞典工业的贡献，思文凯先生被授予瑞典国王奖章。

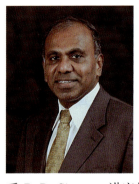

苏布拉·苏雷什
卡内基梅隆大学 校长

1956 年出生，美国国籍；1977 年，获印度理工学院马德拉斯分校机械工程专业学士；1979 年，获爱荷华州立大学硕士；1981 年，获麻省理工学院科学博士；1983—1993 年，先后任布朗大学助理教授、工学副教授、教授；1993—2002 年，任麻省理工学院材料科学与工程系 R. P. Simmons 讲座教授；1994 年至今，任麻省理工学院机械工程教授、福特工程学讲座教授、生物工程教授、哈佛 – 麻省理工医疗科技学院兼职教授；2004—2005 年，任德国马克斯 – 普朗克研究所洪堡高级研究学者；2000—2006 年，任麻省理工学院材料科学与工程系主任；2007—2010 年，任麻省理工学院工学院院长暨万尼瓦尔·布什工程学讲座教授；2010—2013 年，任美国国家科学基金委主任；2013 年至今任卡内基梅隆大学校长暨教授。同时获得以下荣誉：2002 年获美国国家工程学院院士，2003 年获印度国家工程学院外籍院士，2004 年获美国艺术与科学学院院士、加州理工学院 Gordon Moore 杰出学者、第三世界科学院院士，2005 年获印度科学院（Bangalore）荣誉院士，2007 年获西班牙皇家科学院荣誉院士，2007 年获德国国家科学院外籍院士，2010 年获西班牙皇家工学院外籍院士，2011 年获瑞典皇家工学院外籍院士，2012 年获美国国家科学院院士，2013 年获美国国家医学院院士、印度国家科学院外籍院士、中国科学院外籍院士。

苗思凯
杜邦公司 全球高级副总裁兼首席科技官

生于加拿大，获西安大略大学化学工程学士、硕士和博士学位。1985 年，加入杜邦公司，任研究员。1985—1994 年，任杜邦北美业务地区多个研究管理职务；1994—1998 年，任杜邦尼龙业务部门亚太区技术与新业务拓展总监；1998—2001 年，任尼龙工业用特殊化学品全球业务总监；2001—2003 年，任杜邦墨西哥公司总裁兼总经理；2003—2006 年，任杜邦加拿大公司总裁兼首席执行官，杜邦营养与健康事业部副总裁兼总经理；2006—2010 年，任杜邦大中国区总裁；2010 年至今，任杜邦公司高级副总裁兼首席科技官；2014 年至今，任杜邦公司执委会成员；并于 2015 年 7 月 23 日起负责督导杜邦公司在亚太地区的业务。在加入杜邦公司之前，他曾在法国贡皮埃涅技术大学完成博士论文的研究工作，并在法国煤炭工业做过两年的研究员。

乐 维
法国电力集团董事长兼首席执行官

1956 年生，法国国籍。法国荣誉军团勋章和法国国家功勋勋章获得者。1979 年，任法国电信公司工程师；1982 年，负责管理法国电信公司高层人员和人事预算，后任人事部副主任；1986—1988 年，任法国邮电部部长技术顾问；1988—1993 年，先后负责马特拉空间公司及马特拉马可尼空间公司的通信卫星业务；1993—1995 年，任工业、邮电、电信和外贸部部长的办公厅主任；1995—1998 年，任马特拉通讯公司董事长兼首席执行官；1998—2002 年，加入 Oddo & Cie 投资银行，先后担任总经理及董事总经理；2002—2005 年，任威望迪首席运营官；2005—2012 年，任威望迪首席执行官；2012 年 12 月—2014 年 11 月，任泰雷兹集团董事长兼首席执行官；2014 年 11 月，出任法国电力集团总裁兼首席执行官。

孟 瑟
美国艾默生电气公司 总裁

1950 年生，美国国籍。1980 年，获美国伊利诺理工大学电力工程学学士学位，还获得了美国东密执安大学教育学学士学位，同时也是斯坦福大学商学院高级管理人员培训项目学员；1981 年，加入罗斯蒙特公司，出任高级工程师，之后担任多个工程管理职位；1987—2001 年，先后任罗斯蒙特公司技术总监、新产品与技术总监、副总裁、执行副总裁兼总经理、总裁；2001 年至今，任美国艾默生电气公司首席运营官；2010 年至今，任美国艾默生电气公司总裁兼首席运营官；现任艾森豪威尔基金会理事、职业人才国际交流项目理事、兰肯技术学院（Ranken Technical College）董事会主席、圣路易斯科学中心财务主管、The Backstoppers 公司及美国中西部与中国战略经济发展委员会副主席，同时也是芝加哥伊利诺理工大学理事会成员，以及该校阿默工程学院监事会理事。曾任美中贸易全国委员会董事会成员及副主席。

卫翰思
爱立信集团 总裁兼首席执行官

1988 年，加入爱立信，随即被派到中国，在广州开始了第一份工作。1988—1998 年，在中国、瑞典、智利、巴西担任多个管理层职务；1998—2000 年，任爱立信巴西首席财务官；2000—2002 年，任爱立信北美首席财务官；2002—2003 年，任爱立信墨西哥总裁；2003—2007 年，任爱立信集团执行副总裁兼全球服务业务部主管；2007—2009 年，任爱立信集团首席财务官；2010 年—至今，任爱立信集团总裁兼首席执行官；2011 年，被 Fierce Wireless 选为全球无线领域最有影响力领袖的第六位。卫翰思是联合国新千年发展目标的积极倡导者，并大力推动利用移动性和宽带来解决贫穷、卫生、教育和气候变化等全球范围内最为棘手的问题。他是联合国数字发展宽带委员会的创始成员，目前继领导该委员会的气候变化工作组之后，卫翰思正在领导该委员会 2015 后发展规划工作组。此外，他还是联合国可持续发展解决方案网络领导组成员及联合国基金会董事会成员。

附 录 省长、顾问简介 249

中西 宏明
日立集团 会长兼首席执行官

1946年3月生，日本国籍。1970年3月，毕业于东京大学工学部电器工学专业；1979年7月，取得美国斯坦福大学计算机科学理学硕士学位；1970年4月，进入株式会社日立制作所大甕工厂计算控制设计部；2003年6月，任执行役常务/国际事业部门长兼欧洲总代表；2004年4月，任执行役专务/集团战略本部G-全球化事业部门长兼北美总代表兼欧洲总代表；2005年6月，任执行役专务/北美总代表兼日立全球存储技术取缔役会长兼CEO；2006年4月，任执行役副社长/北美总代表兼日立全球存储技术取缔役会长兼CEO；2010年4月，任代表执行役、执行役社长；2010年6月，任取缔役、代表执行役、执行役社长；2014年4月至今，任取缔役、代表执行役、执行役会长兼CEO。公司外部团体兼任：2013年11月，任综合科学技术·创新会议议员；2014年6月，任一般社团法人日本经济团体联合会副会长。

王冬胜
汇丰控股有限公司 集团常务总监

1951年11月生于香港。1974—1979年，先后获美国印第安纳大学电脑科学学士学位、市场及财务学硕士学位、电脑科学硕士学位。1980年，加入花旗银行；1997年，加入渣打银行；2005—2010年，加入汇丰集团，任汇丰集团总经理兼香港上海汇丰银行有限公司执行董事；2010年，任香港上海汇丰银行有限公司行政总裁；2013年起兼任香港上海汇丰银行有限公司副主席；同时亦担任汇丰集团常务总监和管理委员会委员、汇丰银行（中国）有限公司董事长兼非执行董事、马来西亚汇丰银行有限公司主席兼非执行董事及恒生银行有限公司非执行董事、交通银行股份有限公司非执行董事及国泰航空有限公司独立非常务董事。此外还担任香港金融管理局外汇基金咨询委员会委员、香港特区政府经济发展委员会非官方委员、香港银行学会会长、香港总商会理事会成员、中美交流基金有限公司顾问委员会成员、中国人民政治协商会议第十二届全国委员会委员等多项职务。

汤姆·罗萨米利安
IBM 公司全球高级副总裁

1961 年 1 月出生，美国国籍。1983 年，获美国康奈尔大学计算机及经济学学士。1983 年，加入 IBM 从事软件开发；1983—1998 年，任工程技术管理职位；1998—2001 年，任 z 系列 S/390 软件开发副总裁；2001—2004 年，任全球数据库开发副总裁兼硅谷实验室总经理；2004—2007 年，任全球 WebSphere 研究和开发副总裁；2007—2009 年，任 WebSphere 应用及整合中间件总经理；2009—2010 年，任 System z 平台总经理；2010—2012 年，任 Power 和 z Systems 总经理；2012—2013 年，任副总裁（分管公司战略）兼公司发展计划总经理；2013—2015 年，任高级副总裁、IBM 系统和技术集团、IBM 集成供应链；2015 年—至今，任全球高级副总裁。

韩明森
马士基集团 执行委员会成员

1962 年出生，丹麦国籍。1981—1984 年，加入马士基集团公司并接受马士基海运学校专业培训；1984—1989 年，马士基石油钻探公司人力资源部工作随后升任为部门经理；1989—1997 年，马士基航运公司工作随后升任马士基香港有限公司副总裁；1997—2000 年，担任马士基航运新加坡公司总裁；2000—2003 年，担任马士基香港有限公司总裁；2003—2005 年，担任马士基集团高级副总裁，负责马士基集装箱运输相关业务，包括全球客户服务、全球信息处理中心。截至 2004 年 6 月同时负责 APM 码头公司业务；2005 年至今，任马士基石油钻探公司首席执行官；2006年至今，任马士基集团执委会成员；其间，韩明森先生还全面负责马士基供给服务（2005—2014）、马士基油轮（2012—2014）、施维策（2008—2014）的经营管理业务；韩明森先生先后在伦敦商学院和康奈尔大学接受商务管理专业培训；2007年在瑞士商学院学习并获得工商管理硕士学位（荣誉毕业生）。

朝田 照男
丸红株式会社 会长

1948年10月生，日本国籍。1972年，毕业于庆应义塾大学法学部。1972年，进入丸红株式会社；1998—2002年，先后任丸红株式会社财务部副部长、解决方案事业部部长、金融·物流部门部门长助理兼CIO、金融保险事业部部长；2002—2005年，先后任丸红株式会社执行董事、财务部部长，投资者关系（Investor Relations）担当董事助理、常务执行董事，投资者关系担当董事，投融资委员会副委员长、中期经营计划"V"PLAN委员会委员长；2005年，任代表取缔役常务执行董事、投融资委员会副委员长、中期经营计划"V"PLAN委员会委员长，投资者关系担当董事；2006年，任代表取缔役专务执行董事，投融资委员会副委员长、CIO，投资者关系担当董事；2008年，任代表取缔役社长；2013年，任代表取缔役会长（董事长）；2014年，任取缔役会长（现职）。

柄泽 康喜
MS&AD 保险集团控股公司
总裁兼首席执行官

1950年10月生，日本国籍。1975年，毕业于京都大学经济学部。1975年，进入住友海上火灾保险公司工作；1990—2000年，先后任总裁办公室课长、总裁办公室综合企划组课长、本店营业第一部第二课课长、本店营业第一部次长兼第二课课长、广报部（公共关系部）部长；2000年，任总裁办公室室长兼业务管理部部长、总裁办公室室长；2001

年，任三井住友海上火灾保险公司经营企划部业务企划特命部长；2002 年，任金融服务本部财务企划部部长；2004 年，任执行官、经营企划部部长；2005 年，任董事、执行官、经营企划部部长；2006 年，任董事、常务执行官；2008 年，任董事、专务执行官，三井住友海上集团控股公司董事；2009 年，任三井住友海上集团控股公司董事、专务执行官；2010 年，任 MS&AD 保险集团控股公司董事（具有代表权）、执行官，三井住友海上火灾保险公司总裁、首席执行官（现职）；2014 年 6 月，任 MS&AD 保险集团控股公司总裁、首席执行官（现职）。

理查德·弗朗西斯
诺华集团 执行委员会成员

1968 年 9 月生，英国国籍。曼彻斯特大学经济学学士学位

1997—2000 年，任赛诺菲公司高级产品经理；2000—2001 年，任赛诺菲公司市场部经理；2001—2002 年，任百健艾迪全球品牌经理；2002— 2006 年，任英国及爱尔兰百健艾迪执行总监；2006—2009 年，任加拿大百健艾迪执行总监；2009—2011 年，任百健艾迪高级商务及战略副总裁；2011—2014 年，任美国百健艾迪高级商务副总裁；2014 年至今，任诺华山德士全球总裁。

鲁道夫·沙尔平
鲁道夫沙尔平战略咨询交流有限责任公司 董事长

1947 年 12 月生，德国国籍。1967 年，在大学专修政治学专业，辅修法律和社会学；1974 年，完成硕士毕业考试，师从 Karl Dietrich Bracher 教授。1967—1969 年，就职于国家统计局和私营机构；1969—1975 年，任德国联邦议会和欧洲议会会员的助理研究员；1975—1994 年，先后任德国莱茵兰－普法尔茨州议会社会民主党议会党团书记、党团主席，莱茵兰－普法尔茨州州长，其间兼任莱茵兰－普法尔茨州议会成员、社会民主党主席；1994—2005 年，先后任德国联邦议会社会民主党议会党团主席、联邦国防部部长、联邦议院成员；其间兼任德国社会民主党副主席、主席，德国社会民主党"国际政策"委员会主席，欧洲社会党主席；2004—2006 年，任美国塔夫斯大学弗莱彻学院客座教授；2005 年 3 月至今，任德国联邦自行车协会主席；2004 年至今，任鲁道夫沙尔平战略咨询交流有限公司董事长；现兼任鲁道夫沙尔平咨询顾问（北京）有限公司董事长、法兰克福 Kepler Bank 顾问、汉堡 nexpert AG 监事会主席。

博乐仁
西门子股份公司 管理委员会成员

1964 年 11 月，生于德国埃尔兰根。毕业于德国埃尔兰根 – 纽伦堡弗里德里希·亚历山大大学与法国格勒诺布尔大学，物理学专业物理学硕士，自然科学博士。1994 年，加入西门子股份公司企业研究部（德国埃尔兰根），任项目主管；1995 年，汽车系统集团（德国雷根斯堡），负责战略规划，任燃料电池技术专家；1997 年起兼任集团执行管理层助理；1998 年，负责流程与信息管理，任中央质量控制与内部咨询部门负责人；2001 年，负责将威迪欧整合为西门子威迪欧汽车股份公司，任战略与咨询部负责人；2002 年，任信息娱乐解决方案部门负责人；2005 年，西门子威迪欧亚太管理（上海）有限公司，任总裁兼首席执行官；2007 年，交通系统集团（德国埃尔兰根），任公共交通业务部门负责人；2008 年，企业发展部（德国慕尼黑），任企业战略部负责人；2011 年，任西门子股份公司管理委员会成员。

汉斯·道维勒
联合国教科文组织 总干事特别顾问

1949 年 10 月生，德国国籍。1973 年获德国康斯坦茨大学经济学硕士学位，1976 年获德国康斯坦茨大学经济学博士学位。1973—1975 年，任德国康斯坦茨大学助理研究员；1975—1987 年，先后任联合国会议委员会秘书长、联合国开发计划署理事会副秘书、发展中国家技术合作委员会秘书长及执行办公室高级官员等职务；1985—1987 年，任国家前元首和政府前首脑交流理事会纽约办事处主任；1987—1995 年，任国家前元首和政府前首脑交流理事会执行协调员；1996—2000 年，任联合国开发计划署信息技术局主任；2000—2005 年，任联合国教科文组织巴黎总部战略规划局主任；2005—2014 年，任联合国教科文组织战略规划助理总干事；2010 年，任联合国教科文组织代理副总干事；2014 年，任联合国秘书长科学咨询委员会秘书处主任；2015 年至今，联合国教科文组织总干事特别顾问；1987—2010 年，任联合非洲领导论坛成员。担任不同国家政府和机构顾问，为 2010 年广州亚运会组委会等提供咨询服务；2012 年至今，美国华盛顿特区阿斯彭研究所艺术文化和社会全球计划国际咨询委员会成员；2014 年至今，任广州华南理工大学公共政策中心荣誉教授、世界艺术科学院院士；2015 年至今任北京亚太交流与合作基金会副主席、深圳前海全球文化网络有限公司董事。

吉姆·巴伯尔
UPS 公司 国际总裁

1960 年生，美国国籍；获美国奥本大学金融学学士学位。1985 年，加入 UPS，随后陆续任会计和财务部门职务；2000 年，任 UPS 兼并和收购部门交易经理；2002—2005 年，先后任 UPS 美国东南区财务主管、欧洲区财务副总裁；2005—2010 年，先后任 UPS 德国杜塞尔多夫快递业务总经理、英国及爱尔兰地区董事总经理；2010—2013 年，先后任 UPS 欧洲、中东和非洲区首席运营官，UPS 欧洲区总裁，负责 UPS 在欧洲、中东和非洲超过 120 个国家和地区的业务运营；2013 年至今，任 UPS 国际总裁、管理委员会成员，负责公司在美国境外超过 220 个国家和地区的业务运营，包括小包裹、货运代理、报关及物流解决方案，以帮助客户实现更有效的供应链管理。

薄迈伦
美国全国商会 常务副会长兼国际事务总裁

1985年，获马里兰大学政治学学士学位；1988年，获华盛顿法学院法律博士学位。1988—1994年，进入华盛顿史地沃特律师事务所，担任律师；1994—2009年，任美国全国商会亚洲事务副会长，曾领导商界力推美国国会批准与中国的永久正常贸易关系以及与新加坡、澳大利亚的自由贸易协定；2004—2009年，兼任韩美贸易理事会主席；2009—2013年，任美国全国商会国际事务高级副会长，成功推动美国国会通过与哥伦比亚、巴拿马和韩国的贸易协定以及为在俄罗斯的美资企业创造公平竞争环境的立法，同时还负责10个由商会主办的，旨在提升与巴西、埃及、日本、韩国和南非等国际贸易与投资的贸易理事会，兼任大西洋理事会、美国国际贸易理事会、国际私营企业中心等多个组织的董事和美中关系全国委员会成员；2013年3月至今，任美国全国商会常务副会长兼国际事务总裁，负责制定并推动商会的全球商业战略，并代表美国全国商会及其会员企业与外国政府、美国政府和国际商业组织开展工作。薄迈伦关于国际商业环境及贸易政策等广泛议题的独到见解经常为媒体所引用，也是CNBC、CNN以及其他新闻栏目的常客。2007年被《华盛顿人》杂志评为对美中经济政策最具影响力的人物之一。

海兹曼
大众汽车集团 管理董事会成员

1952年出生，德国国籍。1975年毕业于德国卡尔斯鲁厄（Karlsruhe）大学经济工程师专业，1980年获得经济学博士学位。1980—1982年，任卡尔斯鲁厄大学讲师，同时兼任企业管理顾问；1982年，进入奥迪公司，先后担任技术开发部门主管和总装车间负责人；1991—1993年，担任大众汽车集团动力总成部门规划负责人；1993—2001年，先后担任大众汽车品牌生产规划负责人、大众汽车萨克森公司总经理；2001—2007 年，担任奥迪公司负责生产与物流的管理董事会成员；2007 年至今，担任大众汽车集团管理董事会成员；2007—2010 年，负责全球生产与物流业务；2010—2012 年，负责全球商用车业务；2012 年 9 月起，负责大众汽车集团中国区业务，兼任大众汽车集团（中国）总裁兼首席执行官、一汽 - 大众汽车有限公司副董事长、上海大众汽车有限公司副董事长。2004 年，海兹曼被上海同济大学聘为客座教授。2006 年和 2010 年，先后获德国开姆尼茨工业大学荣誉教授和荣誉博士称号。